高等院校人文素质教育课程规划教材

大学体育文化与运动教程

主编 郑焕然 程会娜

清华大学出版社
北 京

内 容 简 介

全书共分二十一章，分为基础理论篇和运动技能篇，涵盖了普通高等学校体育课及课外延伸所需内容。在基础理论篇中，分别介绍了体育文化、运动与健康、艺术与教育、科学锻炼与卫生保健、大学生体质健康测试标准；在运动技能篇中，分别介绍了田径、体操、篮球、排球、足球、网球、乒乓球、羽毛球、武术套路、武术养生和防身术、健美操、体育舞蹈、瑜伽、跆拳道、轮滑与冰雪运动、户外运动。

本书视角新颖，信息量大，内容翔实，是集理论性、实用性和科学性为一体的教材，可作为普通高等学校各专业的体育教材。

图书在版编目(CIP)数据

大学体育文化与运动教程 / 郑焕然，程会娜主编. —北京：清华大学出版社，2018(2020.9 重印)
(高等院校人文素质教育课程规划教材)
ISBN 978-7-302-50846-5

Ⅰ. ①大… Ⅱ. ①郑… ②程… Ⅲ. ①体育文化－高等学校－教材 Ⅳ. ①G807.4

中国版本图书馆 CIP 数据核字(2018)第 175407 号

责任编辑：陈晓梦　李玉萍
封面设计：王雁南
责任校对：王　倩
责任印制：丛怀宇

出版发行：清华大学出版社
　　　　网　　　址：http://www.tup.com.cn, http://www.wqbook.com
　　　　地　　　址：北京清华大学学研大厦 A 座　　　邮　　编：100084
　　　　社 总 机：010-62770175　　　　　　　　　邮　　购：010-62786544
　　　　投稿与读者服务：010-62776969, c-service@tup.tsinghua.edu.cn
　　　　质量反馈：010-62772015, zhiliang@tup.tsinghua.edu.cn
印 装 者：北京鑫海金澳胶印有限公司
经　　销：全国新华书店
开　　本：185mm×260mm　　印　张：17.75　　字　数：410 千字
版　　次：2018 年 8 月第 1 版　　　印　次：2020 年 9 月第 6 次印刷
定　　价：48.00 元

产品编号：080141-01

在人类文明的历史长河中，体育文化逐渐发展、壮大，成为人类整个文化的重要组成部分。体育的本质就是文化，体育文化对人们的价值观念产生了巨大的影响，体育事业不断为提高国民身体素质服务，积极地改变着人们的生活方式，在世界文化交流大浪潮中，体育发挥着越来越重要的作用。对大学生来说，体育不仅能够带来快乐，还能对身体健康、生活理念、精神面貌等方面带来积极的影响。

《中共中央国务院关于深化教育改革全面推进素质教育的决定》明确指出，"健康体魄是青少年为祖国和人民服务的基本前提，是中华民族旺盛生命力的体现。学校教育要树立健康第一的指导思想，切实加强体育工作"。大学体育教育是普通高等学校对大学生进行身体教育、促进其全面发展的重要手段，它以体育教学、课外体育活动、课余体育训练和课余体育竞赛等为主要载体，通过合理的体育教育和科学的体育锻炼过程，帮助学生增强体质、增进健康和提高体育素养。

编者注意到当前全国基础课程改革赋予大学体育教学新的教育观念，要求大学体育教学以"健康第一、快乐运动、强健体魄"为理念，牢牢把握"以学生为中心，以教师为主体，以学术为主导"的宗旨，力求提高学生终身体育锻炼的能力，更好地实现素质教育的目标。为了适应素质教育的需求，本书以《全国普通高校体育课程教学指导纲要》为依据，以知识性、健康性、趣味性为编写原则，并结合多年的体育教学经验，有针对性地借鉴和汲取了体育科学和运动实践领域最新的研究成果。

通过本教材的教学实践，可以使学生了解体育文化、体育精神，树立正确的体育、健康观，掌握一至两项有终身体育锻炼价值的运动技能，练就健康的体魄和实现对健康的自我调控，还能促进学生心理稳定、积极乐观，有良好的社会公德、协作精神、竞争意识和社会适应能力。

总体而言，本书主要有以下特点：

➤ **内容全面、结构完整**：全书共分二十一章，分为基础理论篇和运动技能篇，涵盖了普通高等学校体育课及课外延伸所需内容。在基础理论篇中，分别介绍了体育文化、运动与健康、艺术与教育、科学锻炼与卫生保健、大学生体质健康测试标准；在运动技能篇中，分别介绍了田径、体操、篮球、排球、足球、网球、乒乓球、羽毛球、武术套路、武术养生和防身术、健美操、体育舞蹈、瑜伽、跆拳道、轮滑与冰雪运动、户外运动。

➢ **生动有趣、注重实践**：本书对于每一种体育项目均从起源发展、基本技术、基本技巧、练习方法、比赛规则等多个方面进行介绍，讲解通俗易懂、生动有趣，具有较强的指导性和实用性。

➢ **图文并茂、扫码即学**：本书在讲解过程中插入了大量的图片和表格，帮助读者更快、更好地理解与掌握知识；本书紧跟时代的步伐，配置了"二维码"，只需拿起智能手机"扫一扫"，就能即刻看到相关的视频资料，使学生获得全方位的学习体验。

本书由郑焕然、程会娜任主编，由刘艳欣、魏永旺、齐剑锋、马佼佼、李静任副主编，由众位老师参编，其中程会娜编写第一章、第十五章第二节，陈航编写第二章，马佼佼编写第三章，刘娜编写第四章，魏永旺编写第五章、第九章第一节，王菁编写第六章，齐剑锋编写第七章，石松编写第八章，代贵敏编写第九章第二、三节，韩志刚编写第十章、第十三章，黄辉编写第十一章，王云博编写第十二章，张明超、周婷编写第十四章，魏胜敏编写第十五章第一节，李风晴编写第十六章，高星编写第十七章，吴丽娜、李静编写第十八章，刘艳欣编写第二十章第一、二节和第二十一章第四节，杨俊刚编写第二十章第三节、第二十一章第三节，刘世谦编写第十九章，王冰雪编写第二十一章第二、五节。在编写过程中，我们参考了大量的文献资料，在此，我们向参考过的中外文献的作者表示诚挚的谢意。

尽管我们在编写本书时已竭尽所能，但由于编者水平有限，书中疏漏与不当之处仍在所难免，敬请广大读者批评指正。

本书编委会

主　编　郑焕然　程会娜

副主编　刘艳欣　魏永旺　齐剑锋

　　　　马佼佼　李　静

参　编　石　松　代贵敏　韩志刚

　　　　王　菁　杨俊刚　李风晴

　　　　黄　辉　王冰雪　王云博

　　　　刘世谦　陈　航　张明超

　　　　周　婷　高　星　魏胜敏

　　　　吴丽娜　刘　娜

基础理论篇

运动技能篇

基础理论篇

第一章　体育文化

【学习目标】
1. 了解体育文化的起源、内涵和价值
2. 了解中西体育文化的不同
3. 了解奥林匹克体育文化
4. 了解校园体育文化的内涵和作用

第一节　体育文化概述

一、体育文化的概念

人类的文化是通过人类自己的双手和大脑的思维创造出来的。体育文化是人类在体育生活和体育实践中创造出来，并通过有形的身体形态、动作技能、运动器材、物质，以及无形的与社会属性相关的意志、观念、时代精神所反映出来的一种文化。从小的方面讲，体育文化是多种健身娱乐的方式、方法，它既可以满足人的生理健康需求，又可以满足人的精神需求；从大的方面讲，体育文化是一种社会文化，它在不同的社会阶段不断被继承和发展，并对社会产生巨大影响，世界范围内高水平竞技体育所产生的广泛社会影响就说明了这一点。

二、体育文化的起源

关于体育文化的产生有很多说法，比较集中的有以下几种：

（1）劳动起源论：早期人类在求生存中学会了奔跑、跳跃等技能，并在追捕猎物等活动中，发展了速度、耐力、力量、灵敏等各种身体素质。劳动起源论可以概括为体育起源于以生存为直接目的进行的各种能力训练。

（2）军事起源论：人类的冲突无处不在，从个人之间为争夺猎物而产生的冲突到后来发展到部落之间的武装冲突，各部落为了提高自己的力量进行了有组织的身体训练，其中还包括摔跤、飞镖、棍棒等技能。军事起源论可以概括为体育起源于军事训练。

（3）游戏起源论：当原始人获得丰富猎物或丰收之时，通常会聚集在一起以游戏、欢唱和舞蹈来表达内心的喜悦。游戏起源论可以概括为体育起源于游戏和欢舞。

（4）宗教起源论：原始社会生产力水平低下，人类的生存很大程度上受到自然环境的影响，原始人为祈求自然恩施而祭祀天地，形成了原始的宗教活动。宗教起源论可以概括为体育起源于宗教祭拜活动。

（5）教育起源论：可以概括为人类将在生产劳动、军事训练、游戏、宗教活动中演变出来的运动技能及技巧，以劳动教育的方式传授给后代，既发展了上述各种技能和身体素质，又逐步脱离了动物野性，向人性方向进化，形成了具有文化内涵的体育生活。

综上所述，体育文化是人类在改造自身的过程中，受上述因素的综合影响而演化出来的结果，是将原始人的动物本能通过劳动、军事、游戏及教育等方式逐步规范形成的人类社会特有的文化现象。

三、体育文化的价值

现代体育发展和世界发展的潮流是一致的。一百多年来，体育运动不但极大地丰富了体育文化，提高了体育在社会中的地位和价值，而且在促进人的全面发展、协调发展、完善发展中起到了重要作用。体育文化可分为三个维度，即竞技体育文化、大众体育文化和中国传统体育文化，它们的价值着重体现在不同的层次。

（一）竞技体育文化的价值

竞技体育是以体育竞赛为主要特征，以创造优异运动成绩、夺取比赛优胜为主要目标的社会体育活动。当代竞技体育已成为一个国家的文化和整个世界文明的一个重要组成部分，也是体育文化发展的最高层次。

竞技体育文化的价值在于它在不断改造和创造着环境，同人类通过劳动改造和创造环境一样，体育文化也改造和创造着环境，只是这一环境并非外在的自然环境，而是人类自我的个性生理环境，乃至社会群体的生理、心理环境，体育文化在不断地创造和赋予新的意义和价值，如公平、拼搏、凝聚力、感染力和号召力等。此外，竞技体育对推动经济增长具有十分重要的作用，其可以派生各种相关产业，促进经济腾飞。例如，有关机构对 2016 年 1 月至 4 月我国各地举办的 311 场各类大型体育赛事进行监测的数据显示，观赛和参赛共计 338 万人，由赛事产生的旅游、交通、住宿、餐饮等消费达 119 亿元，对举办地的经济拉动超过 300 亿元。

（二）大众体育文化的价值

在人类文明的进程中，出于人类的共同需要，对人类自身生存、发展、享受的追求和关注一刻也没有停止过，而大众体育文化在促进人类健康和全面发展方面推动力最大，影响最为广泛，也最为深刻。这是因为大众体育文化给人类带来快感和美感，并给社会带来健康和活力。无论是中国的大众体育，还是西方的大众体育，都能够促进人的全面发展和社会的和谐发展。

（三）中国传统体育文化的价值

中国传统体育文化历史悠久、博大精深，也是中华民族自强不息的象征。自古以来，中国传统体育都是围绕"养生"为主开展的，目标是达到人与自然的融合，从而排除身体内部的浊气、吸取真气，使五脏通达、六腑调和。中国传统体育文化在体育形态上强调整体观和意念感受，动作大多简单而内涵深刻，很少有强烈的肌肉运动。随着中西方文化的交流，中国传统体育文化的这种注重整体修炼和内在和谐的运动观念越来越受到国内外人们的追捧，其正在和现代科学相结合，形成新的独特风格而走向市场。

第二节 奥林匹克体育文化

一、古代奥林匹克运动

第一届古代奥运会于公元前 776 年举行，到公元 394 年共举行了 293 届。运动会每隔 1417 天即 4 年举行一届。后来由于古希腊的衰亡与罗马帝国的禁止，历时 1169 年的古代奥运会随之终结。古代奥运会虽然衰亡了，但是它给人类社会留下了宝贵的精神文化财富，在世界文化和体育历史上有着极其深远的影响。

（一）古代奥运会的起源

奥林匹克运动会起源于古希腊。古希腊是一个神话王国，影响深远、历史悠久的古代奥运会的起源，民间流传的很多与之相关的神话故事，为古代奥运会披上了一层神秘的面纱。流传较广的有以下三则童话。

1. 父子之战

传说宙斯的父亲克罗诺斯武艺超人、力大无比，他想把王位传给宙斯，但是他想先考察一下儿子的本领再做决定。克罗诺斯经过一番深思熟虑之后，决定用比武的方式，约定如果宙斯赢了自己，就把王位传给他。经过几天的鏖战，父子之间斗智斗勇，最后克罗诺斯终于抵挡不住，被儿子宙斯打败。为了庆祝这次比武胜利，宙斯下令举行盛大的庆典活动，体育比赛也作为这一盛大庆典的重要部分而同时举行。万神之首的宙斯也就成为神话中古代奥运会的创始人。

2. 雅典橄榄树

相传在远古时代，智慧女神雅典娜和海神波塞冬都想用自己的名字来命名一座不知名的山城，因此两人发生了争执，最后宙斯提议：谁能给人类一件最有用的东西，这座城邑就用谁的名字来命名。雅典娜和波塞冬都接受了这个建议。波塞冬给了人类一匹毛色雪白的天马，他说："请看，这就是我的赐物，它能耕地，拉运东西，会给人类带来很多财富。"雅典娜则用手中的长矛往地下一插，不一会就长出一棵枝繁叶茂、硕果累累的橄榄树。她对诸神说："这棵树的全身对人类都有用，它的果实既可以食用，又可以酿酒、榨油；它的树身不但能作为药材，还能提炼香料、用做照明。这树必将给人类带来和平和丰收，是健康与强壮的象征，幸福与自由的保证。难道这座城邑不该用我的名字命名吗？"于是，在宙斯的赞许下，这座城便以雅典娜的名字命名，后来这座山城演变为今天希腊的首都——雅典。雅典娜送给人类的橄榄树，为人类带来了希望和食物。在古希腊的奥林匹亚，由于食物不足，橄榄和葡萄作为补充食物在当地人的生活中占据了重要位置。所以相传在奥林匹亚，每当橄榄和葡萄丰收的时候，人们就会聚集在一起庆祝来之不易的丰收，他们表演节目，同时举行各种体育比赛，如赛跑、角力、战车、掷铁饼等。为了防止暴晒和使肌肉美观发亮和富有弹性，运动员在身上涂抹橄榄油。后来这个古希腊运动会逐步演变成了每四年一次的古代奥运会。

3. 珀罗普斯娶亲

关于古代奥运会的起源流传最广的是珀罗普斯娶亲的故事。古希腊伊利斯国王为了给自己的女儿希波达米亚挑选一个文武双全的夫婿，提出应选者必须和自己比赛战车，输者会被国王用长矛刺死。比赛中，先后有 13 个青年丧命于国王的长矛之下，而第 14 个青年正是宙斯的孙子，公主的心上人珀罗普斯。在爱情的鼓舞下，他勇敢地接受了国王的挑战，最后终于以智取胜。为庆祝这一胜利，珀罗普斯与公主在奥林匹亚的宙斯神庙前举行了盛大的婚礼，婚礼上安排了战车、角斗等比赛，这就是最初的古代奥运会。珀罗普斯成了传说中古代奥运会的创始人。

（二）古代奥运会"圣火"

"圣火"一词起源于古希腊的神话。传说大力神普罗米修斯为解救饥寒交迫的人类，瞒着宙斯到太阳神阿波罗处偷取火种带到人间，而火种到了人间后就再也收不回去了。宙斯只好规定，在燃起圣火之前，必须向他祭祀。于是古代奥运会开幕前必须举行隆重的点火仪式，由祭司从圣坛上点燃奥林匹克之火，所有运动员一起向火炬奔跑，最先到达的三名运动员将高举火炬跑遍希腊，传谕停止一切战争，开始四年一度的奥运会。火炬像一道严格的命令，有至高无上的权利，火炬传到哪里，哪里的战火就熄灭了，即使是在激烈厮杀的城邦也都纷纷放下武器。神圣休战开始了，希腊又恢复了和平的生活，人们忘记了仇恨，忘记了战争，都奔向奥林匹亚参加奥林匹克运动会。普罗米修斯的圣火带给人类的不仅仅是物质的火种，更给予人类勇敢、坚强、博爱、无私的精神。

二、现代奥林匹克运动

（一）现代奥林匹克运动的诞生

1889 年，现代奥林匹克运动的创始人顾拜旦代表法国参加在美国波士顿举行的国际体育训练大会，进一步了解了世界体育的动态，他认为近代体育的发展正在走向国际化，应该借助古希腊体育的传统和经验来推进国际体育的发展，于是他产生了复兴奥运会的想法。

1894 年 6 月 16 日，在巴黎大学索邦神学院的礼堂，来自法国、英国、美国、希腊、俄国、意大利、比利时、瑞士、荷兰等国家的代表齐聚一堂，召开国际体育运动代表大会。会议通过了顾拜旦提出的复兴奥林匹克运动会的提议，一致决定每四年举行一次奥运会。会议通过了成立国际奥委会的决议，并决定于 1896 年在雅典举办第一届现代奥运会。

（二）现代奥林匹克文化

1. 奥林匹克标志

奥林匹克标志（Olympic Logo）是由《奥林匹克宪章》确定的，也被称为奥运五环标志。它由 5 个奥林匹克环套接组成，环从左到右互相套接，上面是蓝环、黑环、红环，下面是黄环、绿环。整个造型为一个底部小的规则梯形。奥林匹克标志象征五大洲和全世界的运动员在奥运会上相聚一堂，充分体现了奥林匹克主义的内容：所有国家和所有民族的奥林匹克大家庭。

2. 奥林匹克思想体系

奥林匹克运动的思想体系包括：奥林匹克宗旨、奥林匹克主义、奥林匹克精神、奥林匹克格言及奥林匹克新格言等。

（1）奥林匹克的宗旨：通过没有任何歧视、具有奥林匹克精神的体育活动来教育青年，从而为建立一个和平的、更美好的世界做出贡献。

（2）奥林匹克主义：将身、心和精神方面的各种品质均衡地结合起来并使之得到提高。

（3）奥林匹克精神：相互理解、友谊长久、团结一致和公平竞争的精神。

（4）奥林匹克格言：更快，更高，更强。

（5）奥林匹克新格言：更干净，更人性，更团结。奥林匹克新格言代表新世纪奥林匹克运动以人为本，公平竞争和文明、团结、进步的前进方向。

3. 奥林匹克文化的价值

现代奥运会经过一百多年的发展，已经成为世界上无与伦比的、最广泛的社会文化现象。现代奥林匹克文化是对古代奥林匹克文化的继承和发展。古希腊的竞技运动受到社会各界的广泛支持和尊重。竞技场上的优胜者不仅获得橄榄桂冠、棕榈花环和塑像等奖励，更重要的是他们像英雄一样受到故乡人民的崇拜，为他们举行盛大庆典。现代奥林匹克文化则要求锻炼者在身体健美、均衡和体态端正的基础上，达到意志品质高尚、身心尽善尽美的境地，并与艺术相结合。这种深入的心灵美，是一种更高层次的体育文化的理性价值。

奥林匹克的格言是"更高、更快、更强"和"更干净、更人性、更团结"，它激励青年人奋发向上、超越自我，向着更高的目标迈进。而运动员们勇于克服各种艰难险阻，付出辛勤的汗水去争取胜利的意志和品质对所有人都是一种启迪。

（三）现代奥林匹克组织体系

现代奥林匹克的组织体系包括国际奥委会、国际单项体育联合会和各个国家或地区的奥委会。它们之间互相配合，相辅相成，保证着奥林匹克运动的正常运行。

国际奥委会是奥林匹克运动的最高权力机构，具有法人地位，其任务是按照《奥林匹克宪章》领导奥林匹克运动的各项工作并做出最终决定。

国际单项体育联合会主要任务是负责它所管辖的运动项目的技术和行政管理方面的工作，制订并推行该运动项目的规则并保证该项目在全世界的开展；制定奥运会参赛标准；负责本项目的技术监督和指导等。

国家奥委会是奥林匹克运动的基本功能单位。国际奥委会和国际单项体育联合会组织的各项奥运会活动，最终都要由国家奥委会承担、执行和完成，因而担负着依据《奥林匹克宪章》在各自国家或地区发展和维护奥林匹克运动的责任。

三、中华民族奥运之路

（一）清政府不知"奥运"为何物

1894年，即国际奥林匹克委员会成立的那一年，国际奥委会就曾通过法国驻华使馆给当时的清政府发来了一封邀请信，邀请中国派运动员参加1896年将在希腊雅典举行的第一届现代奥林匹克运动会的比赛。可是清政府上下文武百官，竟然没有一个人弄清"奥运"究竟为何物，更谈不上派人参加了。

（二）国民党时期奥运会"零"的记录

国民党统治时期，中国从未在世界性体育大赛中拿到过一块奖牌，这是一段使每个中国人备感耻辱的历史。1924 年，中华体育协会成立，1928 年，中国获准可派团参加在荷兰阿姆斯特丹举行的第 9 届奥运会，但由于准备不足，国民党政府只派了宋如海一人作为观察员出席而未参赛。此后，国民党政府曾派选手参加了第 10、第 11、第 14 届奥运会，可比赛结果都令人大失所望。

1932 年，第 10 届奥运会在美国洛杉矶举行。国民党政府原准备派足球和田径选手参赛，但受到了日本人的阻挠，后在张学良将军的资助下，终于派出一个由代表沈嗣良、教练宋君复、选手刘长春组成的三人代表团。最终因旅途疲劳和体力不支，刘长春在 100 米、200 米预赛中即被淘汰。这是中国运动员第一次进入奥运赛场，虽然成绩不佳，但向全世界宣告了中国奥林匹克运动的存在。

1936 年，第 11 届奥运会在柏林举行，国民党政府派出 69 名运动员参赛，除符保卢撑竿跳高进入复赛外，其余选手在各项初赛中即被淘汰。

1948 年，第 14 届奥运会在英国伦敦举行。国民党政府派出 33 名运动员参赛，各项均未进入决赛。

（三）新中国名正言顺进入国际奥运会

1949 年，中华人民共和国成立。1952 年，第 15 届奥运会在芬兰的赫尔辛基举行，我国派出了 40 人的代表团。1954 年，中国在国际奥运会的合法席位得到确认，然而由于国际奥委会同时承认"台湾"的席位，违背了奥林匹克宪章规定的"一个国家只能有一个国家奥委会"原则，中国队提出抗议并退出第 16 届奥运会。1958 年，中国正式退出国际奥运会。

1979 年，随着中国大国地位的提高和国际形势的变化，中国奥委会向国际奥委会提出了解决中国在国际奥委会的合法席位问题的建议。随后的 11 月 26 日，国际奥委会经全体委员表决，以 62 票赞成、17 票反对、两票弃权，通过了国际奥委会执委会在名古屋做出关于中国代表权的决议，决议指出，确定中华人民共和国奥林匹克委员会的名称为"中国奥林匹克委员会"，使用中华人民共和国的国旗和国歌；设在中国台北的奥委会名称定为"中国台北奥林匹克委员会"。

（四）辉煌的篇章

1984 年，第 23 届奥运会在美国洛杉矶举行，中国在重返国际奥委会后首次派出了由 225 名运动员组成的大规模代表团参加了本届奥运会，标志着我国全面登上奥林匹克舞台。在该届奥运会上，中国代表团共获得 15 金 8 银 9 铜，金牌数列第四位。其中，许海峰在男子自选手枪射击比赛中夺冠，为我国实现了奥运会金牌零的突破；吴小旋获得女子标准步枪 3×20 项目冠军，成为中国奥运史上获得金牌的女子第一人；中国女排在直落三局的情形下击败东道主美国队，夺得中国在奥运会上的第一枚三大球金牌，鼓舞了全国人民。这届奥运会是我国奥运辉煌篇章的起点，之后中

追梦赤子心，从过去到现在

国在奥运赛场上一直不断突破。

2001 年 7 月 13 日，在莫斯科召开的国际奥委会第 112 次全会上，经过国际奥委会委员两轮投票，北京赢得了 2008 年第二十九届夏季奥运会主办权。

2008 年我国成功举办了第 29 届奥运会，主办城市为北京，协办城市为上海、天津、沈阳、秦皇岛、青岛、香港等，共有 204 个国家及地区参赛，参赛运动员达 11438 人，共创造 43 项新世界纪录及 132 项新奥运纪录，有 87 个国家和地区在赛事中取得奖牌。在北京奥运会上，中国派出了由 639 名运动员组成的有史以来人数最多的中国代表团。中国选手也创造了中国代表团有史以来最好的奥运成绩，以 51 金、21 银、28 铜的成绩排名金牌榜首位，是奥运历史上首个登上金牌榜首的亚洲国家。

2015 年 7 月 31 日下午，国际奥委会第 128 次全会在马来西亚吉隆坡投票决定，将 2022 年冬奥会举办权交给北京，13 亿中国人民又将再次拥抱奥林匹克运动，续写我国奥林匹克运动的辉煌篇章。

第三节　校园体育文化

一、校园体育的目的和任务

学校是培养人才的场所，强身健体是校园体育最基本的目标。在我国，校园体育既与竞技体育和体育锻炼三位一体，组成完整的体育系统；又与德育和智育有机结合，构成学校教育的主要内容。

（一）校园体育教育的目的

校园体育教育的目的是为社会主义现代化建设培养德、智、体全面发展的人才，使学生的身心得到全面和健康的发展，以更好地完成学校的学习任务，将来更好地建设祖国和服务社会。

（二）校园体育教育的任务

为了能够达到校园体育教育的目的，校园体育应该完成以下四个任务：

（1）全面锻炼学生的身体，促进其身体形态结构、心理和生理机能的发展，提高其身体素质和基本的体育活动能力，提高其对外界环境的适应能力。

（2）使学生掌握体育和健康的基础知识，学会锻炼身体的技能与方法，掌握部分体育项目的基本技术，并能运用所学知识进行自我调控、自我检测和自我评价，为其终身健身奠定良好的基础。

（3）对学生进行爱国主义和集体主义教育，培养其积极乐观、顽强拼搏和团队合作意识，使其能正确对待个人和集体的成功与失败；树立现代体育意识，把健康与学习、生活和自身发展等联系起来，提高其对体育的兴趣和对体育比赛的欣赏能力，养成积极参加体育锻炼的习惯。

（4）发展学生的体育才能，提高学生运动竞技水平。学校是培养人才的场所，应在普及体育教育的基础上对部分体育基础较好并具有一定专项运动才能的学生，进行课余的专项体育锻炼，进一步增强他们的体质，为国家培养和输送体育后备力量。

二、校园体育的组织形式

校园体育的组织形式主要包括体育课程教学、课外体育活动、课余体育运动训练和课余体育竞赛等。

（一）体育课程教学

体育课程教学是学校实施体育教育最主要的组织形式，是学校教学计划中所规定的必修课程，既是校园体育教育工作的中心环节，又是实现校园体育教育目标的基础和基本途径。

体育课程教学分为理论课和实践课教学两部分：

1. 理论课教学

理论课教学是根据体育理论教材，按教学计划和课时进度，系统地向学生传授体育科学知识和体育实践方法，加强学生对体育的理性认识和体育文化内涵的深刻理解，使学生形成体育锻炼的意识，树立终身体育锻炼的观念。

2. 实践课教学

实践课教学是以身体练习为基本手段，以教师为主导、学生为主体专门开设的体育教学过程，是高校实现体育教育目标的基本组织形式。教师在教学过程中，除了要建立正常的教学秩序外，还要充分调动和发挥学生主体的能动性。因为学生在学习过程中必须要以接受一定的运动负荷为前提，通过体力和智力的共同作用，才能达到塑造自己的体格和体能的目的。

（二）课外体育活动

课外体育活动是实现校园体育教育目标的重要组成部分，实际上也是体育课的延续和补充，它是将课上所学的技术和技能在课外的具体运用与实践。

课外体育活动包括早操、课间活动、课外体育锻炼、全校运动会和旅游等。下面简要介绍一下早操和课间活动。

1. 早操

早操是指学生每天早上起床后到室外做操或进行一般性的身体活动，也叫作晨练。早操既是大学生合理的作息制度的组成部分，又是学校正常教学秩序的重要环节。

早操时间一般为 $15\sim20$ min 为宜，因为上午要上课，所以活动量不要太大，其内容多为广播操，也可为健身跑、打拳、练健美操和进行各种身体素质练习等。组织形式应为集体和个人活动相结合。

学生坚持做早操，不仅是锻炼个人意志，养成良好的生活习惯，促进身心健康的有效措施，而且也是学生每天从事学习的一项准备活动。出早操，可以消除大脑一夜的抑制状态，激活机体的生理机能，促进形成良好的生理和心理状态，以充沛的精力和饱满的情绪进入到一天的学习生活中。

2. 课间活动

课间活动是指在文化课下课后，利用课间休息的几分钟在教室周围做的轻微身体活动。这是一种积极的休息方式，为下一堂课的学习注入新的活力和精力，以提高学习效率。

（三）课余体育运动训练

课余体育运动训练是在群众性体育活动普及的基础上，对部分热爱体育运动，身体素质好又有专项运动特长的学生进行的系统体育训练过程，是贯彻普及与提高相结合的一项重要措施。

课余训练的目的是提高竞技运动水平，既是为参加不同层次比赛为学校争荣誉，又是为学校培养体育骨干，以便指导和推动群众性体育活动的开展。

对于学校来说，运动训练必须根据学生的年龄特点、运动基础、生理和心理制定专门的训练计划，遵循运动训练原则，采用科学训练方法进行训练，确保学生在增强体质的基础上进行课余训练，提高运动技术水平和运动成绩。

（四）课余体育竞赛

竞争是体育竞赛的基本特征。体育竞赛既可以培养学生的竞争意识，又符合学生竞争心理的需求，所以体育竞赛是推动学校群众性体育活动开展的有效组织形式，能起到宣传、教育和鼓励的作用。

通过体育比赛，可以检查校园体育教学、体育锻炼和运动训练的效果。比赛的宗旨是育人，通过体育比赛增进人与人之间的交流，起到振奋人心、鼓舞激情、增进才智和增强体质等作用，有利于人才成长。

校园运动会掠影

三、校园体育文化的内涵

校园体育文化是指在学校这一特定的范围内所呈现的一种特定的体育文化氛围，是学校的师生员工在体育课程教学、课外体育活动、课余体育运动训练、课余体育竞赛、体育设施建设等活动中形成和拥有的所有的物质和精神财富，以及体育观念和体育意识。它是以学生为主体，以校园为主要空间，以校园精神为主要特征的一种群体文化。这种特定的文化氛围是和学校的培养目标、校风校纪、生活方式等内容相联系的。

校园体育文化包括很多内容，比如学校的体育场馆、体育场地以及体育器材，学校的体育课程制定、体育教师的专业素质、学生的体育锻炼意识、学生终身体育观念、学生从事体育锻炼的方式方法，等等，这些都是校园体育文化的具体表现。

四、校园体育文化的作用

校园体育文化作为一种群体文化，是学校在长期的教学实践过程中逐步形成的，更是在广大师生直接参与和精心培养下发展起来的。它对改善学生的智力结构，提高学生的积极性、主动性和创造性，促进体育教育改革的深入发展具有特殊的地位和作用。

（一）推动校园文化发展

1. 体育文化是校园文化的重要组成部分

校园体育文化是营造学校人文气息和文化氛围的重要内容，是校园文化的重要组成部分。大学校园的人文气息和文化氛围深深地影响着一代代学生的成长，弘扬"奋斗，进取"的办学精神，对提升一个学校的办学层次和办学水平，具有十分重要的作用。在营造良好的校园人文氛围、培养学生健康成长中，体育扮演着十分重要的角色；在推动校园文化和精神文明建设中，高校校园体育文化发挥了不可替代的作用。

公平竞争、团结协作、自强不息、自信是体育精神的精髓，它以其特有的魅力与作用对学生的身心健康发展产生强大的潜移默化的影响，更成为校园文化对内、对外展示的窗口。"更快、更高、更强！""团结、友谊、进步！""重在参与""公平竞争"等奥林匹克精神，其魅力就深藏在体育文化的底蕴之中。体育及体育文化是校园文化中最活跃、参与人数最多、开展最广泛、持续时间最长、对人产生极其深远影响的文化活动。

2．体育文化节是建设校园文化的主要形式

如今，举办体育文化节已成为校园文化必不可少的一部分，也成为高校"弘扬体育精神，倡导人文关怀"的窗口，成为广大学子施展个人才华、发挥各自特长的广阔舞台。通过体育文化节活动，能在学校范围内营造一种健康文明、团结向上、竞争有序的校园文化氛围。

体育文化节融体育知识、体育游戏、体育表演、体育比赛、体育征文、体育绘画、体育摄影等多种体育相关活动为一体，以体育活动为载体，为师生提供一方舞台，以公平竞争、团结协作、拼搏进取为宗旨，以"健康、快乐、文明"为目标，来培养师生的体育道德素养。体育节具有浓厚的节日气氛，能提高学生的兴趣，吸引广大学生积极参与。通过体育文化节，能使学生体会到，体育不仅仅是一种锻炼身体、增强体质的手段，更是一种享受、一种快乐、一种体验。

（二）促进大学生人文素质教育

人文素质教育是以塑造人的精神境界、人格品位乃至民族精神为主要内容的教育。校园体育文化是维系学校团体的一种精神力量，在培育校园精神、促进精神文明建设，营造学校人文气息和人文氛围中起着重要的作用，因此，要充分利用体育文化资源，以人为本，让师生通过参与校园体育文化活动，去了解社会、接触社会，培养团结协作、顽强拼搏、勇于进取、尊重事实、崇尚理性的精神风貌，促进素质教育的全面贯彻实施。

思考题

1．体育文化和校园体育文化的概念分别是什么？
2．体育文化的价值包括哪些内容？
3．简述我国"从凄苦到辉煌"的奥运之路。
4．举例说出你认识的中国奥运冠军，并选出你最喜欢的一个奥运明星进行介绍。
5．校园体育文化的作用有哪些？

第二章　运动与健康

【学习目标】

1. 了解健康的概念及衡量健康的标准
2. 了解影响健康的因素
3. 了解亚健康的概念及其临床症状
4. 了解体育锻炼对健康的促进作用

第一节　健康和亚健康

健康是人类追求的永恒目标，拥有健康才可以享受生活，以往人们普遍认为"健康就是没有疾病"，然而随着科学的发展、社会的进步，对于健康的定义已不仅仅局限于身体的健康。

一、健康的概念

1948 年，世界卫生组织（WHO）在宪章中明确指出："健康不仅仅是免于疾病和衰弱，而应该是保持身体上、精神上和社会适应能力等方面的完好状态。"从而将人类的健康与生理的、心理的以及社会的因素联系在一起。

这个定义包括三层含义。

（1）躯体健康。是指躯体的结构完好，功能正常。

（2）心理健康。又称精神健康，指人的心理处于完好状态，包括能正确地认识自我、正确地认识环境、及时适应环境等。

（3）社会适应能力良好。是指个人的能力在社会系统内得到充分的发挥，个体能够有效地扮演与其身份相适应的角色，个人的行为与社会规范和谐一致。

1989 年，世界卫生组织对健康的概念又进行了重新定义，提出健康应包括躯体健康、心理健康、社会适应良好和道德健康，这就是所谓的四维健康观念，如图 2-1 所示。

图 2-1　四维健康观

继四维健康观之后，美利坚大学的国家健康中心提出了一个与其类似的健康定义，即健康是人对环境适应后所达到的一种生命质量，个体只有在身体、情绪、智力、精神和社会各方面达到完美状态才称得上真正的健康，这种健康观又称健康五要素，如图 2-2 所示。这种观念将人们对健康的认识提高到了一个崭新的高度，并为世界各国学者广泛接受。

图 2-2　健康五要素

（1）身体健康。不仅包括无病，而且还包括体能。体能是一种能满足生活需要和有足够能量完成各种活动的能力。具备这种能力，可以预防疾病，提高生活质量。

（2）情绪健康。情绪涉及我们对自己和他人的感受。情绪健康的主要标志是情绪的稳定性，所谓稳定是指个体应对日常生活中人际关系和环境压力的能力。当然，生活中偶尔有些情绪波动均属正常，关键是生活的大部分时间要保持情绪稳定。

（3）智力健康。是指具有认识、理解客观事物，并运用知识、经验等解决问题的能力，包括记忆、观察、想象、思考、判断等。

（4）精神健康。是指能够认识自己的潜力，应对正常生活压力，以及关心和尊重所有生命的能力。对于不同宗教、文化和国家的人来说，精神健康的内容也有所不同。

（5）社会健康。是指个体与他人及社会环境相互作用形成的和谐的人际关系和社会角色的能力。此能力使人们在人际交往中充满自信和安全感，进而减少烦恼，保持心情愉快。

值得注意的是，健康的五个要素相互联系，相互影响，例如，身体不健康会导致情绪不健康，心理不健康会导致身体、情绪和智力的不健康。因此，只有每一个健康要素平衡地发展，人们才能真正健康、幸福地生活。

二、衡量健康的标准

世界卫生组织在给健康下定义时并未给出量化的标准，由于发展时期、地域、种族、年龄段、性别、职业等因素的不同，衡量健康的具体标准也会有所不同。所以说，健康没有一个确切的概念和具体的指标，它只能是对一个个体在不同时间和空间的状态的描述。可见，衡量健康的标准是很广泛的。

近年来，为了便于普及健康知识，世界卫生组织提出了衡量人体健康的 10 条标准。

（1）精力充沛，能从容应付日常生活和工作；

（2）处事乐观，态度积极，乐于承担责任；

（3）善于休息，睡眠质量好；

（4）应变能力强，能适应各种环境的变化；

（5）对一般传染性疾病（如感冒）具有一定的抵抗力；

（6）体型匀称，体重适当，身体各部分比例协调；

（7）眼睛明亮，思维反应敏捷；

（8）牙齿清洁，无损伤，无病痛，齿龈无出血；

（9）头发有光泽，无头屑；

（10）走路轻松，肌肉、皮肤富有弹性。

人们在日常生活中也形成了一些关于健康的标准，实际上是对世界卫生组织提出的标准的延伸。

（1）胃口好，进餐适量，不挑剔食物；

（2）排泄顺畅，胃肠功能良好；

（3）能很快入睡，且睡眠程度深，醒后精神饱满，头脑清醒；

（4）语言表达正确，说话流利；

（5）行动自如、敏捷，精力充沛；

（6）性格温和，意志坚强，感情丰富，具有坦荡的胸怀与达观的心境；

（7）具有良好的处世能力，看问题客观、理性，具有自我控制能力；

（8）能适应复杂的社会环境，对事物的变化保持良好的情绪，保持社会外环境与机体内环境的平衡；

（9）具有良好的人际关系，待人接物大度、和善，不过分计较，助人为乐，与人为善。

现代健康观揭示了人体的整体性以及人体与自然环境和社会环境的统一。人类对疾病的预测从对个体诊断延伸到对群体乃至整个社会的健康评价，而对健康的评价标准由单纯的生物标准扩展到心理、社会标准。

三、影响健康的因素

20 世纪 70 年代，加拿大学者从预防医学的角度提出了影响健康的四大主要因素，即行为与生活方式、生活环境、生物学和医疗卫生服务四大因素。

（一）行为与生活方式因素

行为与生活方式因素是指由于人们自身的行为和生活方式给个人、群体乃至社会的健康带来直接或间接的影响，这种影响具有潜伏性、累积性和广泛性。

国内外大量研究表明，在现代社会里，不良的生活方式和有害健康的行为习惯已经成为危害人们健康、导致疾病的主要原因，包括抽烟、酗酒、暴饮暴食、过多摄入脂肪和糖等不健康的饮食生活方式，不规律的娱乐活动、睡眠不足、电子游戏成瘾等不健康的休闲方式，缺乏运动或不运动，以自我为中心、孤独、抑郁、嫉妒和自私等不健康的心理状态，等等。这些不良生活方式和有害健康的行为习惯是致使高血压、冠心病、糖尿病等"现代生活方式病"的患病率不断增高的主要原因。1992年，世界卫生组织在《维多利亚宣言》中指出：健康的四大基石是合理的膳食、适量的运

动、戒烟和限制饮酒、心理健康。

（二）生活环境因素

生活环境因素可分为物理性因素（如环境气候和空气质量等）和社会性因素（如科技发展、家庭环境、工作环境、人际关系和经济收入等），它们从不同的角度影响着健康。

现代建筑不断向高空发展，人们居住在这些与新鲜空气和阳光隔绝的建筑物中，与大自然的距离越来越远，加上城市工业化导致淡水污染、空气中的二氧化碳和二氧化硫等有害物质不断增长、植被减少，以及酸雨、毒雪和黑风暴、沙尘暴的频繁发生，致使生活环境日益恶化，严重危害了人类的健康。城市交通、通信联络工具的现代化，减少了人们走路锻炼的机会；先进的电器化设备代替了传统的家务劳动；由于食品构成的改善，脂肪和肉类的增加，人们从食物中摄入的热量越来越多；加之整个社会生活的节奏大大加快，使人们经常处于紧张状态之中，精神上承受着很大的压力。生活环境和生活方式的急剧变化，造成了现代人的机体结构和机能与生活环境之间产生不平衡。

（三）生物学因素

生物学因素包括基因遗传因素和细菌、寄生虫等病原微生物因素。

遗传是指自然生物通过一定的生殖方式，将遗传物质从上一代传给下一代的生物现象。在遗传物质传给后代的同时，也把亲代的许多隐性或显性的疾病传给了后代。生物遗传因素直接影响人类健康，它对人类诸多疾病的发生、发展及分布具有决定性影响。

近期的研究表明，遗传倾向不仅在普遍认为的先天性缺陷或遗传性疾病中起着重要作用，而且在后天的常见病，如冠心病、高血压、糖尿病、某些癌症和常见的精神障碍中也起着重要作用。遗传因素可能会使这些疾病提前发生。例如，最常见的阿尔茨海默氏症（又称老年性痴呆症），就是在家族中遗传的。

病原微生物是引起传染病发生的首要条件。由于微生物学、生物化学以及相关学科的不断发展，人们普遍认为一些传染病已经基本被消灭，而余下的传染病也可通过免疫和抗生素得到控制。但20世纪末，人们惊讶地发现，致病细菌显示出明显的抗药能力和适应环境变化的能力，传染病再度成为人类健康的主要危害。

（四）医疗卫生服务因素

医疗卫生服务是卫生医疗机构和专业人员为了达到预防疾病、促进健康的目的，运用卫生医疗手段向个人、群体和社会提供必要服务的过程。

医疗卫生服务因素指的是医疗卫生系统中影响健康的因素，涉及预防、医疗及康复等方面，包括医疗水平低、误诊、漏诊、医务人员数量少、质量差、初级卫生保健网不健全、重治疗轻预防、医疗资源分布不均、缺少康复机构和不良医患关系等都是不利于健康的因素。

四、关于亚健康状态

世界卫生组织（WHO）认为，亚健康状态是健康与疾病之间的临界状态，又叫"第三种状态"或"灰色状态"，是指机体在内外环境不良刺激下引起心理、生理发生异常变化，但尚未表现出明显的病理反应的状态。

从生理学角度讲，亚健康状态是指人体各器官功能稳定性失调，但没有引起器质性损伤，医学检查时各项生理、生化指标均无明显异常，医生无法做出明确诊断。在这种状态下，人体机能和免疫功能已经有所下降，容易患病，但若及时调控，则可恢复健康状态。

（一）亚健康的症状

亚健康在临床常被诊断为疲劳综合征、内分泌失调、神经衰弱和更年期综合征等。在心理上的表现为精神不振、情绪低落、反应迟钝、注意力不集中、记忆力减退、遇事紧张、失眠、烦躁、焦虑和易惊等；在生理上的表现为疲劳、乏力、胸闷气短、活动时气短、出汗和腰酸腿疼等。

此外，由于亚健康状态基本上是由于机体组织结构退化（老化）及生理功能减退所致。因此，目前也将人体衰老表现列入亚健康状态的一种类型。

那么，造成亚健康的原因是什么呢？下面就来讲述这个问题。

（1）过度疲劳造成的精力和体力透支，形成疲劳综合征，同时也可能导致内分泌失调。随着生活和工作节奏的加快，各种竞争日益激烈，使得人们用脑过度，身心长期处于超负荷紧张状态，造成人体内脏功能过度损耗、机能下降，从而出现亚健康状态。

（2）人的自然衰老。人体成熟以后，大约从30岁就开始衰老，女性更年期就是衰老的表现之一。这时人体器官逐渐开始老化，人体虽然没有病变，但已经不完全健康了，这种状态也属于亚健康状态。

（3）重病恢复期及慢性病发病前期。疾病治愈后的恢复期和慢性疾病发病前期，虽然理论上并未生病，实际上机体仍处在或已经处在病变状态，因此很可能处于亚健康状态。

（4）人体生物周期中的低潮时期。人的体力、精力、情绪都有一定的生物规律。即使是一个健康的人，也会规律性的出现高潮期与低潮期。在低潮时，人体很可能会处于亚健康状态。

（二）亚健康状态自测

由于亚健康状态是介于健康状态和疾病状态之间和一种游离状态，所以对于亚健康状态的诊断很难界定。

对此，专家罗列出30种亚健康状态的症状以供人们做自我检测。如果在以下30项症状中，有6项或6项以上状况符合，则可视为亚健康。

（1）精神焦虑，紧张不安；　　（2）忧郁孤独，自卑郁闷；

（3）注意力分散，思维肤浅；　　（4）遇事激动，无事自烦；

（5）健忘多疑，熟人忘名；　　（6）兴趣变淡，欲望骤减；

（7）懒于交际，情绪低落；　　（8）常感疲劳，头昏眼胀；

（9）精力下降，动作迟缓；　　（10）头昏脑涨，不易复原；

（11）久站头晕，眼花目眩；　　（12）肢体酥软，力不从心；

（13）体重减轻，体虚力弱；　　（14）不易入眠，多梦易醒；

（15）晨不愿起，昼常打盹；　　（16）局部麻木，手脚易冷；

（17）掌腋多汗，口干舌燥；　　（18）自感低烧，夜常盗汗；

亚健康了怎么办

（19）腰酸背痛，此起彼伏； （20）舌生白苔，口臭自生；

（21）口舌溃疡，反复发生； （22）味觉不灵，食欲不振；

（23）反酸嗳气，消化不良； （24）便稀便秘，腹部饱胀；

（25）易患感冒，唇起疱疹； （26）鼻塞流涕，咽喉疼痛；

（27）憋气气急，呼吸紧迫； （28）胸痛胸闷，有压迫感；

（29）心悸心慌，心律不齐； （30）耳鸣耳背，晕车晕船。

第二节　体育锻炼与健康促进

体育与健康是两个不同的概念，但它们之间又存在着内在的必然联系。我们可以从体育与健康各个要素的关系来思考体育与健康的关系。

一、体育锻炼促进身体健康

良好的体质是促进身体健康的有效保证。体质是指有机体在遗传变异和后天获得的基础上所表现出来的综合的、相对稳定的特征。它是人的运动能力、劳动工作能力乃至全部生命活动的物质基础，而体育锻炼是增强体质的最直接的有效手段。

（一）体育锻炼对身体形态结构的作用

身体形态结构主要由先天遗传因素决定，但是后天因素对形态结构的影响也是不容忽视的。我们可以将人体生命的全部过程大致分为3个时期，即儿童少年时期、青少年时期和中老年时期。不同时期生长发育的速度不同，而且每个人在相同时期的发育速度也是不同的。也就是说，虽然总的发育规律不可改变，但变化的速度却可以控制。

青少年时期是人体生长发育的最佳时期，也是人的体型、体力和健康奠定的关键时期。此时，后天因素对机体的影响比任何时期都大。实践证明，经常参加体育锻炼对身高、体重、围度（如胸围、大小腿围等）等指标的可塑程度能达到50%～70%。

（二）体育锻炼对生理机能的作用

人体是一个完整、统一的有机体，由不同的器官构成，按功能可分为神经系统、呼吸系统、血液循环系统、消化系统和运动系统等。体育锻炼可对人体各个系统产生影响，促进机体全面发展。

1. 体育锻炼对神经系统的作用

神经系统由中枢神经系统和周围神经系统组成，体育锻炼可以改善神经系统的功能。

（1）体育锻炼可以提高人体对刺激的反应速度

体育锻炼的项目种类繁多、技术复杂，越是对抗性和技术性强的运动越能有效地强化脑细胞的生理功能，使神经细胞的兴奋强度、反应速度、兴奋抑制转换的灵活性及均衡性都得到提高。

（2）体育锻炼有助于增强记忆力，提高大脑工作效率

经过长时间的思考学习，专管学习的神经细胞群会产生疲劳，进而由兴奋转为抑制。在此时进行体育锻炼，专管运动的神经细胞群开始兴奋，而其他细胞群可以得到良好的休息，使头脑更清醒，思维更敏捷。

（3）体育锻炼可以帮助改善神经衰弱

经常从事体育锻炼可以使大脑皮质兴奋增强、抑制加深，且兴奋和抑制都更加集中，进而使大脑的兴奋与抑制两种功能保持平衡。

2．体育锻炼对呼吸系统的作用

呼吸系统包括鼻、咽、喉、气管、支气管和肺。其中，肺是气体交换的场所，其他器官是气体交换的通道。

在安静状态下，呼吸系统的各个器官只需很小的工作强度就能完成呼吸过程，长此以往，很可能会导致相关器官的萎缩，使呼吸系统功能降低。体育锻炼时，人体对氧的需求量增加，呼吸频率加快，使呼吸系统的各个器官逐渐改善自身机能。坚持锻炼，可以使呼吸肌逐渐发达、有力、耐久，可以提高呼吸深度，增大肺活量。

3．体育锻炼对血液循环系统的作用

血液循环系统又称心血管系统，是由心脏和血管组成的闭锁的管道系统。心脏相当于生命的"发动机"，推动血液在血管里不断地流动，以便把氧气和营养物质运送到身体各处，同时把细胞代谢过程中产生的废物和二氧化碳运出体外。

（1）体育锻炼可以使心脏组织结构增强，心脏工作寿命延长

体育锻炼时，血液循环加速，进而改善心肌的供血机能。心肌得到更多的营养物质，心壁增厚，心脏容量增加，使外形更加圆满，搏动更加有力。长期运动的人在正常状态下的心跳频率要比一般人每分钟减少 20 次左右，由于总体上减少了心脏的搏动次数，因此延长了心脏的工作寿命。

（2）体育锻炼可以使血管功能变强，血红蛋白增多，血液微循环强化

体育锻炼使血液循环加快，血流量变大，血管经常收缩或扩张，使得血管壁弹性增强、血管表面积增大，血管对血液的运输功能增强。经常锻炼也可使血液中的白细胞、红细胞和血红蛋白含量增多，结合氧的含量增大，代谢和耐缺氧的能力提高，从而改善血液循环系统的功能。

4．体育锻炼对消化系统的作用

消化系统由口腔、咽、食道、胃肠、胰腺、肝脏和肛门等器官组成。

（1）体育锻炼可以促进食物的消化和营养物质的吸收

经常参加体育锻炼使消化腺分泌的消化液增多，腹部运动促使消化管道的蠕动加强，胃肠的血液循环得到改善，使食物的消化和营养物质的吸收更加充分和顺利。

（2）体育锻炼可以促进肝脏健康

体育锻炼使体内糖分的消耗增加，因此肝脏需将储备的糖原及时向外输送，肝脏工作量的增加使其机能受到锻炼和提高。

5．体育锻炼对运动系统的作用

运动系统是人们从事生产、生活活动的器官，由骨骼、关节和肌肉三部分组成。体育

运动是在运动系统的协调工作下完成的，并在完成运动的同时使运动系统的各个部分更加坚固、灵活、结实且粗壮有力。

（1）体育锻炼可以使骨骼性能、形态发生良好变化

长期的体育锻炼使骨骼变得粗壮、坚固，增强其抗折、抗弯、抗压缩和抗扭转等方面的机械性能。

（2）体育锻炼可以提高关节的稳固性和灵活性

经常从事体育锻炼可使关节囊、肌腱和韧带增厚，关节的稳固性、延展性增强，关节的弹性、灵活性和柔韧性提高。

（3）体育锻炼可以提高肌肉性能

运动过程中，肌肉工作加强，蛋白质等营养物质的吸收、存储能力加强，使肌纤维增粗，肌肉体积增大，从而使肌肉结实有力。

（三）体育锻炼对身体素质的作用

人体的基本活动能力是通过身体素质来描述的。体育锻炼可以提高身体素质，提高基本活动能力。身体素质表现在速度、力量、耐力、灵敏和柔韧等多个方面。

1．速度素质

速度素质是指人体快速运动的能力，是人体身体素质中最基本的素质之一。体育锻炼可使人体对外界刺激的反应速度加快，并使人在较短的时间范围内完成指定动作。

2．力量素质

力量素质是指人的机体或机体的某一部分肌肉工作（收缩和舒张）时克服外界阻力的能力。力量素质在体育运动中最为重要，没有力量素质作为基础，任何体育运动都不可能完成。日常的体育锻炼和专门的练习可以显著提高肌肉力量，有利于更好地学习、生活和娱乐。

相关知识

常用的发展肌肉力量的运动

俯卧撑：主要发展三角肌的前部、胸大肌和肱三头肌等上肢肌肉的力量。

引体向上：主要发展胸大肌、背阔肌和肘关节屈肌力量。

仰卧起坐：主要发展腹肌和髂腰肌力量。

收腹举腿：主要发展腹肌和髋关节屈肌群力量。

杠铃、哑铃：前者发展大肌肉群力量，后者发展小肌肉群力量。

3．耐力素质

耐力素质是指人体长时间活动或对抗疲劳的能力，是反映人体健康水平或体质强弱的一个重要标志。进行体育锻炼可发展肌肉耐力和全身耐力，促进心肺功能的提高。

4．灵敏素质

灵敏素质是指在外界刺激突然变换的条件下，人体能迅速、准确、协调地改变身体运动方向和位置的能力。它是人的运动技能、神经反应和各种身体素质的综合表现。进行体

育锻炼可较好地发展灵敏素质，例如，体操、武术、滑冰、球类运动等都是发展灵敏素质的有效项目。

5．柔韧素质

柔韧素质是指人体在运动时各关节的活动幅度和范围，以及肌肉和韧带的伸展能力。柔韧素质由 3 个因素决定，即关节的骨结构，关节周围组织体积的大小，关节的韧带、肌腱、肌肉和皮肤的伸展性。体操、艺术体操、武术、跳水和田径运动等项目可较好地发展人体的柔韧素质。

二、体育促进心理健康

体育锻炼既是一种身体活动，也是一种心理活动。因此，体育锻炼不仅有助于身体健康，而且对心理健康也有着积极的作用。大量的研究表明，体育锻炼是一种低支出、低风险和低副作用的有效促进心理健康的方法，主要表现在以下几个方面。

（一）体育锻炼有助于改善情绪体验

情绪状态的调控能力是衡量体育锻炼对心理健康影响的最主要的指标。个体在复杂多变的社会环境中，常常会产生紧张、压抑、忧虑等不良情绪反应，体育锻炼可以使个体从烦恼和痛苦中摆脱出来。

体育锻炼之所以能够改善情绪体验，是因为体育锻炼的参加者能体验到运动带来的愉快感。心理学家认为，适度负荷的体育锻炼能够促进人体释放一种多肽物质——内啡肽，它能使人体获得愉快、兴奋的情绪体验。因此，参加体育锻炼，尤其是参加那些自己喜爱和擅长的体育锻炼，可以使人从中得到乐趣，从而产生良好的情绪状态。

（二）体育锻炼有助于提高智力

正常的智力是正确感知和认识世界的前提，是心理健康的基础。经常参加体育锻炼，不仅使锻炼者的注意力、记忆力、反应、思维、想象力等得以提高和改善，还可以让人情绪稳定、性格开朗，而这些非智力因素对人的智力具有促进作用。

（三）体育锻炼有助于形成和谐的人际关系

现代社会生活节奏的加快使人们越来越趋向封闭的状态，从而造成人与人之间缺乏感情交流，人际关系渐渐疏远。体育锻炼则可以打破这种封闭状态，让不同年龄、文化素质的人聚集在运动场上，进行平等、友好、和谐的交往，使人们互相产生信任感，从而有效地进行情感和信息的交流。

（四）体育锻炼有助于培养坚强的意志品质

意志品质是指一个人的果断性、坚忍性、自制力、主动性及独立性等，是在克服困难的过程中表现和培养出来的。参加体育锻炼可以使人不断克服主观和客观上的各种困难，如懒惰、胆怯、疲劳、损伤等，从而培养人的优秀意志品质。

（五）体育锻炼有助于治疗心理疾病

社会竞争的日益激烈和生活压力的加大会使人产生焦虑、忧愁、烦恼、悲观等不良情绪，这些不良情绪容易导致心理障碍。适当的体育锻炼能使有心理障碍的个体获得心理满足，产生积极的成就感，从而摆脱不良情绪，消除心理障碍。

相关知识

大学生心理健康的标准

由于社会风俗习惯的不同，人们对心理健康的理解也存在一定的差异。综合国内外专家的观点，大学生心理健康的标准主要包括以下几个方面：

（1）具有适当的情绪控制能力。

（2）智力正常。

（3）能保持良好的人际关系。

（4）能对自己做出适当的评价。

（5）心理行为符合年龄特征。

三、体育促进社会适应

体育锻炼是一种具有很强的社会价值取向的活动，可将个体置于群体之中。通过身体运动的非语言接触和语言激励间的互动，改善不同个性人群的相互关系，提高其社会适应能力。体育锻炼对于社会适应性的培养主要体现在以下两个方面。

（一）培养适应社会的参与意识

积极参加体育活动的人能够逐渐成为集体中的一分子，培养良好的参与意识。同时，参与者也可通过体育活动加强社会交往，扩大自己的生活领域，达到促进个体社会化的目的。

（二）培养适应社会的个性特征

集体体育活动需要个体的协调与配合，在集体利益与个体利益面前，必须增强个性的自我约束，不断提高集体荣誉感，使个体服从于集体。在这种个体利益服从于集体利益的过程中，必须不断调整个性特征，以满足集体需要，最终在行动上达到与同伴合作的目的，从而培养参加者适应社会的个性特征。

思考题

1. 健康和亚健康的概念分别是什么？

2. 影响健康的因素有哪些？

3. 体育锻炼对健康的促进作用包括哪些？

4. 举例说出你喜欢的运动项目，并选出你最喜欢的一项运动，说说它对健康的促进作用。

第三章　艺术与体育

【学习目标】
1. 了解艺术与体育的概念、联系及融合
2. 了解艺术化的体育项目
3. 了解体育文学、体育电影、体育摄影等艺术形式

第一节　艺术与体育概述

一、艺术与体育的概念

（一）艺术的概念

"艺术"一词中西皆有，艺术在中国古代指的是六艺以及术数方技等各种技能，特指经术。《后汉书·伏湛传》中写道："永和元年，诏无忌与议郎黄景校定中书五经、诸子百家、藝术。"李贤注："藝谓书、数、射、御，术谓医、方、卜、筮。"《辞海》中将"艺术"释义为：是人类以情感和想象为特性把握世界的一种特殊方式。在西方，"艺术"一词源自于拉丁语"Ars"，最主要的含义是指技术（skill）。

广义来讲，艺术应当包括实用艺术（建筑、园林、工艺美术与现代设计等）、造型艺术（绘画、雕塑、摄影、书法艺术等）、表情艺术（音乐、舞蹈等）、综合艺术（戏剧、戏曲、电影、电视艺术等）、语言艺术（诗歌、散文、小说等），以及杂技、曲艺、木偶、皮影等历史悠久的民间艺术。

（二）体育的概念

"体育"是一个专业术语，作为人类的一种社会活动早已存在。在中国，"体育"一词是舶来品，是从西方国家引进的。在古代，由于我国与西方社会文化、统治思想的不同，所以竞技体育在我国古代不占据主导地位，大多时候体育是作为一些非竞技性、保健性、娱乐性的运动项目出现的，如我国周代"六艺"中的"射"和"御"、宋代健身操"八段锦"、脱胎于唐代马球的捶丸等。到了近代，现代所用的"体育"一词一开始由洋务运动后期从日本传入中国的"体操"一词所表示，直到 1897 年由日本人创作的"体育"一词才引进中国，之后逐渐取代了"体操"一词而被广泛使用。

体育的含义有狭义和广义的区分。狭义的体育即身体教育，指通过身体活动，增强体质，传授锻炼身体的知识、技能、技术，培养道德和意志品质的有目的、有计划的教育过程。它是教育的组成部分。广义的体育即社会文化活动，指以身体练习为基本手段，以增强体质、促进人的全面发展、丰富社会文化生活和促进精神文明建设为目的的一种有意识、有组织的社会活动。

无论是广义的概念还是狭义的概念，体育的重要意义在于，它不仅强健人类的身体，

还优化了人类的脑力，健全了人类的心智与精神，是人类生存与发展的重要一环。

二、艺术与体育的联系

虽然艺术和体育在现今独立发展成了两大繁荣昌盛的文化领域，但是它们之间天然存在着千丝万缕的联系，为它们在现代的交融提供了坚实的基础。

（一）都起源于人类的生产实践活动，在诞生之初密不可分

艺术和体育在原始社会的萌芽状态从考古发现中可见一斑，在亚洲、非洲、欧洲等地，都曾发现过原始人留下的有关狩猎游戏的岩画。对于原始人类来说，岩画既不是一种纯粹的艺术行为，狩猎游戏也不是真正意义上的体育，只是一种信息的传递以及生存的需要。但是，艺术和体育就在这些简陋的艺术形式和萌芽状态的体育形式中渐渐发展起来。

艺术门类中的舞蹈，更是与体育在诞生之初便结下了不解之缘。俄国文艺评论家普列汉诺夫在《艺术讲演提纲》中提到，"体操舞是一种部落间的舞蹈，参与者多达数百人，有时候在采集果实的季节到来之时，有时候在幸运的狩猎之后以及类似的场合，他们跳这种体操舞来庆祝"。由此可知，原始状态下的体育和舞蹈在初始阶段是密不可分的。

（二）都能够满足人类的精神需求

在美国心理学家马斯洛提出的马斯洛需求层次理论中，人类的需求从低到高分为生理需求、安全需求、社交需求、尊重需求和自我实现需求。其中自我实现需求包括求知需求和审美需求，而艺术和体育恰恰能满足人的这两种需求。

千百年来，体育的知识内涵和审美作用在很多国家和地区都被人们所低估，对体育人的刻板印象时至今日依然存在。在这一点上，不得不惊叹于古希腊的璀璨文化瑰宝。创办古代奥运会的古希腊人认为，健康的精神寓于健康的躯体中。在古代奥运会上，可以充分领略到竞技所带来的人体之美，以及伴随着运动盛会而来的诗歌之美、雕塑之美、绘画之美、戏剧之美……不得不说，古希腊正是在体育和艺术的双重精神滋养之下，才诞生了如此之多的灿烂文明，才能够成为"西方文明的摇篮"。

（三）都具有丰富的社会功能，是整个社会系统之中重要的子系统

体育和艺术，因为它们悠久的历史、丰富的内涵和独特的表现方式，在整个社会系统之中，处于一个非常重要的地位。此外，由于它们能够被人们直观感受，所以作为独特的"世界语"，在全球范围内都具有重要的影响。例如，2008年北京奥运会的成功举办，在全世界人民面前展示了一个崛起的中国、一个友好的中国、一个传统与现代交融的中国，当204个国家和地区的运动员齐聚北京，在奥林匹克旗帜下同场竞技之时，相信全世界观看北京奥运会的人们都会从政治、经济、文化等各方面重新认识中国。

艺术也同样如此，在传递美的同时，也肩负着众多社会功能。例如，创立于1951年的柏林艺术节是目前全世界规模最大的艺术节之一，它包含着不同的主题，音乐、舞蹈、戏剧、电影等诸多艺术门类皆在其中，是重要的文化瑰宝，而它最初创办的目的是为了重振战后德国的经济、抚平战争创伤、重塑德国形象，显然它完成了众多社会功能。

（四）都是教育的重要途径，为培养全面发展的现代人贡献力量

党的十九大报告指出，我国的教育方针是"要把立德树人作为教育的根本任务，全面实施素质教育，培养德智体美全面发展的社会主义建设者和接班人，努力办好人民满意的教育。"自新中国成立以来，我国一直把体育作为一种重要的教育手段。体育对于少年儿童的体质、心理、精神和审美等都有极为重要的积极影响。英国政治家麦考莱曾经说过，体育不仅含有一个健康的目标，但更重要的是，体育包含着和平、明朗、健全的社会性和人性涵养这一思想立场。而艺术的教育作用，则是潜移默化地、润物细无声般地发挥着作用。伟大的艺术家们通过各种手法将现实社会再现于艺术作品之中，让人们在欣赏、娱乐的同时，领会到作品中蕴含的对真、善、美的赞颂，对假、恶、丑的抨击。

三、艺术与体育的融合

艺术与体育的融合由来已久，其主要分为两种方式，一种是将艺术成分融入体育项目之中，形成艺术化的体育项目；另一种是将体育元素融合到艺术作品之中，形成艺术中的体育世界。

随着体育的蓬勃发展，逐渐出现的艺术化的体育项目给人以独特的审美享受，形成了独特的审美价值。通过与多种艺术的融合，体育运动项目的功能已远远超出了原有的内涵，具备了独立的、艺术化的表现形式。现代体育运动中越来越多地融合了艺术成分，并涌现出了"艺术体育"这一独立的运动类别。"艺术体育"包括体育舞蹈、健美操、艺术体操、花样游泳、花样滑冰、舞龙舞狮等运动项目。

而将体育元素融合到艺术作品之中，则自古就有。古希腊时期的古代奥林匹克运动会就是最典型的例子。古代奥林匹克运动会以祭神为主题，内容丰富多彩，是形式多样的综合盛会。体育比赛仅是其中一项内容，其他还包括诗人朗诵作品、演说家发表祝词、雕塑家创作雕塑作品等艺术形式，均是为了表达对天神宙斯的祭祀与朝拜。现代奥林匹克运动中，艺术与体育同样密不可分。现代奥林匹克运动的创始人顾拜旦就曾经说过："奥林匹克运动并非只是增强肌肉力量，它也是智力的和艺术的。"在现代奥运会早期，就曾举办建筑、雕塑、绘画、文学和音乐等艺术比赛。如今，体育与艺术的结合已发展到了相依托、相促进的程度，并越来越广泛地被世人所接受、所喜爱，例如，体育文学、体育电影、体育摄影、体育音乐、体育解说、体育视觉艺术设计等，都是融入了体育元素的艺术表现形式。

第二节　"艺术体育"——艺术化的体育项目

艺术化的体育项目多种多样，本书选择其中较为流行的、群众普及度较高的项目进行介绍。因为体育舞蹈、健美操、体操在本书中有单独的章节进行介绍，这里就不再赘述了。

一、花样滑冰

花样滑冰（Figure Skating）诞生于 18 世纪的英国，而后在德国、美国、俄国、奥地利、加拿大等国家迅速发展起来，其发展进程表如表 3-1 所示。

花样滑冰是一项将滑冰技巧与音乐、舞蹈等艺术形式相结合的冰上运动项目，跳跃、

旋转、托举以及步法和转体是其重要的技术动作，它属于技能主导类的难美性竞技运动项目（即艺术化明显的表演类项目），比赛时由裁判组评估难度和内容来打分。

表 3-1　花样滑冰发展进程表

时间	事件
1683 年	花样滑冰起源于欧洲，荷兰船夫在英国伦敦泰晤士河上进行了马戏表演，表现了精湛的滑冰技艺，从此花样滑冰在英国上层社会迅速兴起
1742 年	第一个滑冰俱乐部在英国诞生，与此同时，花样滑冰在德国、美国及加拿大等国家迅速开展
1772 年	世界上第一部有关花样滑冰的著作《论滑冰》（A Treatise on Skating）在伦敦出版，描绘了当时基本的图形滑法，如前外圆形、前内圆形等
1863 年	“现代花滑之父”、美国芭蕾舞表演艺术家杰克逊·海因斯将滑冰运动与舞蹈艺术融为一体
1868 年	双人滑诞生
1872 年	首届花样滑冰比赛在奥地利举行
1896 年	首次世界男子单人花样滑冰锦标赛在俄国彼得堡举行
1906 年	首次世界女子单人花样滑冰锦标赛在瑞士达沃斯举行
1924 年	花样滑冰被列为首届冬季奥运会的比赛项目

花样滑冰在首届冬季奥运会上就被列为比赛项目之一，属于现代奥运会中元老级的运动项目。花样滑冰在冬奥会上有三大分项，分别是单人滑（又分男单和女单两项）、双人滑和冰上舞蹈。此外，还有同步滑冰、规定图形、冰场滑行、四人滑、冰上戏剧等非奥运会项目。

俄罗斯、美国、加拿大等欧美国家是传统的花样滑冰强国，日本的花样滑冰实力也不容小觑，群众普及程度很高，培养了伊藤绿、浅田真央、羽生结弦等一批花滑明星。韩国在花样滑冰领域也异军突起，女子单人滑名将金妍儿是其代表人物。

1930 年前后，现代花样滑冰这项运动传到中国，并在北京、天津以及东三省的学校中普及开来，一些群众性的比赛和活动得以开展。新中国成立后，在竞技体育领域，中国的花样滑冰队从无到有，经过几十年的艰苦奋斗，终于在被欧美强国垄断的花滑领域取得了一席之地。中国首位在世界冰坛崭露头角的选手是陈露，她被誉为“冰蝴蝶”，其他优秀花滑选手还有申雪/赵宏博、庞清/佟健、张丹/张昊等，他们被誉为中国的“花滑家族”。2002 年盐湖城冬奥会上，申雪/赵宏博获得季军，这是中国第一枚冬奥会双人滑奖牌，相信在不久后的 2022 年北京冬季奥运会，我国花滑健儿将奋勇拼搏、再创佳绩。

双人花样滑冰欣赏

二、花样游泳

花样游泳（Synchronised swimming）素有“水中芭蕾”之称，其起源于欧洲，原为游泳比赛间歇的表演项目，后经过了多年发展，成为广受世人喜爱的奥运会比赛项目，其发展进程表如表 3-2 所示。

表 3-2　花样游泳发展进程表

时间	事件
1930 年	花样游泳传入美国和加拿大，并逐步与舞蹈、音乐相结合，由表演节目转化为竞技项目
1934 年	在美国芝加哥博览会上进行了首次表演，引起巨大轰动
1942 年	美国业余体育联合会确认花样游泳为正式比赛项目
1952 年	花样游泳被列为赫尔辛基奥运会表演项目
1956 年	国际游泳联合会承认花样游泳为正式比赛项目
1973 年	第一届世界花样游泳锦标赛在南斯拉夫贝尔格莱德举行
1984 年	花样游泳被列为奥运会正式比赛项目，设女子双人和团体两枚金牌
2009 年	首届男子花样游泳世界杯在意大利米兰举行
2015 年	喀山游泳世锦赛首次增设花样游泳男女混双项目

　　花样游泳是一项将游泳、技巧、音乐和舞蹈相结合，并编排为成套动作的体育项目。这个运动项目兼具了体育的力量感、爆发力，以及音乐、舞蹈的艺术性，是一项极具观赏性和艺术魅力的竞技体育项目。运动员除了要严格按照要求完成规定动作外，还要创作出有创造性和高难度的动作。

　　花样游泳世界锦标赛设有单人项目、双人项目和集体项目。奥运会上，花样游泳只设双人项目和集体项目，集体项目的上场队员为 8 名。比赛时，裁判员根据运动员的动作执行性、团队协调性和难度进行打分。此外，动作组合的整体艺术印象也是裁判员的打分依据。

团队花样游泳欣赏

　　中国的花样游泳起步较晚，从 1983 年起，我国先后邀请了日本、美国、加拿大等国家的花样游泳专家来华交流，并在 1986 年第 6 届全国运动会中将花样游泳列为正式比赛项目。2008 年北京奥运会上，中国取得了花样游泳自选动作的铜牌，这是我国奥运史上第一枚花样游泳的奖牌。2017 年，在匈牙利布达佩斯游泳世锦赛花样游泳自由组合决赛中，中国队凭借气势磅礴的《怒海争锋》，首次摘取世锦赛桂冠，这是中国在花游项目上获得的第一个世锦赛金牌。

三、舞龙

　　舞龙俗称玩龙灯，指舞龙者手持龙具，在鼓乐的伴奏下，跟着绣球做出各种动作、配合，不断进行扭、挥、仰、跪、跳、摇等多种姿势和造型。

　　舞龙起源于汉代，经历千年而不衰。舞龙最初是作为祭祀祖先、祈求甘雨的一种仪式，后来逐渐成为一种文娱活动。到了唐宋时代，舞龙已是逢年过节时常见的娱乐活动。

　　关于舞龙的来历，民间有这样一个传说：一天，龙王腰痛难忍，龙宫中的所有药物都吃了，仍不见效。只好变成老头来到人间求医。大夫摸脉后甚觉奇异，问道："你不是人吧！"龙王看瞒不过去，只好说出实情。于是大夫让他变回原形，从腰间的鳞甲中捉出一条蜈蚣。经过拔毒、敷药，龙王完全康复了。为了答谢治疗之恩，龙王向大夫说："只要照我的样子扎龙舞耍，就能风调雨顺，五谷丰登"。这件事传出后，人们便以为龙能兴云布雨，每逢干旱便舞龙祈雨，并有春舞青龙、夏舞赤龙、秋舞白龙、冬舞黑龙的规矩。

随着近些年我国经济的发展、文化的繁荣，我国的舞龙文化已经遍及中国大陆、台湾、香港，以及东南亚、欧美、澳大利亚、新西兰等华人集中的地区，成为中华传统文化的一个标志（见图3-1）。

现代竞技舞龙以九节布龙为代表。龙身长18米，由10人（龙珠1人，舞龙手9人）在20×20米正方形平整场地上舞动。舞龙者在行进动态中完成"龙"的游弋、起伏、翻腾、穿越等动作，利用人体的多种姿态将力度、幅度、速度、耐力等揉于

图 3-1　舞龙

舞龙技巧之中，或动或静，形成优美龙的形象，展现龙的精气神韵，展现龙所象征的中华民族奔腾争跃的精神风貌。

四、舞狮

舞狮是我国优秀的民间艺术（见图3-2）。每逢佳节或集会庆典，民间都以舞狮来助兴，狮子是由彩布条制作而成的。每头狮子有两个人合作表演，一人舞头，一人舞尾。表演者在锣鼓音乐下，装扮成狮子的样子，做出狮子的各种形态动作。

舞狮开始于南北朝。关于舞狮的来历，民间有这样一个传说：相传很久以前广东佛山出现了一头怪兽，每逢新旧岁之交，便出来糟蹋庄稼，伤害人畜，百姓叫苦连天。后来，有人建议用狮舞来吓唬怪兽，结果怪兽逃之夭夭。当地百姓认为狮子有驱邪镇妖之功，有吉祥之兆，所以每逢春节便敲锣打鼓、挨家挨户舞狮拜年，以表达消灾除害、预报吉祥美好愿望。

在我国，舞狮的形式多种多样，大致可以分为北方舞狮和南方舞狮两种。北方舞狮的外形与真狮很相像，全身狮披覆盖，舞狮者（一般两人合舞一只大

图 3-2　舞狮

狮子）只露双脚，不见其人。北方舞狮有雌、雄之分，头上有红结者为雄狮，有绿结者为雌狮，还有文狮、武狮、成狮、崽狮之分。北狮表现灵活，以扑、跌、翻、滚、跳跃、擦痒等动作为主，表演较为接近杂耍。配乐方面，以京钹、京锣、京鼓为主。

南方舞狮又称醒狮，历史上由唐代宫廷狮子舞脱胎而来，造型较为威猛，狮头以戏曲面谱作鉴，色彩艳丽，制造考究；眼帘、嘴都可动。舞狮者穿各种灯笼裤，上穿密纽扣的唐装灯笼袖衫或背心，可见舞狮者全身。南狮着重威猛，舞动时注重马步。南狮的造型很多，包括起势、常态、奋起、疑进、抓痒、迎宝、施礼、惊跃、审视、酣睡、出洞、发威、过山、上楼台等。总的来说，南狮是融武术、舞蹈、音乐等为一体的文化活动。

现代竞技舞狮原是由狮头、狮尾组成的单狮，在长 10～14 米、最高不超过 3 米、最低不低逾 0.8 米的桩阵上，运用各种步形步法，通过腾、挪、闪、扑、回旋、飞跃等高难动作演绎狮子喜、怒、哀、乐、动、静、惊、疑八态，来表现狮子的威猛与刚劲。在表演过程中，其舒缓婉转之处，令人忍俊不禁，拍手称绝；其飞腾、跳跃之时，让人胆战心惊而又昂然振奋。

相关知识

狮子如何表现八态

喜：狮子为了采青，不惜千辛万苦、排除万难，当采得青时，喜形于色。

怒：狮子遇到物体阻挡或外物骚扰，便会愤怒。

哀：狮子遇到困难无法解决时，便会显露哀伤。

乐：狮子在桩上自由跳跃，落脚时尽显快快乐乐的神态。

动：狮子好动，喜爱跳跃，舞狮者须在桩上跳跃，表现其动态。

静：狮子经过千辛万苦，身心感到疲倦，便须静下来休息。

惊：狮子遇到危险，便会惊怕，故舞狮者须传达惊怕的神态。

疑：狮子多疑，对面前出现的新事物会产生怀疑，故舞狮者须做出疑虑的神态。

第三节 "体育艺术"——艺术中的体育世界

一、体育文学

一直以来，体育所蕴含的顽强拼搏、团结协作、公平竞争等精神内涵为文学创作提供了大量的素材。在我国，体育报告、体育诗歌、体育小说和体育散文，都是群众喜闻乐见的体育文学体裁。

20 世纪 70 年代末，中国重新回到奥林匹克大家庭的怀抱。1984 年中国在奥运会上获得金牌"零的突破"，1986 年，中国女排获得"五连冠"（1981 年和 1985 年世界杯冠军、1982 年和 1986 年世锦赛冠军、1984 年洛杉矶奥运会冠军），中国体育健儿的骄人战绩在全国掀起了一股体育热潮。党和政府高度重视体育文化阵地的发展，全国人民也渴望看到反映我国体育发展的文学作品。新中国的体育文学迎来了发展的春天，体育文学创作空前发展。在这个时期，体育文学无论是质上还是量上都有了长足发展。

新中国第一个体育杂志《新体育》创办了专门的体育文学杂志——《腾飞》；《南风》杂志开辟了体育文学专栏；我国第一个体育历史刊物《体育文史》创刊，专门开辟了体育文学栏目。一大批反映中国体育健儿争金夺银、为国争光的报告文学应运而生。《新体育》登载的体育报告文学《扬眉剑出鞘》，生动刻画了击剑运动员栾菊杰，被《人民日报》转载，是冠军文学的开山之作。

体育诗歌、体育散文在这个时期也取得了一定的突破。郭小川的《小将们在挑战》、胡乔木的《中国姑娘之歌》、邹帆的《星光灿烂》都是体育诗歌的经典之作。黄宗英的《思念》、陈祖芬的《美》、叶文玲的《慧眼》等体育散文也都引起了人们的广泛关注。

而后，体育文学从冠军文学进入到一个新时期，开始聚焦于体育领域暴露出的社会问题。作家赵瑜的报告文学——中国体育三部曲《强国梦》《兵败汉城》《马家军调查》，不仅推动了体育文学的发展，而且对当代整个报告文学的发展，都有非常重要的意义。通过这些报告文学，人们看到在争金夺银的背后，中国体育界所存在的问题与矛盾，开始反思如何进行体育体制改革，如何引导中国从一个体育大国变成真正的体育强国。

二、体育电影

2017 年，一部《摔跤吧，爸爸》席卷全球，让人们又一次领略到体育电影的独特魅力。体育与电影素有深缘，中外皆是如此。新中国成立至今，体育题材的电影故事片以及纪录片异军突起，获得了不少观众的好评。体育电影因其积极向上的精神与奋斗态度，而具有极强的感染力，它记录着世人鲜活的生活与社会的进步与发展。它是体育项目与电影文化的完美结合。

体育电影是世界电影题材中一种重要的类型。它主要包含着体育故事片、体育纪录片等。

（一）体育故事片

体育故事片多是由真实事件改编而成的电影，此类电影多表达本民族生生不息的民族精神以及其顽强拼搏、不服输的体育精神，让观众在了解体育故事的同时更能深深体会到其所要表达的精神与道理。历史上经典的体育故事片很多，在电影史上留下了辉煌的印记，例如，电影《洛奇》（讲述拳击运动）让史泰龙跻身好莱坞一线动作明星的行列；《胜利大逃亡》（讲述足球运动）这部电影吸引了球王贝利和欧洲球星来进行客串，成为当时最受欢迎、口碑最好的足球故事片；罗伯特·德·尼罗在《愤怒的公牛》（讲述拳击运动）里有着完美的精彩表演，这让他夺得了奥斯卡金像奖最佳男主角；1982 年，英国所拍摄的影片《烈火战车》（讲述短跑运动）一举获得了第 54 届奥斯卡金像奖包括最佳影片在内的最佳创作剧本、最佳服装、最佳音乐四项大奖，成为体育电影中的荣誉之王。

而中国第一部与体育有关的电影是 20 世纪 30 年代孙瑜导演拍摄的《体育皇后》。新中国成立后，我国也有不少优秀的体育电影问世，如《沙鸥》《女篮 5 号》和《水上春秋》等。近年来，我国一部比较突出的体育电影是《一个人的奥林匹克》，这部影片讲述了刘长春一个人历经千辛万苦为中国敲开了通往奥运会的大门，代表整个中华民族、整个中国站在第 10 届洛杉矶奥运会 100 米赛场上的事迹。

（二）体育纪录片

1936 年，世界上第一部奥运会官方电影《奥林匹亚》登上荧屏，这部如英雄史诗般的奥运纪录片是德国著名女导演莱妮·里芬斯塔尔以 1936 年柏林奥运会为主题所拍摄的纪录片，由《国家的节日》和《美的节日》两部分构成。而后，一系列经典体育纪录片陆续出现，如《红军冰球队》《光荣的奥林匹克一百年》《一代拳王》《美国男篮梦一队》等。我国体育纪录片发展较晚，1955 年我国最早的体育纪录片《乒乓球赛》创作完成，但是由于国民对此类节目不了解，所以并没有在国内引起很大的反响。直到 1956 年纪录片《永远年轻 1955》（讲述全民健身）的出现，才让人们了解了体育节目的一种新的创作形式。近年来，我国比较优秀的体育纪录片有《5 号球》《我是李娜》等。

三、体育摄影

体育摄影是新闻报道形式中的一种，其目的是尽可能完整、准确、及时地揭示体育事件在时间和空间上的意义，把最新发生的、众人关心的、有价值的体育赛事用直观的形象进行宣传报道，并以真实的力量、纪实的说服力向公众介绍体育赛事，从而达到影响社会的效果。

体育摄影可以根据体育运动的性质划分为竞技体育摄影、群众体育摄影和学校体育摄影，其中竞技体育摄影能呈现出较高的艺术水准，尤其是拍摄高水平的体育赛事紧张激烈的竞赛氛围和精彩优美的运动瞬间。如图 3-3 是新华社摄影记者吴晓凌在 2008 年北京奥运会上拍摄的《奥运会上受伤的柔道运动员》，图片抓取了柔道选手在比赛中受伤后，鲜血滴溅的一瞬间。本幅作品获得了第 52 届世界新闻摄影比赛（荷赛）体育特写新闻单幅一等奖。

图 3-3　吴晓凌的作品《奥运会上受伤的柔道运动员》

除了竞技赛场上的动人瞬间，大众健身体育摄影方面，摄影师陈坤荣的作品《健身》（见图 3-4）获得了第 57 届世界新闻摄影比赛体育特写类组照二等奖。

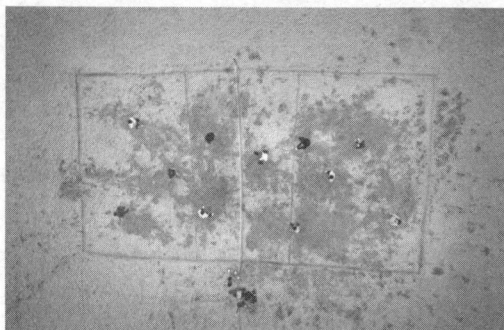

图 3-4　陈坤荣的作品《健身》

此外，体育摄影还可以根据运动项目来划分，不同的运动项目需要不同的拍摄角度和拍摄技巧，如储永志的作品《热身》（见图 3-5）和魏征的作品《花样游泳》（见图 3-6），这两幅图分别获得了世界新闻摄影比赛大奖二等奖和三等奖。

图 3-5　储永志的作品《热身》

图 3-6　魏征的作品《花样游泳》

四、体育音乐

体育题材的歌曲很多，它们充分运用了音乐的艺术感染力来歌颂体育的精神，陶冶人们的情操，带给人们一种综合的艺术享受。中西体育文化中均广泛运用了音乐这种艺术形式来扩大体育的影响力，经典的体育音乐永久地载入了体育史册，被人们所铭记。

在体育音乐的历史上，尤以大型运动赛会的音乐最为引人注目。1896 年第一届现代奥运会的会歌为希腊音乐家塞玛拉斯作曲、派拉玛斯作词的《永不朽的古代之神》，该歌曲于 1958 年被国际奥委会定为永久性的奥运会会歌；1988 年汉城奥运会上的一曲《手拉手》，牵动全世界人民的心；2000 年悉尼奥运会主题歌《圣火》，凭借奥运会开幕式的电视转播响彻全球，令人心潮澎湃。

北京欢迎你

在中国，也不乏影响力巨大、为群众广为传唱的体育歌曲。北京十一届亚运会的主题歌曲《亚洲雄风》震撼了中华大地，北京奥运会的歌曲作品《北京欢迎你》承载着中国人对奥林匹克的独特理解与诠释、期待与梦圆、参与与奉献的动人情感。体育音乐的魅力，由此可见一斑。

五、体育解说

体育解说是一门语言的艺术。在观众观看赛事的转播时，体育解说员要用有声语言充实和强化转播的观赏性和娱乐性。如何让观众真实地感觉到赛事的精彩，如何将一场赛事转播的娱乐价值彻底地挖掘出来，这是体现体育解说艺术性的所在。在这一过程中，有声语言就是进行艺术创作的工具，解说员要用它来提高赛事的观赏性，要用它来挖掘赛事的娱乐价值。为了充分地实现这些目的，解说时应该且必须对有声语言的形式，比如吐字发声、停连重音、语气节奏等进行设计，使其形成特定的样态。但需要注意的是，这一语言样态一定是源于生活而高于生活的，且这种"高于生活"一定是符合受众审美标准，能够为受众所接受的。

20 世纪 60 年代，初次进行体育解说尝试的陈述和开创我国专业体育播音先河的张之，是我国第一代体育解说员。张之知识广博，思维活跃，语言生动活泼，解说内容丰富多彩。他那激昂、快速的解说风格对我国体育解说事业影响深远。张之老师的得意门生、著名体育解说员宋世雄继承了张之老师的解说风格，并成功实现了广播体育解说向电视体育解说的过渡。第三代体育解说员以孙正平、韩乔生为代表，他们继承了原有解说员的解说风格，同时努力开拓创新，提高了电视体育解说水平，用专业知识为观众详尽讲解。孙正平知识面宽广，解说不温不火，睿智机敏的解说风格使他在央视解说岗位上从业多年，连续参加了 7 届奥运会的解说任务。韩乔生的解说妙语连珠、另类夸张，自成一派，其庄重而不失风趣幽默的解说风格给广大体育观众留下了深刻印象。

新一代的体育解说员还有刘建宏、黄健翔、段暄、贺炜、詹俊等，在解说内容比重、语言风格、个性特点等方面，都较之老一代体育解说员有所不同，体现了当今的时代特点。

六、体育视觉艺术设计

体育视觉艺术设计是指在体育活动过程中人们为了更好、更方便地从事体育运动所进行的一系列艺术设计活动。它是指针对某一体育运动项目或比赛所展开的宣传、策划而涉及的视觉艺术设计，包括会徽设计、宣传招贴设计、环境设计等。

体育视觉艺术设计活动由来已久，单从奥运会来讲，从 1896 年的第一届到 2016 年的第三十一届，每一届的主办者都组织人员精心设计了具有特色的会徽、吉祥物，以及宣传画、体育运动场馆等，而体育艺术设计所带来的经济效益也是巨大的，1988 年的汉城奥运会仅吉祥物销售额达 1.54 多亿美元；2000 年悉尼奥运会吉祥物销售额达 2.13 多亿美元；2004 年雅典奥运会所设计的产品开发总产值达到了 7.6 亿美元；2008 北京奥运会设计的吉祥物"福娃"的利润突破 3 亿美元，成为奥运会最赚钱的商品之一。

体育艺术设计不仅能带来巨大的商业机遇和经济利益，而且还能带来巨大的社会效益。例如，造型独特、构思巧妙的 2008 奥运会场馆设计"鸟巢""水立方"让世界为之瞩目；独具中国特色的 2008 北京奥运会开幕式和闭幕式设计不仅向全世界人民展示了中国的设计水平，介绍了中国传统文化的精髓，还表达了中国人民祈望世界和平的美好愿望，同时大大提高了中国的国际声誉与国际地位。

思考题

1. 体育与艺术的联系是什么？
2. "体育艺术"和"艺术体育"的区别是什么？
3. 在艺术体育领域，都有哪些运动项目？
4. 结合一门艺术类专业，思考体育元素如何与其进行融合。你知道的优秀体育艺术作品有哪些？

第四章　科学锻炼与卫生保健

【学习目标】
1. 了解体育锻炼的科学原则
2. 熟悉体育锻炼卫生常识
3. 熟悉运动中常见的生理反应及其处理

第一节　体育锻炼的科学原则

体育锻炼可以增进健康、提高身体的运动素质和基本活动能力，并能够防治疾病。但是，并不是只要参加体育锻炼，就一定会获得良好效果。如果锻炼内容、练习强度和练习方法等选择或运用不当，反而有害于健康。科学的体育锻炼原则是体育锻炼过程中客观规律的反映，是人们成功经验的总结和概括，也是人们参加体育锻炼所必须遵循的准则，它包括从实际出发原则、循序渐进原则、持之以恒原则、全面锻炼原则和因地制宜原则。

一、从实际出发的原则

从实际出发的原则是指锻炼身体应从个人的实际情况和外界环境条件的实际出发，确定锻炼目的、选择适宜的运动项目、合理地安排运动时间和运动负荷。这是增强身体素质及提高运动水平必须遵循的原则。

（一）从自身的实际出发

由于性别、年龄、体质和健康状况的差异，体育锻炼要从自己的实际情况出发，有目的地选择和确定运动项目、练习方法，合理地安排锻炼的时间和运动负荷。在每次锻炼前，都要评估自己当时的健康状况，选择的运动项目的难度和强度不要超过自己身体的承受能力，否则会损害身体健康。

（二）从外界环境条件的实际出发

参加体育锻炼时，一方面要根据自身的实际情况；另一方面，还要从季节、气候、场地、器材等外界条件的实际情况出发，按照科学锻炼的方法，合理选择运动项目、练习时间、运动负荷，这样才能获得良好的锻炼效果。例如，在冬季应着重发展耐力和力量素质，在春秋两季应重点进行技术性的项目，在炎热的夏季，游泳是比较理想的运动项目，但在运动时不要在阳光下运动太长时间；在力量训练前，要仔细检查器械，避免伤害事故的发生。

二、循序渐进原则

循序渐进原则主要是指在安排锻炼内容、难度、时间及负荷等方面要根据人体发展规律和超量恢复原理（人体在运动后的恢复过程中，体内被消耗的能量物质会在一段时间内恢复并可能超过原有水平），有计划、有步骤地逐步提高要求，使人体在不断适应的同时体质逐步得到增强。

（一）运动负荷的循序渐进

进行体育锻炼时，当机体对一定运动负荷产生适应之后，这种负荷对机体的刺激会变小，此时，可以适当增加练习时间和练习次数，让机体产生新的适应，但运动负荷的增加要由小到大，逐步提高。体育锻炼的开始阶段或中断锻炼后恢复锻炼时，强度宜小，时间宜短，不要急于求成。

（二）练习内容上的循序渐进

练习内容要由简到繁，在动作要求上应由易到难，逐步加大难度。应首先考虑简单易行，容易收到锻炼效果的项目和内容。在每次练习时，也应先从动作简单、强度不大的内容开始练习，然后逐渐增加动作难度和运动负荷。体育锻炼只有遵循人体生理、心理发展的基本规律，根据自己身体健康状况，科学地安排适宜的运动负荷和练习内容，才能获得良好的锻炼效果。

三、持之以恒原则

锻炼身体要有连续性和系统性，只有经常参加体育锻炼，安排适合自己兴趣、爱好的运动项目，科学地制定健身计划，才能不断有效地增强体质。科学实验表明：不经常参加体育锻炼或中断体育锻炼的人，会使原有的身体机能、素质和运动技术水平明显的下降。中断锻炼身体时间越长，下降越明显。

掌握一项运动技术也需要持之以恒。人的大脑中有大量的神经突触，必须通过固定形式的重复练习对这些突触连续进行某种刺激，才能在大脑中形成一整套固定形式的反应，即动力定型。动力定型建立后，运动者就能习惯性地、熟练地完成一整套练习。如果不能坚持练习，已形成的条件反射就不能及时得到强化而慢慢消退，动作记忆就不牢固。

四、全面锻炼原则

全面锻炼身体原则是指通过体育锻炼使身体形态、机能、身体素质和心理素质都得到全面和谐的发展。

人体是一个有机的统一体，各个器官和系统的机能都是相互联系和相互影响的。因此，体育锻炼选择的练习内容和方法应力求全面影响身体，使各种身体素质和身体各器官系统的机能得到全面发展。练习内容和练习手段的选择不能过于单一，因为每种练习内容或练习手段对身体的影响都具有局限性；练习内容和练习手段应多样、丰富，应避免长期局限于只锻炼身体某部位、只发展某种身体素质的练习；在锻炼中可以以某一项为主，辅以其他锻炼内容，如健美爱好者应在进行肌肉力量练习的同时增加一些发展有氧耐力和柔韧素质的练习，使身体得到全面的锻炼。

五、因地制宜原则

因地制宜原则是指体育锻炼应根据不同地区和环境条件来选择适宜的运动项目，安排适宜的锻炼手段和方法。通常各个地区、学校之间，甚至同一学校的各系之间，可供体育锻炼的场地、器材设备等条件都会有所差异，锻炼身体要充分利用自然环境因素，靠近江河湖海的地方应开展多式多样的水上运动，靠山的地方可开展登山、越野等各种活动；校园环境，林荫小道，学生宿舍的楼梯、天台，亦可用于开展小型多样的体育活动。总之，只要提高了参与体育健身的意识，有自觉锻炼的愿望，"运动场就在你身边"。我国高等学校学生人数较多，供学生课外体育锻炼的场地、器材设备普遍不足，所以更要利用各种可以利用的场地，开展形式多样、简单易行的体育活动，以丰富和活跃校园文化生活。

上述原则是相互联系、相互促进的，在参加体育锻炼时，只有贯彻执行科学锻炼身体的原则，才能使身体得到全面发展，不断提高健康水平。

第二节　体育锻炼卫生常识

生命在于运动，运动在于合理与科学，只有掌握体育锻炼的一般生理卫生知识，科学地进行体育锻炼，才能起到健身强体和防病治病的作用。

一、注意做好准备活动和整理活动

体育锻炼的过程是人体从静态到动态再到静态的变化过程，而准备活动和整理活动就是实现这种"变化"的过渡手段。

（一）准备活动

准备活动是指体育锻炼前所进行的一系列身体练习，其目的是打破安静时的身体生理平衡状态，调动内脏各器官系统迅速地从安静状态过渡到运动状态。

准备活动的作用在于提高中枢神经系统的兴奋性；扩大肌肉、韧带和关节的活动范围；克服内脏器官的惰性，加强心血管和呼吸器官的活动能力，使机体各方面的功能达到适应锻炼的要求，预防或减少因体育锻炼而超生理负荷出现的运动损伤。

准备活动包括一般性准备活动和专门性准备活动两种。首先应做一般性准备活动，利用走、跑和徒手操活动身体各个部位使之发热，然后做专门性准备活动，即针对所要从事的锻炼项目的特

一起做热身活动

点进行一些专门性练习，例如，短跑前可做小步跑、高抬腿和后蹬跑，排球比赛前可做传球和垫球等练习。

准备活动量的大小和时间长短，应根据锻炼项目、内容和强度，以及季节和气候的不同而有所差异，一般达到身体发热或微微出汗，自我感觉灵活、舒适即可。

（二）整理活动

整理活动是指在体育锻炼后所采用的一系列放松练习和按摩等恢复手段，其目的是消除疲劳，恢复体能，提高锻炼效果。它可使人体较好地从紧张的运动状态逐渐过渡到相对的安静状态，使身体得到新的平衡。

运动对身体生理平衡的破坏，会引起一系列生理的变化，这种变化不会随着运动的停

止而同时消失，它需要有一个恢复的过程。如果剧烈运动后突然停止、坐下或蹲下，不仅会加重疲劳，更会有晕倒的危险。因此，运动后要认真地做好整理活动。

整理活动应着重于全身性放松，尽量采用轻松、活泼和柔和的练习，活动量逐渐减少，节奏逐渐减慢，以促使呼吸频率和心率下降，一般持续 15～20 min。例如，长跑到达终点后再慢跑一段，或边走边做深呼吸运动和放松徒手操。整理活动之后，还要注意身体保暖，以防身体着凉引起感冒。

二、运动饮水和饮食卫生

机体在运动中易失去大量的水和能量，导致身体的内环境失去平衡，全身无力、精神不振和疲劳，若不及时补充会直接损害身体健康。

（一）运动饮水卫生

运动中的饮水应以少量、多次为原则，同时应饮接近于血浆渗透压的生理盐水或含少量蔗糖、果汁的饮料，以基本维持机体在运动时失去的生理平衡。剧烈运动时和运动后，均不宜一次性大量饮水。如果在运动中饮水过量，会使胃膨胀，妨碍膈肌的活动，从而影响呼吸；同时，会使血液量增多，增加心脏、肾脏的负担，有损健康。

（二）运动饮食卫生

因剧烈运动它的需要必须补充能量时，应采用易吸收的流质或半流质食物，以食量小、热量高为原则，基本维持机体在失去生理平衡后所需的能量。

运动中或运动前不宜大量进食。由于剧烈运动的颠簸作用，会因食物的重力而牵拉肠系膜，引起腹痛。同时，因运动的需要，大量血液流进骨骼肌，使胃肠的血液减少，消化机能减弱，长此以往，轻则引起消化不良，重则导致胃炎、胃溃疡等消化道慢性疾病。因而运动中大量进食和饭后即刻运动，都是不符合卫生要求的，会直接影响身体健康。一般体育锻炼应在饭前 0.5～1 h 结束，饭后 1.5 h 开始。

需要注意的是，由于运动后易产生饥饿感，因此用餐时不要狼吞虎咽，更不能暴饮暴食。另外，在比赛前或疲劳时，也不宜吃太油腻的食物。

三、运动衣着与环境卫生

（一）运动衣着卫生

运动服装和鞋子要符合运动项目要求，必须有利于健康和身体自由活动。运动服装要质地柔软，通气性和吸水性能良好；运动鞋应大小适宜，具有一定的弹性及良好的通气性能，鞋跟的高低必须适宜。另外，穿着的袜子应当通气良好，吸汗性强，而且干净、柔软、有弹性。经常从事体育锻炼的人，要勤换洗运动衣裤。

（二）运动环境卫生

运动环境是指人们进行体育运动时所处的外界条件，如空气、运动场地和运动设施等。运动环境也是人类赖以生存的自然环境的一个局部，因而它受自然环境的影响。

体育锻炼应在空气新鲜的环境中进行。新鲜空气中含有大量的负离子，它能调节大脑皮层的功能，促进腺体分泌增加，改善呼吸功能，振奋精神，消除疲劳，有效地提高锻炼效果。有研究表明，越是绿色植物茂密的地方空气中负离子的含量越高（见表4-1）。因此，体育锻炼应尽量选择在室外，最好是在绿化较好、环境幽雅的地方进行。如在室内锻炼，要开窗通风，并禁止吸烟。

表4-1　不同地点的空气中负离子含量

一般居室	街道、广场	郊外	疗养地	森林、山谷、瀑布附近
$40\sim50$ 个/mm^3	$100\sim400$ 个/mm^3	$800\sim1000$ 个/mm^3	10000 个/mm^3	20000 个/mm^3

进行体育锻炼时还应注意运动场地和运动设施是否满足一定的卫生要求。如场地是否平整，光线是否充足，有无噪声等。只有综合考虑上述各种因素，才能为体育锻炼选择一个良好的运动环境，从而提高锻炼效果，有益于身体健康。

四、运动时的自我监督

自我监督又称自我检查，是锻炼者在体育锻炼过程中，对自己健康状况和生理功能变化做连续观察并定期记录的行为。其目的在于评价锻炼结果，调整锻炼计划，防止过度疲劳和运动损伤，以利于提高健康水平。经常进行自我监督，对于增强信心，坚持科学锻炼，防止运动过量或不足，提高锻炼效果和养成良好的运动卫生习惯等都有重要意义。

体育锻炼自我监督的内容主要包括主观感觉和客观检查两个方面。

（1）主观感觉包括身体感觉、运动情绪、睡眠、食欲、排汗量和排尿等内容。人的主观感觉是人体功能状况的直接反映。健康并能科学地进行体育锻炼的人，总是精力充沛、心情愉快、睡眠正常、食欲良好。反之，则应调整自己体育锻炼的内容、运动量和运动方法。

（2）客观检查包括生理指标、运动成绩和其他伤病情况。其中，生理指标主要包括脉搏、血压、体重和肺活量等；运动成绩包括身体素质和专项运动成绩等。

体育锻炼自我监督的具体方法是将体育锻炼后出现的各种生理反应测定的有关数据记录下来，然后对各项记录进行综合分析和判断，检查锻炼的内容、方法和运动负荷是否科学合理。如果发现异常应及时查找和分析原因，及时调整练习内容和运动负荷，必要时暂停锻炼或找医生做进一步检查。

每个人在体育运动过程中和锻炼后出现的各种生理反应和自我感觉都是不同的。因此，应根据自己表现出的不同状况，在综合分析的基础上做出正确的判断，以便更科学地进行体育锻炼。

第三节　运动中常见的生理反应及其处理

由于运动使人体生理活动过程的有序性受到了暂时的破坏，从而常常出现某种生理反应，这种反应称之为运动生理反应。正确认识和处理运动中的生理反应，可以克服盲目性和随意性。常见的运动生理反应及处理方法如下。

一、过度疲劳

（一）原因

片面追求运动成绩和锻炼效果，违反运动的安全性和循序渐进的原则，持续进行大负荷的体育锻炼；伤病后身体未完全康复就投入常规锻炼，缺乏全面的身体素质和心理训练。

（二）征象

一般表现为食欲减退，睡眠障碍，精神不振，有时头痛、头晕、记忆力减退及心情烦躁不安，客观检查虽无明显异常，但影响到平时的学习和生活。

（三）处理

贯彻早发现、早处理的原则，及时调整锻炼计划，减少运动强度和时间，避免大难度动作，注意休息。增加睡眠时间，改善营养，辅以洗温水浴，进行恢复性按摩和体育医疗等。

（四）预防

遵循科学的锻炼原则，增强身体素质，因人而异地制定合适的锻炼计划。加强自我监督，注意观察锻炼中的不良征兆。伤病要及时治疗，待身体恢复后再逐渐增加运动量。

二、极点和第二次呼吸

（一）极点

在剧烈运动，特别是在中长跑时，能量消耗大，下肢回流血量减少，氧债（由于人在剧烈运动时必须补充氧气才能满足正常所需，因此，此时氧气是亏的，故称其为氧债，它是评定一个人无氧耐力的重要指标）不断积累并达到一定的程度，就会出现呼吸急促、胸闷难忍、下肢沉重、动作不协调、甚至恶心的现象，这在运动生理学上称为"极点"。

（二）第二次呼吸

极点出现后，适当的减慢运动速度，并加深呼吸，坚持下去，上述生理反应将逐渐缓解与消失。随后机能得到重新改善，氧供应增加，运动能力得到提高，动作变得协调有力。这种现象标志着极点已经有所克服，生理过程出现新的平衡，运动生理学上称之为"第二次呼吸"。第二次呼吸出现以后，循环机能将稳定在较高的水平上。

（三）处理和预防

极点与第二次呼吸是长跑运动中常见的生理现象，无须疑虑和恐惧，只要坚持经常锻炼和处理得当，极点现象是可以延缓和减轻的。

克服极点的方法有三：一是准备活动要充分，使植物性神经提前兴奋；二是当极点出现后要放慢跑速和减小运动强度，并加深呼吸；三是要注意平时的锻炼，提高呼吸和血液循环系统的功能。

三、肌肉酸痛

运动引起的肌肉酸痛可分为急性肌肉酸痛与慢性肌肉酸痛（迟发性的肌肉酸痛）两种。急性的肌肉酸痛有别于肌肉拉伤，它是因肌肉暂时性的缺血而造成的酸痛现象。只有肌肉进行激烈或长期的活动时才会发生，肌肉活动一结束即消失。通常，急性的肌肉酸痛会伴有肌肉僵硬的现象。

慢性肌肉酸痛往往发生在运动结束后 1～2 天内，一般在一次运动量较大的锻炼后，或是间隔较长时间未锻炼刚开始锻炼之后会出现。

（一）原因

运动时肌肉运动量大，引起局部肌纤维及结缔组织的细微损伤，以及部分肌纤维的痉挛所致。由于这种肌纤维细微损伤及痉挛是局部的，故而就整块肌肉而言仍能完成运动功能，但是存在酸痛感。酸痛后，经过肌肉内部细微损伤的修复，肌肉组织变得较以前强壮，以后同样负荷将不易再发生损伤。

（二）征象

主要表现为局部肌肉的酸痛及全身乏力。

（三）处理

（1）热敷。热敷有助于损伤组织的修复及痉挛的缓解。

（2）伸展练习。伸展练习有助于缓解痉挛。对肌肉进行局部的静力牵张练习，保持伸展状态 2 min，然后休息 1 min，重复进行。但要注意做练习时不可用力过猛，以免造成肌纤维损伤。

（3）按摩。按摩有使肌肉放松促进血液循环的作用，有助于损伤修复及痉挛缓解。

（4）口服维生素 C。维生素 C 有促进结缔组织中胶原合成的作用，有助于受伤组织的修复，从而减轻或缓解酸痛。

（5）针灸、电疗。针灸、电疗等手段对缓解酸痛也有一定的作用。

（四）预防

（1）根据不同的体质、身体状况科学地安排锻炼负荷，负荷不要过大，也不宜增加过猛。

（2）锻炼时应尽量避免长时间锻炼身体的某一部分，以免局部肌肉负荷过重。

（3）准备活动中，应注意对在即将进行的锻炼中负荷重的肌肉活动得更充分一些，这对损伤有预防作用。

（4）整理活动除进行一般性的放松练习外，还应重视进行肌肉的伸展牵拉练习，这有助于预防局部肌纤维痉挛，从而避免酸痛的发生。

四、肌肉痉挛

肌肉痉挛俗称抽筋，是指肌肉发生不自主的强直收缩，变得僵硬。运动中最容易发生痉挛的肌肉是小腿腓肠肌，其次是足底的屈拇肌和屈趾肌。

（一）原因

在剧烈运动中，由于肌肉快速连续性收缩，导致肌肉收缩与放松的协调交替关系被破坏，特别是局部肌肉处于疲劳时，更易发生肌肉痉挛。肌肉受到寒冷的刺激，或因情绪过于紧张，也可引起肌肉痉挛。

（二）征象

肌肉痉挛时，局部肌肉产生剧烈性收缩，并变得坚硬和隆起，疼痛难忍，且一时不易缓解。

（三）处理

立即对痉挛部位的肌肉进行牵引，如腓肠肌痉挛，应伸直膝关节，并做足部的背伸动作；若屈拇、屈趾肌痉挛，则用力将足趾背伸。但牵引时切忌施力过猛，最好有同伴协助。此外，可配合局部按摩和点穴（承山、涌泉和委中穴等），以促进痉挛缓解和消失。

（四）预防

运动前要做好准备活动，对容易发生痉挛的部位，应当事先进行适当的按摩；夏季进行长时间的运动时要注意补充盐分，冬季锻炼时要注意保暖；游泳下水前应先用冷水淋浴，且游泳时不要在水中停留时间过长；疲劳和饥饿时不要进行剧烈的运动。

五、运动性腹痛

运动性腹痛是指直接由运动引起的腹部疼痛。腹痛是运动中常见的症状，多见于中长跑、竞走、马拉松、自行车和篮球等运动项目。

（一）原因

第一，饭后过早参加运动，胃受食物充盈引起牵扯痛和胀痛，或运动前饮水过多以及腹部受凉，引起胃肠痉挛导致疼痛。第二，准备活动不充分，血流量不能及时回心，造成肝脾瘀血肿胀，牵扯其被膜引起疼痛。第三，运动时呼吸紊乱，膈肌运动异常，引起肝脾膜张力性疼痛。

（二）征象

运动性腹痛部位不固定，一般食后运动疼痛常发生在上腹部或中部，胃痉挛的疼痛部位在上腹部，肠痉挛、肠结核引起疼痛的部位在腹腔中部；肝脾膜张力性疼痛，常在左右两侧上腹部。

（三）处理

一般可采用减速慢跑，加深呼吸，按摩疼痛部位或弯腰跑一段距离等方法处理，疼痛常可减轻或消失。若疼痛没有减轻或消失，甚至加重，应立即停止运动，并口服十滴水或揉按内关、足三里和大肠俞等穴位。如仍不见效，应及时请医生诊治。

（四）预防

合理安排运动时间，饭后至少一小时后才可进行锻炼；运动前要充分做好准备活动，运动时要循序渐进，并注意呼吸节奏；对于各种慢性疾病引起的腹痛应就医检查，病愈之前应在医生和体育教师指导下进行锻炼。

六、运动性贫血

我国成年健康男性每 100 ml 血液中含血红蛋白量为 12.5～16 g，女性为 11.5～15 g。若低于这一生理数值，被视为贫血。因运动引起的这种血红蛋白量减少，称为运动性贫血。

（一）原因

由于运动时机体对蛋白质与铁的需求量增加，一旦需求量得不到满足，即可引起运动性贫血。

运动时脾脏释放的溶血卵磷脂会使红细胞的脆性度增加，加上剧烈运动时血流加快，易引起红细胞破裂，从而导致运动性贫血。

少数学生由于偏食或爱吃零食影响正常营养摄入，或长期慢性腹泻影响营养吸收，运动时也常出现贫血现象。

（二）征象

运动性贫血发病缓慢，平时表现有头晕、恶心、气喘、体力下降，运动后出现心悸、心率加快和脸色苍白等。

（三）处理

如运动中（后）出现头晕、无力、恶心等现象时，应适当减少运动量，必要时暂停运动。补充富含蛋白质和铁的食物，口服硫酸亚铁片剂和维生素 C，对缺铁性贫血的治疗有明显的效果。

（四）预防

锻炼时遵循循序渐进和个别对待的原则，并克服偏食习惯。如运动时经常有头晕现象，应及时诊断医治，以利正常参加体育锻炼。

七、运动性昏厥

在运动中，由于脑部突然供血不足而发生的一时性知觉丧失现象，叫运动性昏厥。

（一）原因

由于剧烈运动或长时间运动，使大量血液积聚在下肢，回心血流量减少，导致脑部供血不足而出现昏厥状态。跑后如立即停止不动，亦可出现"重力性休克"现象。

（二）征象

全身无力、眼前一时发黑、面色苍白、手足发凉，失去知觉而昏倒。生理检测脉搏慢而弱、呼吸缓慢和血压降低等。

（三）处理

立即将患者平卧，使足略高于头部，并进行向心方向按摩，同时指压人中、合谷等穴位。如出现呕吐症状，应将患者头偏向一侧，以利呼吸道畅通。如呼吸停止，应立即进行人工呼吸。轻度征象者，可由同伴搀扶慢走，并进行深呼吸。重症患者，经临场处理后送医院治疗。

（四）预防

平时应加强体育锻炼，以增强体质；久蹲后不要突然起立；急跑后不要立即停下来；不要带病或在饥饿情况下参加剧烈运动。

八、运动性低血糖症

低血糖症是指血糖浓度低于正常值时出现的一系列临床症状。在中长跑和马拉松比赛和训练时，由于时间过长，强度持久，运动员体内的血糖会大量消耗和减少，因而有时会发生低血糖症，这种低血糖症称为运动性低血糖症。它一般发生在运动过程中或比赛结束后。

（一）原因

主要是由于长时间的剧烈运动，体内血液中的葡萄糖大量消耗和减少，大脑皮层的葡萄糖代谢的机能紊乱，以及胰岛素的增加所引起。除长时间剧烈运动外，运动前饥饿、情绪过于紧张或身体有病都可能成为本病诱因。

（二）征象

轻者感到无力、饥饿、极度疲乏、头晕心慌、面色苍白、出冷汗、烦躁不安；重者出现神志模糊、语言不清、精神错乱等现象甚至惊厥和昏迷。检查时可发现脉搏快而弱、呼吸短促、瞳孔扩大，血糖降至 0.5 g/L 以下。

（三）处理

一旦发生运动性低血糖症，可饮用糖水并吃甜食。如果症状严重，可静脉注射葡萄糖浓溶液，提高血糖浓度。

（四）预防

锻炼前应进食，不空腹锻炼，体弱和缺乏锻炼者不宜参加长时间、长距离和大运动量锻炼，当自觉饥饿明显或出现低血糖症状时，应停止锻炼或降低运动量，并及时补充糖水或含糖食物。

九、运动性中暑

运动性中暑是近年来提出的运动性疾病之一。它是指肌肉运动时产生的热超过身体能散发的热而造成运动员体内的过热状态。常见于年轻的马拉松运动员、铁人三项运动员和群众性体育锻炼者。

（一）原因

在高温环境中，特别在温度高，通风不良，头部又缺乏保护，被烈日直接照射的情况下进行体育锻炼，因体温调节功能障碍易发生中暑。

（二）征象

轻度中暑，可出现面部潮红、头晕、头痛、胸闷、皮肤灼热、体温升高；严重时，将出现恶心、呕吐、脉搏快而细弱、精神失常、虚脱抽搐、血压下降，甚至昏迷。

（三）处理

迅速将患者移至通风、阴凉处，解开衣领，冷敷额部，用温水抹身，并给予含盐清凉饮料或十滴水，数小时后即可恢复正常。严重患者，经临时处理后应迅速转送医院治疗。

（四）预防

在高温炎热季节锻炼时，应适当减小运动量，缩短运动时间，避免在烈日下长时间锻炼；夏天在室外锻炼时，宜穿浅色衣服，戴遮阳帽；在室内锻炼时，应有良好的通风，并注意服饮低糖含盐饮料。

思考题

1．体育锻炼的科学原则包括哪几项？
2．运动前和运动中有哪些注意事项？你还知道哪些体育锻炼卫生常识？
3．运动中出现过度疲劳、肌肉痉挛、运动性腹痛时应如何处理？

第五章 大学生体质健康测试标准

【学习目标】
1. 了解《国家学生体质健康标准》颁布的意义
2. 熟悉《国家学生体质健康标准》的评价指标与实施办法
3. 掌握大学生体质健康评价指标与实施办法

第一节 《国家学生体质健康标准》说明

大学生体质健康评价是高等学校体育工作的重要环节，也是学校教育评价体系重要组成部分。建立全面、科学的学生体质健康的评价体系，可使学生自身、家长、学校、社会等各方面及时了解学生的身体健康状况，从而促使学生调整自己的学习和锻炼目标，并为学校和教育管理部门制定和调整体育教育政策提供科学的依据。

为贯彻落实健康第一的指导思想，切实加强学校体育工作，促进学生积极参加体育锻炼，养成良好的锻炼习惯，提高体质健康水平，教育部和国家体育总局于 2014 年 7 月正式颁布了新的《国家学生体质健康标准（2014 年修订）》（以下简称《标准》）和实施办法。

与以前的标准相比，新颁《标准》重在激励学生积极地进行身体锻炼，而不是为了测试而测试。它采用个体评价标准，能够清晰地看出学生个体差异与自身某些方面的不足，这十分有利于通过测试促进学生积极参加体育锻炼，通过锻炼改善健康状况，弥补差距，从而促进身体健康全面发展。

此外，新颁《标准》还突出了对改善学生健康有直接影响且关系密切的身体成分、心肺循环系统功能、肌肉力量和耐力及柔韧性等指标，体现了现代社会对健康的具体要求，实现了测试指标由"运动技术指标"向"健康指标"的过渡。

下面我们就结合修订后的《国家学生体质健康标准》，简要介绍一下大学生体质健康评价的要点与方法。

（1）本标准是国家学校教育工作的基础性指导文件和教育质量基本标准，是评价学生综合素质、评估学校工作和衡量各地教育发展的重要依据，是《国家体育锻炼标准》在学校的具体实施，适用于全日制普通小学、初中、普通高中、中等职业学校、普通高等学校的学生。

（2）本标准的修订坚持健康第一，落实相关有关要求，着重提高《标准》应用的信度、效度和区分度，着重强化其教育激励、反馈调整和引导锻炼的功能，着重提高其教育监测和绩效评价的支撑能力。

（3）本标准从身体形态、身体机能和身体素质等方面综合评定学生的体质健康水平，是促进学生体质健康发展、激励学生积极进行身体锻炼的教育手段，是国家学生发展核心素养体系和学业质量标准的重要组成部分，是学生体质健康的个体评价标准。

（4）本标准将适用对象划分为以下组别：小学、初中、高中按每个年级为一组，其中小学为 6 组、初中为 3 组、高中为 3 组。大学一、二年级为一组，三、四年级为一组。

（5）小学、初中、高中、大学各组别的测试指标均为必测指标。其中，身体形态类中的身高、体重，身体机能类中的肺活量，以及身体素质类中的 50 m 跑、坐位体前屈为各年级学生共性指标。

（6）本标准的学年总分由标准分与附加分之和构成，满分为 120 分。标准分由各单项指标得分与权重乘积之和组成，满分为 100 分。附加分根据实测成绩确定，即对成绩超过 100 分的加分指标进行加分，满分为 20 分；小学的加分指标为 1 min 跳绳，加分幅度为 20 分；初中、高中和大学的加分指标为男生引体向上和 1000 m 跑，女生 1 min 仰卧起坐和 800 m 跑，各指标加分幅度均为 10 分。

（7）根据学生学年总分评定等级：90.0 分及以上为优秀，80.0～89.9 分为良好，60.0～79.9 分为及格，59.9 分及以下为不及格。

第二节 大学生体质健康评价指标与实施办法

一、大学生体质健康评价指标

《标准》中对大学生体质健康的评价指标与权重如表 5-1 所示。

表 5-1 大学生体质健康标准评价指标与权重

评价指标（测试项目）	权重（%）
体重指数	15
肺活量体重指数	15
50 m 跑	20
坐位体前屈	10
立定跳远	10
引体向上（男）/1 min 仰卧起坐（女）	10
1000 m 跑（男）/800 m 跑（女）	20

注：体重指数（BMI）＝体重（千克）/身高^2（米^2）。

（一）单项指标评分表

大学一年级～四年级男生和女生体重指数（BMI）单项评分如表 5-2 所示，肺活量单项评分如表 5-3 所示，50 m 跑单项评分如表 5-4 所示，坐位体前屈单项评分如表 5-5 所示，立定跳远单项评分如表 5-6 所示；大学男生引体向上和 1000 m 跑评分如表 5-7 所示，大学女生仰卧起坐和 800 m 跑评分如表 5-8 所示。

表 5-2 大学生体重指数（BMI）单项评分表　　　（单位：千克/米²）

等级	单项得分	男生	女生
正常	100	17.9～23.9	17.2～23.9
低体重	80	≤17.8	≤17.1
超重		24.0～27.9	24.0～27.9
肥胖	60	≥28.0	≥28.0

表 5-3 大学生肺活量单项评分表　　　（单位：毫升）

等级	单项得分	男生		女生	
		大一 大二	大三 大四	大一 大二	大三 大四
优秀	100	5040	5140	3400	3450
	95	4920	5020	3350	3400
	90	4800	4900	3300	3350
良好	85	4550	4650	3150	3200
	80	4300	4400	3000	3050
及格	78	4180	4280	2900	2950
	76	4060	4160	2800	2850
	74	3940	4040	2700	2750
	72	3820	3920	2600	2650
	70	3700	3800	2500	2550
	68	3580	3680	2400	2450
	66	3460	3560	2300	2350
	64	3340	3440	2200	2250
	62	3220	3320	2100	2150
	60	3100	3200	2000	2050
不及格	50	2940	3030	1960	2010
	40	2780	2860	1920	1970
	30	2620	2690	1880	1930
	20	2460	2520	1840	1890
	10	2300	2350	1800	1850

表 5-4 大学生 50 m 跑单项评分表　　　（单位：秒）

等级	单项得分	男生		女生	
		大一 大二	大三 大四	大一 大二	大三 大四
优秀	100	6.7	6.6	7.5	7.4
	95	6.8	6.7	7.6	7.5
	90	6.9	6.8	7.7	7.6

等级	单项得分	男生		女生	
		大一 大二	大三 大四	大一 大二	大三 大四
良好	85	7.0	6.9	8.0	7.9
	80	7.1	7.0	8.3	8.2
及格	78	7.3	7.2	8.5	8.4
	76	7.5	7.4	8.7	8.6
	74	7.7	7.6	8.9	8.8
	72	7.9	7.8	9.1	9.0
	70	8.1	8.0	9.3	9.2
	68	8.3	8.2	9.5	9.4
	66	8.5	8.4	9.7	9.6
	64	8.7	8.6	9.9	9.8
	62	8.9	8.8	10.1	10.0
	60	9.1	9.0	10.3	10.2
不及格	50	9.3	9.2	10.5	10.4
	40	9.5	9.4	10.7	10.6
	30	9.7	9.6	10.9	10.8
	20	9.9	9.8	11.1	11.0
	10	10.1	10.0	11.3	11.2

表 5-5　大学生坐位体前屈单项评分表　　　　　（单位：厘米）

等级	单项得分	男生		女生	
		大一 大二	大三 大四	大一 大二	大三 大四
优秀	100	24.9	25.1	25.8	26.3
	95	23.1	23.3	24.0	24.4
	90	21.3	21.5	22.2	22.4
良好	85	19.5	19.9	20.6	21.0
	80	17.7	18.2	19.0	19.5
及格	78	16.3	16.8	17.7	18.2
	76	14.9	15.4	16.4	16.9
	74	13.5	14.0	15.1	15.6
	72	12.1	12.6	13.8	14.3
	70	10.7	11.2	12.5	13.0
	68	9.3	9.8	11.2	11.7
	66	7.9	8.4	9.9	10.4
	64	6.5	7.0	8.6	9.1
	62	5.1	5.6	7.3	7.8
	60	3.7	4.2	6.0	6.5

续表

等级	单项得分	男生		女生	
		大一大二	大三大四	大一大二	大三大四
不及格	50	2.7	3.2	5.2	5.7
	40	1.7	2.2	4.4	4.9
	30	0.7	1.2	3.6	4.1
	20	−0.3	0.2	2.8	3.3
	10	−1.3	−0.8	2.0	2.5

表 5-6　大学生立定跳远单项评分表　　　　　（单位：厘米）

等级	单项得分	男生		女生	
		大一大二	大三大四	大一大二	大三大四
优秀	100	273	275	207	208
	95	268	270	201	202
	90	263	265	195	196
良好	85	256	258	188	189
	80	248	250	181	182
及格	78	244	246	178	179
	76	240	242	175	176
	74	236	238	172	173
	72	232	234	169	170
	70	228	230	166	167
	68	224	226	163	164
	66	220	222	160	161
	64	216	218	157	158
	62	212	214	154	155
	60	208	210	151	152
不及格	50	203	205	146	147
	40	198	200	141	142
	30	193	195	136	137
	20	188	190	131	132
	10	183	185	126	127

表 5-7　大学男生引体向上和 1000 m 跑评分表

等级	单项得分	1 min 引体向上 （单位：次）		1000 m 跑 （单位：分·秒）	
		大一 大二	大三 大四	大一 大二	大三 大四
优秀	100	19	20	3'17"	3'15"
	95	18	19	3'22"	3'20"
	90	17	18	3'27"	3'25"
良好	85	16	17	3'34"	3'32"
	80	15	16	3'42"	3'40"
及格	78			3'47"	3'45"
	76	14	15	3'52"	3'50"
	74			3'57"	3'55"
	72	13	14	4'02"	4'00"
	70			4'07"	4'05"
	68	12	13	4'12"	4'10"
	66			4'17"	4'15"
	64	11	12	4'22"	4'20"
	62			4'27"	4'25"
	60	10	11	4'32"	4'30"
不及格	50	9	10	4'52"	4'50"
	40	8	9	5'12"	5'10"
	30	7	8	5'32"	5'30"
	20	6	7	5'52"	5'50"
	10	5	6	6'12"	6'10"

表 5-8　大学女生仰卧起坐和 800 m 跑评分表

等级	单项得分	1 min 仰卧起坐 （单位：次）		800 m 跑 （单位：分·秒）	
		大一 大二	大三 大四	大一 大二	大三 大四
优秀	100	56	57	3'18"	3'16"
	95	54	55	3'24"	3'22"
	90	52	53	3'30"	3'28"
良好	85	49	50	3'37"	3'35"
	80	46	47	3'44"	3'42"
及格	78	44	45	3'49"	3'47"
	76	42	43	3'54"	3'52"

等级	单项得分	1 min 仰卧起坐 （单位：次）		800 m 跑 （单位：分·秒）	
		大一 大二	大三 大四	大一 大二	大三 大四
及格	74	40	41	3'59"	3'57"
	72	38	39	4'04"	4'02"
	70	36	37	4'09"	4'07"
	68	34	35	4'14"	4'12"
	66	32	33	4'19"	4'17"
	64	30	31	4'24"	4'22"
	62	28	29	4'29"	4'27"
	60	26	27	4'34"	4'32"
不及格	50	24	25	4'44"	4'42"
	40	22	23	4'54"	4'52"
	30	20	21	5'04"	5'02"
	20	18	19	5'14"	5'12"
	10	16	17	5'24"	5'22"

（二）加分指标评分表

表 5-9　大学生加分指标评分表

加分	男生 1 min 引体向上 （单位：次）		女生 1 min 仰卧起坐 （单位：次）		男生 1000 m 跑 （单位：分·秒）		女生 800 m 跑 （单位：分·秒）	
	大一 大二	大三 大四	大一 大二	大三 大四	大一 大二	大三 大四	大一 大二	大三 大四
10	10	10	13	13	−35"	−35"	−50"	−50"
9	9	9	12	12	−32"	−32"	−45"	−45"
8	8	8	11	11	−29"	−29"	−40"	−40"
7	7	7	10	10	−26"	−26"	−35"	−35"
6	6	6	9	9	−23"	−23"	−30"	−30"
5	5	5	8	8	−20"	−20"	−25"	−25"
4	4	4	7	7	−16"	−16"	−20"	−20"
3	3	3	6	6	−12"	−12"	−15"	−15"
2	2	2	4	4	−8"	−8"	−10"	−10"
1	1	1	2	2	−4"	−4"	−5"	−5"

注：引体向上、一分钟仰卧起坐均为高优指标，学生成绩超过单项评分 100 分后，以超过的次数所对应的分数进行加分；1000 m 跑、800 m 跑均为低优指标，学生成绩低于单项评分 100 分后，以减少的秒数所对应的分数进行加分。

二、《国家学生体质健康标准》实施办法

为了落实《国家学生体质健康标准》，教育部、国家体育总局还制定了相应的实施办法，其要点如下：

（1）每个学生每学年评定一次，记入《〈国家学生体质健康标准〉登记卡》。特殊学制的学校，在填写登记卡时可以按规定和需求相应地增减栏目。学生毕业时的成绩和等级，按毕业当年学年总分的 50%与其他学年总分平均得分的 50%之和进行评定。

（2）学生测试成绩评定达到良好及以上者，方可参加评优与评奖；成绩达到优秀者，方可获体育奖学分。测试成绩评定不及格者，在本学年度准予补测一次，补测仍不及格，则学年成绩评定为不及格。普通高中、中等职业学校和普通高等学校学生毕业时，《标准》测试的成绩达不到 50 分者按结业或肄业处理。

（3）学生因病或残疾可向学校提交暂缓或免予执行《标准》的申请，经医疗单位证明，体育教学部门核准，可暂缓或免予执行《标准》，并填写《免予执行<国家学生体质健康标准>申请表》，存入学生档案。确实丧失运动能力、被免予执行《标准》的残疾学生，仍可参加评优与评奖，毕业时《标准》成绩需注明免测。

（4）各学校每学年开展覆盖本校各年级学生的《标准》测试工作，《标准》测试数据经当地教育行政部门按要求审核后，通过"中国学生体质健康网"上传至"国家学生体质健康标准数据管理系统"。测试和数据上传时间由教育行政部门确定。

思考题

1. 大学生体质健康评价的指标包括哪几项？
2. 结合自身，说一说你的体质健康测试达标情况。

运动技能篇

第六章　田　径

【学习目标】

1. 了解田径运动的概况
2. 了解跑类运动的基本技术和比赛规则
3. 了解跳跃类运动的基本技术和比赛规则
4. 了解投掷类运动的基本技术和比赛规则

田径运动是在人类长期的生产劳动中产生和发展起来的，包括走、跑、跳跃和投掷等运动形式。

随着社会的发展和科技的进步，田径运动的项目不断增加，竞赛条件和竞赛规则不断改进和完善。到目前为止，田径运动已成为各项体育运动中项目最多的一项运动。

田径运动分为田赛、径赛和全能项目。田赛主要指跑道内部进行的，以高度和远度计算成绩的比赛项目；径赛主要指在跑道或公路上完成的，以时间计算成绩的比赛项目；全能项目是由跑、跳跃和投掷中部分项目组成的综合项目。

田径运动是各项运动的基础。经常参加田径运动，能够提高健康水平，增强身体素质（包括速度、力量、耐力和灵敏度等），培养意志品质，促进全面发展。

第一节　跑

跑是人体水平位移的一种基本运动形式，是单脚支撑与腾空相互交替、蹬与摆相互配合的周期性运动。

一、基本技术

（一）短跑

短跑包括 400 m 及 400 m 以下的径赛项目。短跑可分为起跑、起跑后加速跑、途中跑和终点跑四个阶段。

1. 起跑

短跑必须采用蹲踞式起跑，并使用起跑器。蹲踞式起跑包括"各就位"、"预备"和"鸣枪"三个阶段。

动作要领：

（1）"各就位"

听到"各就位"口令后，深呼吸，走到起跑线前，屈体下蹲，两脚依次踏在起跑器抵脚板上，有力腿在前，后膝跪地；两手四指并拢，与拇指成八字形张开，虎口向前，支撑于起跑线后沿处；两手间距离比肩稍宽，两

短跑技术和起跑要点

55

臂伸直，颈部放松，目视前下方 40～50 cm 处，如图 6-1（a）所示。

（2）"预备"

听到"预备"口令后，臀部平稳抬起，与肩同高或略高于肩，肩部略超出起跑线，重心置于两臂和前腿上，两脚紧贴起跑器抵脚板，集中注意力，如图 6-1（b）所示。

（3）"鸣枪"

听到枪声后，两手迅速推离地面，两臂屈肘有力做前后摆动，两脚用力蹬离起跑器，后腿迅速屈膝向前上方摆出，前腿快速有力地蹬伸髋、膝、踝三个关节，以较大幅度的前倾姿势把身体向前推进，如图 6-1（c）所示。

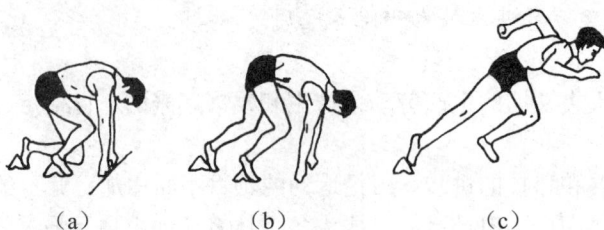

（a）　　　　（b）　　　　（c）

图 6-1　起跑

小 提 示

弯道蹲踞式起跑：在某些径赛项目中，起跑线需设在弯道上，为了便于弯道起跑后有一段直线距离进行加速跑，起跑器应安装在跑道的右侧边沿，起跑器中心线正对弯道切点方向。运动员的左手撑在起跑线后沿 5～10 cm 处，身体正对弯道的切点。

2. 起跑后加速跑

起跑后加速跑是从后腿蹬离起跑器到途中跑之间的一个跑段，距离一般约为 25～30 m。动作要领：

① 两臂用力加速摆动，摆幅加大；摆动腿用力上抬，向前摆动，支撑腿用力向后下方蹬伸，上体保持较大幅度前倾。

② 步长逐渐加大，步频加快，上体逐渐抬起过渡到途中跑姿势。

3. 途中跑

途中跑是短跑全程中距离最长、速度最快一段。

动作要领（如图 6-2 所示）：

① 头和上体保持正直或稍前倾，两臂屈肘，以肩为轴前后协调摆动。

② 摆动腿大腿高抬，积极前摆，带动同侧髋向前转动。

途中跑技术

③ 当身体重心前移超过垂直位置后，支撑腿快速有力蹬伸髋、膝、踝关节，推动身体向前，当支撑腿蹬离地面，身体进入腾空状态。

④ 支撑腿小腿随蹬地后惯性向大腿靠拢，大小腿成折叠姿势，原支撑腿转为摆动腿，用力前摆。

⑤ 同时，原摆动腿大腿积极下压，小腿自然前伸，以前脚掌向后扒地，转为支撑腿。

图 6-2　途中跑

小 提 示

在途中跑经过弯道时，应采用弯道跑技术。
① 经过弯道时，身体应有意识地向圆心倾斜，加大右侧腿、臂的摆动力量和幅度。
② 右腿膝关节稍向内扣，以脚掌内侧蹬地；左腿膝关节稍向外展，以脚掌外侧蹬地。
③ 右臂前摆时稍向左前方，后摆时肘关节稍偏向右后方；左臂摆动稍离开躯干。

4. 终点跑

终点跑是全程跑的最后一段，短跑的终点跑距离一般为终点线前 15～20 m。

动作要领：上体前倾，两臂用力加速摆动，大腿抬高向前迈步，频率加快；距终点线约一步时，上体急速前倾，用胸部或肩部触压终点线，跑过终点。

（二）中长跑

中长跑包括 800～10000 m 的径赛项目，其技术动作与短跑基本相同，以下仅介绍中长跑中需注意的技术要点。

1. 起跑

中长跑采用站立式起跑，分为"各就位"和"鸣枪"两个阶段，如图 6-3 所示。

（a）　　　　　　（b）
图 6-3　站立式起跑

（1）"各就位"

两腿前后开立，有力脚在前，全脚掌着地，脚尖紧靠起跑线后沿，后脚脚尖着地；上体前倾，两膝弯曲，有力脚异侧臂置于体前，同侧臂放于体侧；身体重心落于前脚，目视前下方 3～5 m 处，保持稳定姿势，如图 6-3（a）所示。

（2）"鸣枪"

听到枪声后，两腿用力蹬离地面，后腿蹬地后迅速前摆，前腿蹬直，两臂用力加速摆动，使身体快速向前冲出，如图 6-3（b）所示。

2．起跑后加速跑

中长跑的起跑后加速跑与短跑技术基本相同，不同的是上体前倾幅度和蹬摆力度稍小。加速跑的距离需根据项目、参加人数、个人训练水平和战术要求等情况而定。

3．途中跑

中长跑的途中跑与短跑技术相比，动作幅度略小，脚着地柔软而有弹性，一般由脚跟着地过渡到脚尖着地，跑步过程中保持匀速而有节奏。

4．终点跑

终点跑的距离需根据自己的体力情况、战术要求和临场情况而定，一般为到达终点前的 100～200 m。

5．中长跑的呼吸

中长跑体力消耗大，对氧气的需求量较大，因此呼吸时要有一定的频率和深度，并与跑步的节奏相配合，一般为 2～3 步一呼，2～3 步一吸。

随着疲劳的出现，呼吸的频率会有所增快，此时应注意深呼气，以充分呼出二氧化碳，吸进大量新鲜氧气。

二、比赛规则

（一）场地

国际标准的径赛场地为 400 m 半圆式田径场，其跑道由两段相等并平行的直段和两段半圆弯道组成，半圆的外沿直径为 36.5 m。径赛各项目起点如图 6-4 所示。

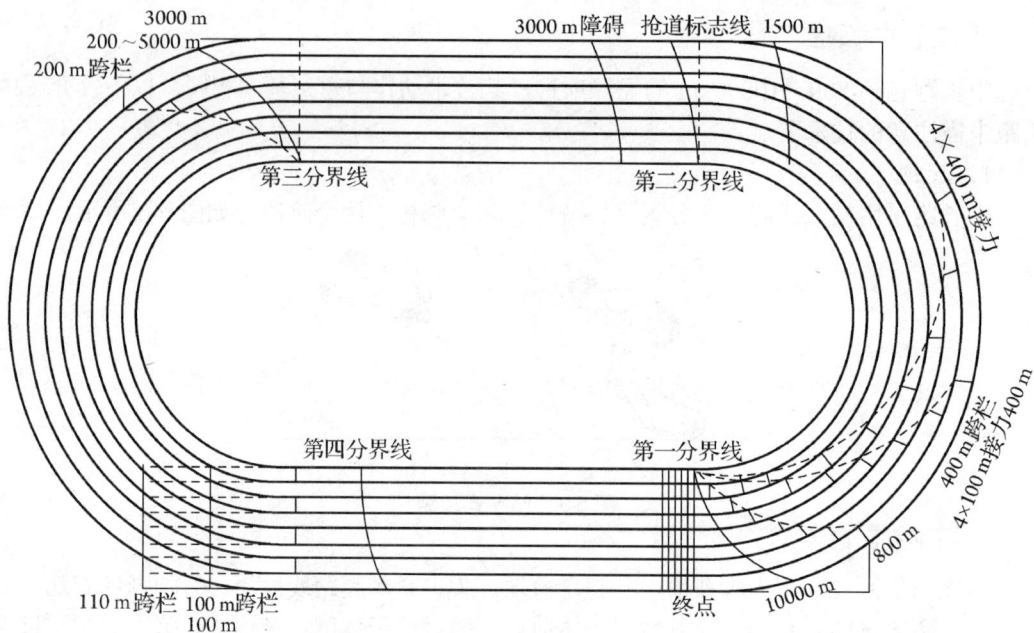

图 6-4　径赛场地

（二）规则

（1）名次判定：参赛运动员的名次取决于其身体躯干（不包括头、颈、臂、腿、手或足）抵达终点线后沿垂直面为止时的顺序，以先到达者名次列前。

（2）起跑：400 m 及 400 m 以下各径赛项目，必须采用蹲踞式起跑及起跑器。400 m 以上径赛项目采用站立式起跑。

（3）起跑犯规：

① 在枪声响起前有任何起跑动作，均属起跑犯规。除此之外，在"各就位"口令发出后，以声音或动作扰乱他人，也应判为起跑犯规。

② 起跑时，运动员一旦出现抢跑，将被取消该项目的比赛资格。

（4）分道跑：

① 在分道跑和部分分道跑径赛项目中，参赛者越出跑道，获得实际利益或冲撞、阻碍其他参赛者，将被取消比赛资格。

② 在 800 m 比赛中，运动员通过抢道标志线（如图 6-4 所示）以后才能离开自己的跑道，切入里道。

第二节　跳　跃

田径运动中的跳跃项目，是运用人体自身的能力（或同时借助一定的器材，如撑竿），通过一定的运动形式，使人体跳过尽可能高的高度或尽可能远的距离的运动。

一、基本技术

（一）跳高

跳高技术种类较多，目前较为常用的是背越式跳高技术。背越式跳高包括助跑、起跳、过杆和落地四个阶段。

1. 助跑

背越式跳高的助跑分直线跑和弧线跑两个阶段，助跑路线如图 6-5 所示。

动作要领：

① 直线助跑一般为 4～5 步加速跑，两腿后蹬和前摆的幅度较大，身体重心较高，动作轻松、自然、有弹性。

② 弧线助跑一般为 4～5 步，助跑时身体略向圆心倾斜，脚落地时由脚跟过渡到前脚掌，摆臂与弯道途中跑相似。助跑最后两步节奏加快。

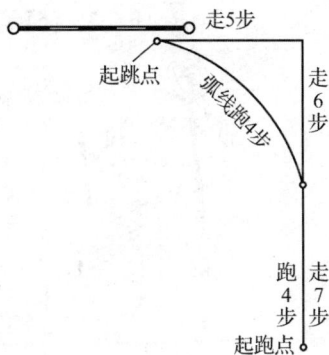

图 6-5　助跑路线图

小提示

起跳点距近侧跳高架立柱约 1 m，距横杆垂直向下投影 50～80 cm。

2. 起跳

动作要领：

① 起跳腿（背越式跳高以远离横杆的腿为起跳腿）向身体对侧迈出，踏上起跳点，以脚跟外侧着地，迅速过渡到全脚掌，屈膝缓冲，身体向起跳腿一侧倾斜，如图 6-6（a）～（d）所示。

② 摆动腿大腿积极向前上方摆至水平位置，小腿自然下垂，身体转为正直，如图 6-6（e）所示。

③ 摆动腿屈膝内扣，向异侧肩上方摆动，并带动髋部向内转动，起跳腿迅速蹬伸髋、膝、踝关节，完成起跳动作，如图 6-6（f）～（g）所示。

跳高慢动作

3. 过杆和落地

动作要领：

① 保持起跳腿蹬伸，躯干充分伸展；上体转动成背对横杆，起跳腿自然下垂，如图 6-6（h）～（j）所示。

② 当头和肩越过横杆后，迅速沉肩，两臂置于体侧，髋关节向上挺起，形成"背弓"，两膝自然弯曲，小腿自然下垂，如图 6-6（k）～（n）所示。

③ 当髋关节过杆后，大腿向上摆动，小腿上踢，使整个身体过杆，如图 6-6（o）～（r）所示。

④ 两肩继续下潜，含胸收腹，自然下落，以肩部领先着垫。

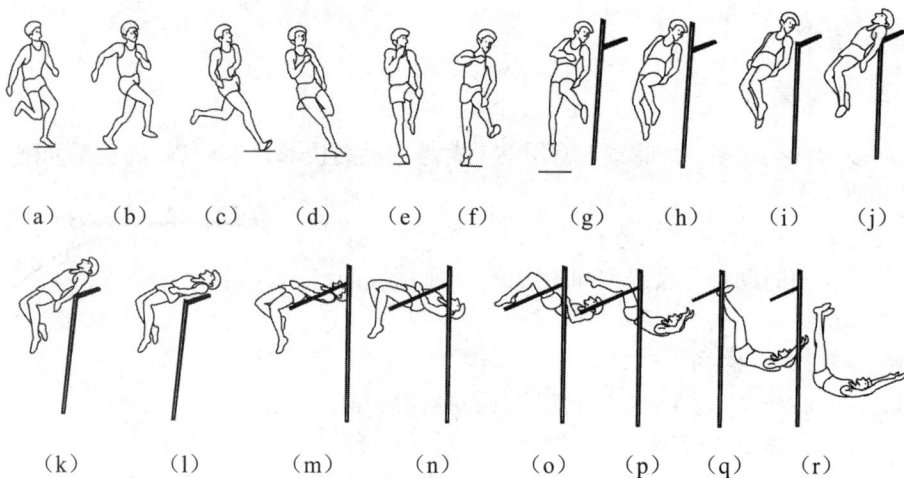

（a）　（b）　（c）　（d）　（e）　（f）　　　（g）　（h）　（i）　（j）

（k）　　　（l）　　　（m）　　　（n）　　　（o）　　　（p）　　（q）　　（r）

图 6-6　跳高

（二）跳远

跳远包括助跑、起跳、腾空和落地四个阶段。

1. 助跑

助跑距离一般为男子 35～45 m，女子 30～35 m。

动作要领：

① 原地站立或行进中起动开始助跑，上体前倾、两腿积极摆动，后蹬充分，摆臂有力。

② 助跑途中上体逐渐抬起，腿和手臂加速用力摆动，加快助跑速度，重心较高、身体平稳、节奏性强。

③ 助跑最后几步步频加快，保持较高的身体重心和较快的助跑速度，准备起跳。

2．起跳

起跳动作是从助跑最后一步摆动腿后蹬开始，至起跳腿蹬离地面结束。

动作要领：

① 助跑最后一步，摆动腿用力蹬地，使身体尽快向起跳板方向运动。起跳腿快速前摆，大腿积极下压，踏上起跳板，由脚跟过渡到全脚掌着地。

② 起跳腿着地瞬间，髋、膝、踝关节被迫弯曲缓冲；同时，身体重心前移，起跳腿快速用力蹬伸，摆动腿大腿积极向前上方摆至水平位置，小腿自然下垂。

③ 起跳腿同侧臂屈肘向身体前上方摆动，异侧臂屈肘向体侧摆动，提肩、拔腰，向上顶头，如图 6-7 所示。

3．腾空

动作要领：

① 起跳腿蹬离地面后，上体正直，摆动腿保持起跳时水平姿势，小腿自然下垂，起跳腿自然弯曲留在体后，形成空中的跨步飞行，如图 6-8 所示。

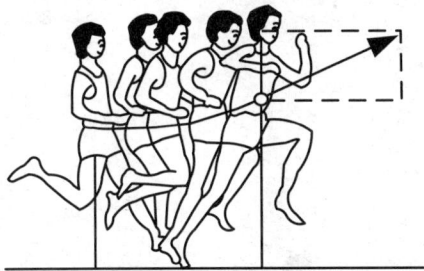

图 6-7 起跳

图 6-8 腾空步

小 提 示

这一空中跨步飞行的姿势称为腾空步，作用是维持身体在腾空阶段的平衡。它是完成任何一种空中技术的基础动作。

② 腾空的姿势分为蹲踞式和挺身式。

❖ **蹲踞式**：接近腾空最高点时，起跳腿屈膝上提，与摆动腿并拢；双腿屈膝，大腿靠近胸部，上体稍前倾；两臂由前向下、向后摆动；落地前，两小腿向前伸出，准备落地，如图 6-9 所示。

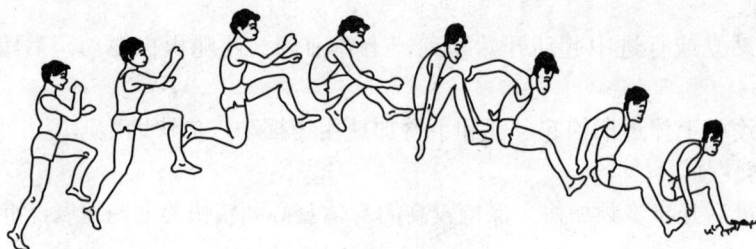

图 6-9　蹲踞式腾空

❖　**挺身式**：腾空后，摆动腿自然放下，小腿向后下方做弧形摆动；两臂向下、经体侧向后上方摆动；摆动腿与起跳腿并拢，髋部向前，胸、腰前挺，头、肩后展，成挺身展体姿势；落地前，两臂由后上方经体前、向后摆动；同时两大腿上抬，收腹举腿，上体前倾，小腿前伸，准备落地，如图 6-10 所示。

图 6-10　挺身式腾空

4. 落地

动作要领（如图 6-11 所示）：

① 小腿尽力前伸，脚跟首先触地，前脚掌下压，两腿迅速屈膝缓冲。

② 两臂屈肘前摆，身体向前或向侧方倒。

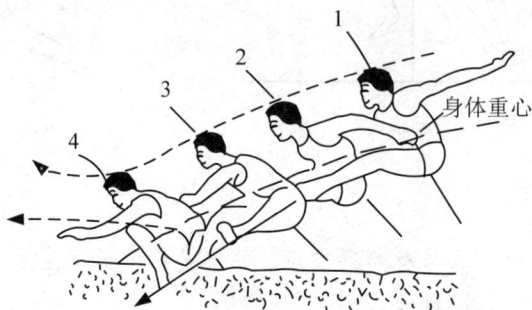

图 6-11　跳远落地

二、比赛规则

（一）跳高

1. 场地

① 助跑道：呈扇形，长度不限，最少为 15 m。

② 落地区：跳高落地区的长至少为 5 m，宽为 3 m。

2. 比赛

① 运动员必须用单脚起跳。

② 如果运动员在比赛中出现下列情况之一者，应判为试跳失败：

❖ 试跳后，由于运动员的试跳动作，致使横杆未能留在横杆托上。

❖ 在越过横杆之前，运动员身体的任何部位触及立柱前沿垂直面以外的地面或落地区。如果运动员在试跳中一只脚触及落地区，而裁判员认为其并未从中获得利益，则不应由此而判该次试跳失败。

❖ 试跳时，运动员有意用手或手指把即将从横杆托上掉下的横杆放回。

（二）跳远

1. 场地

① 助跑道：助跑道的长至少为 40 m，宽为 1.22 m。

② 起跳板：起跳的标志，长 1.22 m，宽 20 cm，一般用木料制成，漆成白色。

③ 起跳线：指起跳板靠近落地区一侧的边沿。

④ 落地区：宽 2.75～3 m，跳远起跳线至落地区远端的距离至少为 10 m，落地区内应填充湿沙，沙面与起跳板齐平。

2. 比赛

如果运动员在比赛中出现下列情况之一者，则应判为试跳失败：

① 在助跑中或跳跃中，运动员以身体任何部位触及起跳线以前的地面。

② 从起跳板两端之外起跳，无论是否超过起跳线的延长线。

③ 触及起跳线和落地区之间的地面。

④ 在助跑或跳跃中采用任何空翻姿势。

⑤ 在落地过程中触及落地区以外地面，而落地区外的触地点较落地区内的最近触地点更靠近起跳线。

⑥ 离开落地区时，运动员在落地区外地面的第一触地点较落地区内最近触地点和在落地区内因身体失去平衡而留下的任何痕迹更靠近起跳线。

第三节　投掷类运动

投掷是人体运用自身的能力，通过一定的运动形式，将手持的规定器械掷出尽可能远的体育运动项目。

一、基本技术

推铅球的技术有侧向滑步、背向滑步和旋转式三种，下面我们仅介绍运用最普遍的背向滑步推铅球技术。背向滑步推铅球可分为握球和持球、预备姿势、滑步、最后用力和维持身体平衡四个阶段。

（一）握球和持球（以右手为例，下同）

（1）握球的方法有两种，一种是分指握球，一种是并指握球。分指握球时，五指自然分开，手腕背屈，将铅球放在食指、中指和无名指的指根处，拇指与小指自然扶于球的两侧，如图 6-12 所示。并指握球时，五指并拢，掌心要空，把球放在指跟以上的位置，这种握球方法力量集中，出手速度快。

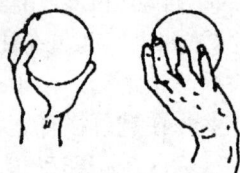

图 6-12　握球

（2）球握好后，屈肘，手持球放在肩上锁骨窝处，贴于颈部，右肘外展略低于肩，掌心向前，左臂自然上举，如图 6-13 所示。

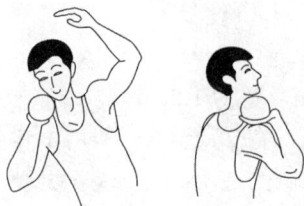

图 6-13　持球

推铅球的基本技术

（二）预备姿势

（1）持球后，背对投掷方向，两脚前后开立，相距 20～30 cm。

（2）右脚尖贴近投掷圈后沿，脚跟正对投掷方向；左脚以前脚掌着地，自然弯曲；上体正直、放松。

（3）左臂自然上举，身体重心落于右腿上，如图 6-14 所示。

（三）滑步

（1）滑步前需先做 1～2 次预摆。预摆时，左腿向投掷方向摆出，右腿协调配合向下蹲伸，上体前俯，左臂前伸；左腿收回靠近右腿，右腿弯曲，重心下降，预摆结束，如图 6-15（a）～（e）所示。

图 6-14　预备姿势

（2）左腿用力向投掷方向摆出，右腿用力蹬伸，如图 6-15（f）～（g）所示。

（3）当右脚蹬离地面后，身体向投掷方向快速平稳移动，此时迅速收拉右小腿，右脚尖向内转扣，以前脚掌落于投掷圈中心附近；左脚迅速在抵趾板偏右侧位置以前脚掌内侧蹬踩着地，准备最后用力。如图 6-15（h）～（j）所示。

（四）最后用力和维持身体平衡

（1）右脚用力向投掷方向蹬转，同时带动右髋向投掷方向转动，左臂向左侧摆动，上体逐渐抬起，如图 6-15（k）～（m）所示。

（2）随髋部扭转，身体重心逐渐移至左腿，上体向投掷方向转动，挺胸抬头，如

图 6-15（n）所示。

（3）当左臂摆至体侧时制动，两脚积极蹬伸，右臂迅速用力将铅球向前推送；当铅球快离手时，手腕推送、手指拨球，将球推出，如图 6-15（o）～（q）所示。

（4）铅球离手后，两腿迅速换位，降低身体中心，以维持身体平衡，如图 6-15（r）～（s）所示。

| (a) | (b) | (c) | (d) | (e) | (f) |

| (g) | (h) | (i) | (j) | (k) | (l) |

| （m） | （n） | （o） | （p） | （q） | （r） | （s） |

图 6-15　背向滑步推铅球

二、比赛规则

（一）场地

铅球场地如图 6-16 所示。

（1）投掷圈：铅球投掷圈直径为 2.135 m，投掷圈外围金属镶边，厚度为 6 mm，顶端涂白。

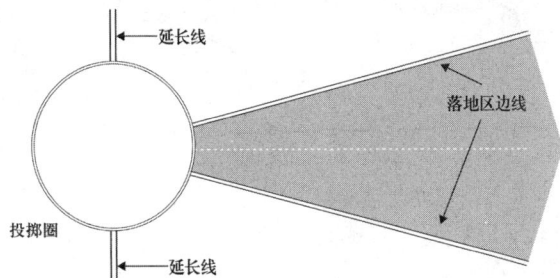

延长线

落地区边线

投掷圈

延长线

图 6-16　铅球场地

（2）落地区：铅球落地区为34.92°的扇形区域。

（3）铅球：用实心的铁、铜或者其他任何硬度不低于铜的金属制成，表面必须光滑。男子铅球重量为7.26 kg，女子铅球重量为4 kg。

（二）规则

（1）运动员必须在投掷圈内，由静止状态开始，以单手由肩上将铅球推出。铅球应抵住或靠近颈部或下颌，在推球过程中持球手不得降到此部位以下。不得将铅球置于肩轴线后方。

（2）铅球应完全落在落地区角度线内沿以内，方为试掷有效。

（3）运动员在器械落地后方可离开投掷圈或助跑道。

（4）完成投掷后，铅球运动员必须从投掷圈后半圈的延长线后面退出。

（5）在没有犯规的情况下，参赛者可以中止已开始的试掷动作，将器材放下以后暂时离开投掷区，并重新开始，但是必须在规定的时限内完成投掷。

（6）如果运动员在试掷中出现下列情况，则应判为试掷失败：

❖ 投掷铅球的出手姿势不符合规定。

❖ 在投掷过程中，身体或器械的任何一部分触及投掷圈上沿、圈外地面及抵趾板上沿。

思考题

1. 跑的基本技术有哪些？你在日常跑步中用到了哪些技术？

2. 跳跃的基本技术有哪些？你在日常跳跃中用到了哪些技术？

3. 投掷类运动的基本技术有哪些？你在日常投掷中用到了哪些技术？

4. 举例说出你喜欢的田径运动项目，并选出你最喜欢的田径运动员，说说他/她的主要事迹。

第七章 体 操

【学习目标】
1. 了解体操运动的概况
2. 熟悉竞技体操的基本技术和比赛规则

第一节 概 述

体操（Gymnastics）一词来源于希腊文 Gymnastike，古希腊人崇尚强壮体魄的各种运动，多是赤裸身体进行锻炼。他们将跳跃、攀登、摔跤、拳击、舞蹈、骑马和军事游戏等锻炼身体的方法统称为体操，这一概念被沿用了许多世纪。

随着时代的变革，体操运动的项目和运动方式等得到了不断发展和完善。1896年，第一届奥林匹克运动会将体操列为正式比赛项目，但当时只有男子体操项目。1928年，荷兰阿姆斯特丹举行的第9届奥运会上首次将女子体操列为正式比赛项目。

1984年，第23届洛杉矶奥运会将艺术体操列为正式比赛项目。2000年，第27届悉尼奥运会将蹦床列为正式比赛项目。到目前为止，奥运会体操比赛有竞技体操、艺术体操和蹦床，具体项目如表7-1所示。

表 7-1 奥运会体操项目

类 别	项 目	
	男 子	女 子
体操（竞技体操）	自由体操、鞍马、吊环、跳马、双杠、单杠	自由体操、跳马、高低杠、平衡木
艺术体操	无	集体项目：相同器械、不同器械 个人项目：绳、圈、球、棒、带
蹦床	男子网上项目	女子网上项目

第二节 竞技体操

竞技体操通常被人们简称为"体操"，它是一项徒手或在规定器械上完成各种技术动作，并根据动作的难度、编排及完成情况等给予评分的运动。

一、基本技术

竞技体操的基本技术包括技巧、单杠、双杠和支撑跳跃等。

（一）技巧

1. 前滚翻

动作要领：由蹲撑开始，两手向前撑垫，重心前移，两脚用力蹬地；同时，提臀、屈臂、低头，头的后部在两手支撑点前着垫，前滚，经颈、背、腰、臀依次触垫；当背部着垫时，屈膝团身，两手抱小腿，上体紧跟大腿前滚成蹲撑，起立，如图7-1所示。

图 7-1　前滚翻

2. 鱼跃前滚翻

动作要领：由半蹲两臂后举姿势开始，重心前移，两脚用力蹬垫，两臂前摆，身体向前方跃起腾空；腾空后，两臂保持前伸，腿稍向后摆；两手撑垫，屈臂、含胸、低头，前滚（动作与前滚翻后半部分动作相似），团身抱膝成蹲撑，起立，如图7-2所示。

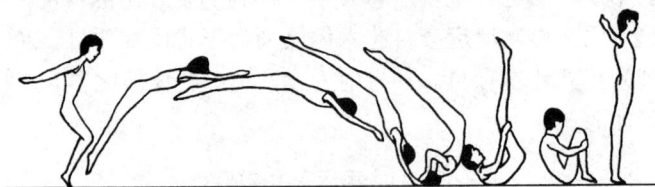

图 7-2　鱼跃前滚翻

3. 后滚翻

动作要领：由蹲撑开始，含胸，低头，两手推撑；团身后滚，同时屈臂，两手置于肩上，臀、腰、背、颈、头部依次着垫；当身体重心落于肩部时，两手用力推垫，向前翻转成蹲撑，起立，如图7-3所示。

4. 肩肘倒立

动作要领：由直角坐撑开始，上体后滚，收腹

图 7-3　后滚翻

举腿，两臂伸直于体侧压垫；当脚面举至头上方时，两臂屈肘，两手撑于腰背部，展髋，立腰，伸腿，绷脚，成肩肘倒立，如图7-4所示。

图 7-4　肩肘倒立

5．蹬摆成头手倒立

动作要领：由蹲撑开始，上体前倾，两手撑垫，与肩同宽；前额上部着垫，与两手成正三角形支撑；一脚蹬地，一腿后摆，当重心移至垂直面时，并腿，伸髋成头手倒立，如图 7-5 所示。

图 7-5　蹬摆成头手倒立

6．侧手翻（以右腿站立为例）

动作要领：由右脚站立、左腿侧举、两臂侧平举开始，左腿屈膝着垫，上体向左侧倾倒，左、右手依次撑垫；同时，右腿上摆，左腿蹬地后向上摆起，成分腿倒立姿势；右、左手依次顶肩推垫，两腿依次向左侧下摆着垫，两臂侧平举，成分腿站立，如图 7-6 所示。

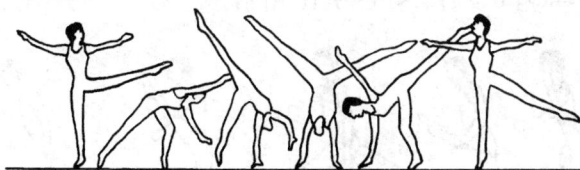

图 7-6　侧手翻

7．跪跳起

动作要领：由跪立、两臂上举开始，臀部后坐，两臂后摆，含胸收腹，迅速向前上方摆臂；同时伸膝展髋，脚背及小腿用力压垫，身体向上腾起；摆动手臂体前制动，收腹提膝成蹲立姿势，如图 7-7 所示。

图 7-7　跪跳起

8．俯平衡

动作要领：由直立姿势开始，单腿慢起后举，上体前倾至水平位置；当后腿上举至最大限度时，抬头挺胸，两臂侧举，成单腿站立平衡姿势，如图 7-8 所示。

（二）单杠

1．单脚蹬地翻身上成支撑（以右脚撑地为例）

动作要领：由站立悬垂开始，两手正握单杠，与肩同宽；左腿向后、向下、向前上方摆起，屈臂引体倒肩，使腹部贴杠向后

图 7-8　俯平衡

翻转；同时右腿迅速蹬地，与左腿并拢；当身体翻转至杠上时，翻腕、抬头、挺胸、伸髋成直臂支撑，如图 7-9 所示。

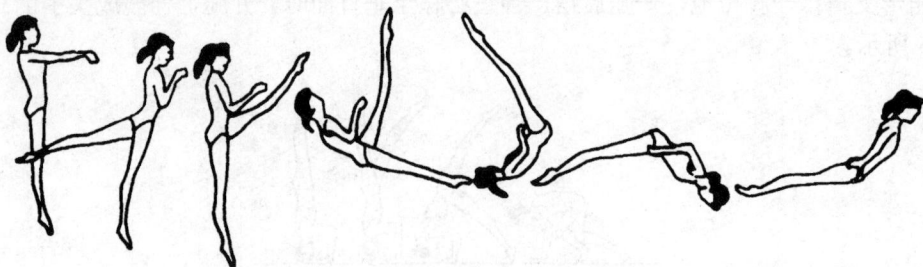

图 7-9　单脚蹬地翻身上成支撑

2．支撑单腿摆越成骑撑及还原（以右腿为例）

动作要领：由支撑开始，右臂用力推离单杠，重心左移，右腿经体侧向前摆越过杠；上体右移，右臂迅速撑杠，立腰、伸腿成骑撑。还原时，动作与前类似，不同是摆动腿经体侧向后摆越过杠，并腿成支撑，如图 7-10 所示。

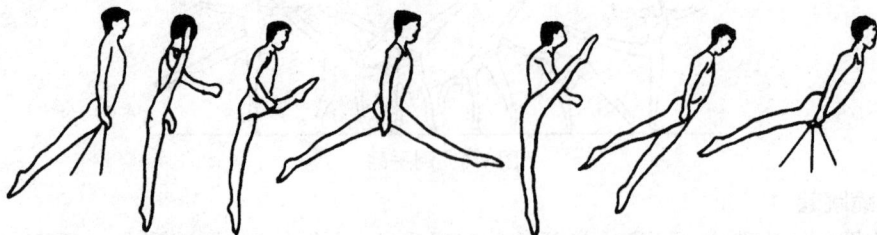

图 7-10　支撑单腿摆越成骑撑及还原

3．骑撑后倒挂膝上（以右腿骑撑为例）

动作要领：由骑撑开始，左腿稍后摆，右腿屈膝挂杠；上体后倒，挂膝悬垂前摆，左腿伸直前摆至前上方制动；身体回摆，当髋部摆至杠下垂直部位时，左腿加速后摆，同时，两臂和右腿迅速压杠，上体抬起、扣腕、右腿前伸成骑撑，如图 7-11 所示。

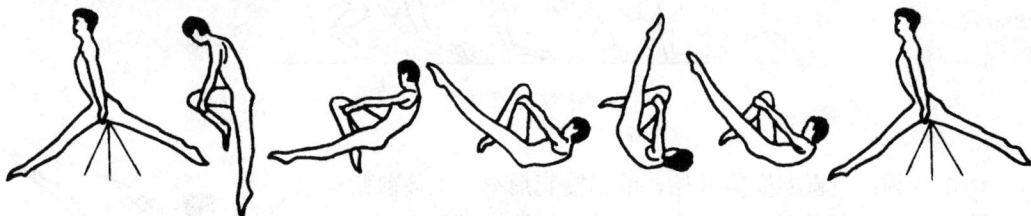

图 7-11　骑撑后倒挂膝上

4．骑撑前回环（以右腿骑撑为例）

动作要领：由两手反握骑撑开始，直臂顶肩撑杠，重心前移，右腿上举向前跨出，上体前倒，左大腿贴杠回环；当上体回环过杠下垂直位置时，右腿向前积极压杠；当回环至杠后水平位置时，直臂压杠，挺胸、抬头、翻腕、成骑撑，如图 7-12 所示。

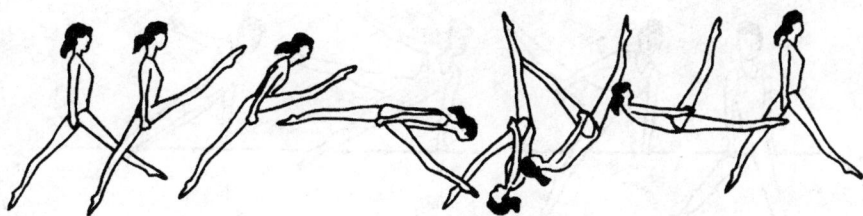

图 7-12　骑撑前回环

5. 支撑后回环

动作要领：由支撑开始，直臂顶肩撑杠，上体前倾，两腿后摆高于肩水平；身体下落腹部贴近杠时，屈髋、两腿前摆，直臂压杠，上体后倒，腹部贴杠回环；当两腿回环至杠后水平位置时，腿制动，伸髋、翻腕、挺胸、抬头成支撑，如图 7-13 所示。

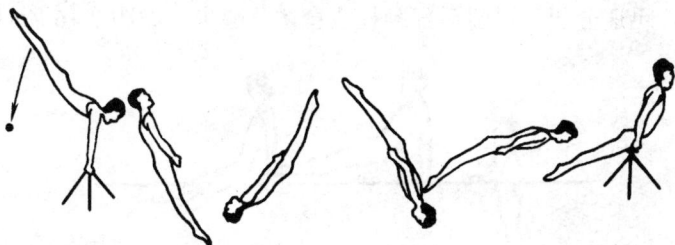

图 7-13　支撑后回环

6. 支撑后摆下

动作要领：由支撑开始，肩稍前倾，两腿向前预摆，然后迅速用力后摆，直臂顶肩成腾身姿势撑杠；当后摆身体重心上升接近最高点时，含胸、两腿制动，同时直臂顶肩推杠，抬上体挺身跳下，两臂斜向上举，屈膝缓冲落地，如图 7-14 所示。

图 7-14　支撑后摆下

7. 骑撑单腿摆越转体 90°下（以右腿骑撑为例）

动作要领：由骑撑开始，右手距身体 20～30 cm 处反握撑杠，左臂推杠，上体右倾，重心右移至支撑手；左腿向侧上方摆越过杠，右腿向下压杠弹起，身体顺势向侧上方腾起；右臂直臂压杠，右腿向左腿并拢，同时向右转体 90°挺身下，如图 7-15 所示。

图 7-15　骑撑单腿摆越转体 90°下

（三）双杠

1. 杠端跳上成分腿坐

动作要领：两手支撑杠，两脚用力蹬地，跳起后用双手支撑，两腿向前上方摆起，当两腿超过杠面时，迅速分腿，以腿后部触杠成直体分腿坐，如图 7-16 所示。

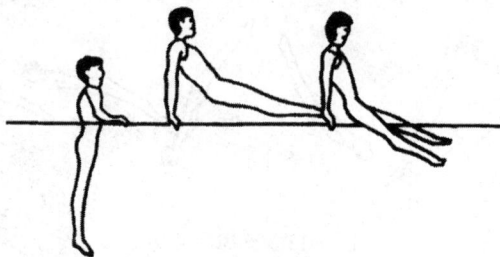

图 7-16　杠端跳上成分腿坐

2. 分腿坐前进

动作要领：由分腿坐开始，两手推杠，上体前移，伸髋压杠，两臂经侧举至体前 30～40 cm 处撑杠；同时，两腿伸直压杠弹起后摆，并腿进杠，如图 7-17 所示。

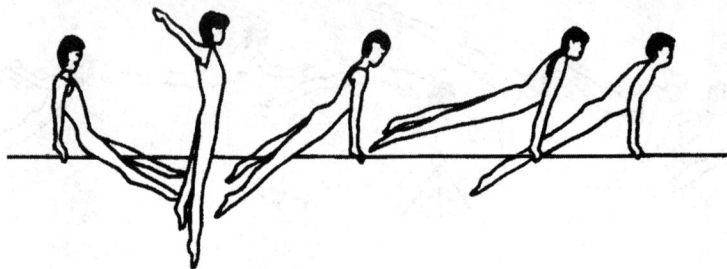

图 7-17　分腿坐前进

3. 分腿坐前滚翻

动作要领：由分腿坐开始，两手在体前靠近大腿处撑杠，上体前倒，低头、屈臂、提臀；当肩触杠时，两肘外展，以肩或上臂撑杠，并腿前滚翻；当臀部前移过垂直位置时，两手迅速向前换握杠；当臀部接近杠面时，分腿压杠，直臂撑杠，抬上体成分腿坐，如图 7-18 所示。

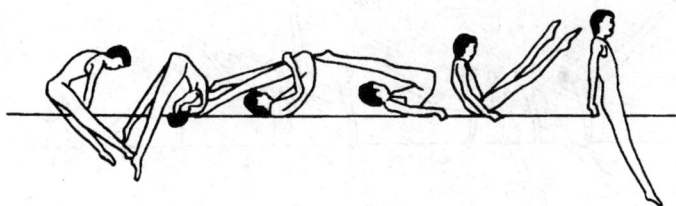

图 7-18　分腿坐前滚翻

4．支撑摆动

动作要领：由支撑开始，举腿前伸获得自然的摆动。前摆时，从后摆最高点直体自然下摆，当摆过垂直位置时，用力向前上方摆腿，带动髋部前送，直臂顶肩，低头、含胸，拉开肩角，如图 7-19 所示；后摆时，从前摆最高点直体自然下摆，展髋、远伸脚尖，当摆过垂直位置时，用力向后上方甩腿，直臂顶肩，含胸，拉开肩角。

图 7-19　向前支撑摆动

5．分腿慢坐起肩倒立

动作要领：由分腿坐开始，两手于腿前撑杠，上体前倒，屈臂、提臀，两肩在手前顶杠，两肘外展；当臀部提至垂直部位时，伸髋、并腿成肩倒立，如图 7-20 所示。

图 7-20　分腿慢坐起肩倒立

6．支撑前摆下

动作要领：由支撑后摆最高点开始，直体自然下摆，当摆过垂直位置后，用力向前上方摆腿，当身体摆至最高点时，重心左移，向下展体伸髋，两手依次顶肩推杠，右手迅速换撑左杠，越杠挺身落下成外侧立，如图 7-21 所示。

图 7-21　支撑前摆下

7．支撑后摆下

动作要领：由支撑前摆最高点开始，直体自然下摆，当摆过垂直位置后，用力向后前上方甩腿，当身体摆至最高点时，重心左移，右手迅速换撑左杠，左手摆至侧上举，越杠挺身落下成外侧立，如图 7-22 所示。

图 7-22　支撑后摆下

（四）支撑跳跃

1．助跑起跳

动作要领：由助跑开始，踏上助跳板前最后几步积极蹬摆，上体自然抬起，两臂后引；助跑最后一步单脚起跳，腾空后双腿并拢，以前脚掌踏上助跳板，两腿积极缓冲，含胸紧腰，上体稍前倾，两腿用力蹬板，获得较大的腾起力量。

2．跳上成蹲撑，挺身跳下（横箱）

动作要领：由助跑起跳开始，两臂由后向下、向前摆，含胸、手撑器械，同时提腰、屈膝上提，前脚掌踏上器械成蹲撑；手推离器械，两臂上摆，同时两腿用力蹬离器械，身体向前上方腾起，挺身展体落地，如图 7-23 所示。

图 7-23　跳上成蹲撑，挺身跳下

3．跳上成跪撑，跪跳下

动作要领：由助跑起跳开始，两臂由后向下、向前摆，含胸、手撑器械，同时紧腰、屈膝、跪撑于器械上；手推离器械，两臂由后向前上方摆起，同时屈髋、立腰、小腿下压器械，使身体向前上方腾起；空中经跪姿，挺身展体落地，如图 7-24 所示。

图 7-24 跳上成跪撑，跪跳下

4. 跳上成分腿立撑，挺身跳下

动作要领：由助跑起跳开始，两臂前摆，含胸、手撑器械；同时提腰、提臀、顶肩、双脚踏上器械成屈体分腿立撑；手推离器械，两臂向前上方摆起，两脚蹬离器械，使身体向前上方腾起，并腿挺身展体落地，如图 7-25 所示。

图 7-25 跳上成分腿立撑，挺身跳下

5. 分腿腾跃（不要求预先后摆）

动作要领：由助跑起跳开始，两臂由后向下，再迅速前伸，含胸、手撑器械，同时提腰、分腿；手推离器械瞬间，身体腾起，以分腿姿势向前越过器械，两臂经体侧上摆，抬头挺身，并腿前伸落地，如图 7-26 所示。

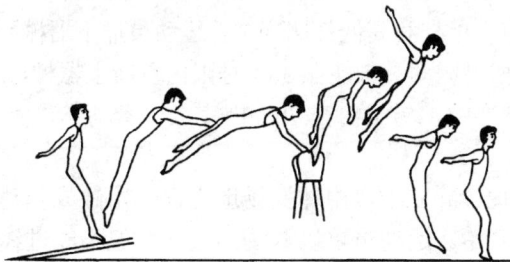

图 7-26 分腿腾跃

6. 屈腿腾跃（不要求预先后摆）

动作要领：由助跑起跳开始，两臂由后向下、向前伸，含胸、手撑器械，同时提腰、提臀、屈膝靠近胸部；用力向前下顶肩，快速推手，身体腾空成"蹲"的姿势，两臂上举，起肩、立腰、伸腿、展体落地，如图 7-27 所示。

图 7-27　屈腿腾跃

二、比赛规则

（一）场地及器械

（1）自由体操：比赛区域 12 m×12 m，比赛区域外有 2 m 的安全区域。

（2）跳马：男子跳马高度为 1.35 m（从地面量起），女子跳马高度为 1.25 m（从地面量起）。

（3）双杠：双杠高度为 1.8 m（从垫子上沿量起），两杠间宽度可以调节。

（4）单杠：单杠高度为 2.6 m（从垫子上沿量起），横杠长度为 2.4 m，直径为 28 mm。

（5）高低杠：高低杠由两根横杠组成，高杠距地面 2.5 m，低杠距地面 1.7 m。两杠间距可以根据运动员需要和习惯进行调整，宽度可以达到 1.8 m 左右。

（二）规则

（1）比赛时，运动员需穿着规范的体操服，全队着装要统一。女运动员不得穿小过肚脐和透明的体操服，不得佩戴珠宝首饰。所有的运动员必须佩戴号码。如有违反，将被扣除相应的分数。

（2）运动员出场比赛前，应保持直立姿势，举手示意，在绿灯亮起或听到信号后30 s 内必须上器械。一套动作结束，立正示意，并立即离开比赛台。动作结束后，不允许运动员重新上比赛台。

在鞍马、吊环、双杠、单杠和高低杠比赛中，运动员掉下器械到重新上器械继续做动作前，允许有 30 s 间断。如果运动员未能在 30 s 时限内重新上器械，则判定成套动作终止。

（3）在自由体操比赛中，男子需在 70 s 内完成一套动作，女子需在 90 s 内完成一套动作。

运动员必须双腿并拢、静立于自由体操场地内，开始做成套动作。成套动作的评分从运动员脚的第一个动作开始。运动员可以踩场地边线，但不能过线。动作在界外开始，没有难度价值。

（4）在跳马比赛中，男女运动员助跑的距离最长为 25 m。所有跳马动作必须通过用手推撑跳马来完成。

（5）在单杠比赛中，运动员必须由双腿并拢静立或加助跑开始，跳起抓杠或由别人帮助上杠，上杠后身体静止或悬垂摆动，双脚离地开始评分。

（6）在双杠比赛中，运动员必须由双腿并拢静立开始助跑或做上法动作。运动员单手或双手触杠表示动作开始，双脚离地开始评分。

（7）在高低杠比赛中，由运动员从踏板或垫子起跳开始评分。如运动员在上法助跑中出错，未接触踏板或器械，或未跑到器械下面，允许第二次助跑。

思考题

1．从网上查资料，了解体操的起源和发展历程并和同学们进行交流。

2．竞技体操的基本技术有哪些？你在日常体操锻炼中掌握了其中哪些技术？

3．举例说出你喜欢的体操项目，并选出你最喜欢的体操运动员，说说他/她的主要事迹。

第八章　篮　球

【学习目标】
1. 了解篮球运动的概况
2. 熟悉篮球运动的基本技术
3. 了解篮球运动的基本战术
4. 了解篮球运动的比赛规则

篮球运动起源于美国，是以投篮为中心，得分多少决胜负的体育项目，具有集体性、对抗性和时空性的特点。经常参加篮球运动不仅能使参与者在力量、速度、灵敏和弹跳等方面得到发展，而且可以培养其集体荣誉感、严格的组织纪律性和顽强的意志品质。

第一节　基本技术

篮球技术是在篮球比赛中，队员为了攻守目的所运用的各种专门动作的总称，主要包括脚步移动、传接球、运球和投篮等。

一、脚步移动

脚步移动是在篮球比赛中队员为了争取时间和空间上的主动优势所采用的各种脚步动作的总称，是学习篮球技术和使用机动灵活战术的基础。脚步移动主要包括起动、跑、急停、滑步和转身等。

（一）基本站立姿势

基本站立姿势是脚步移动的准备姿势，以便于各种技术动作的开始和运用。

动作要领：两脚前后或左右开立，与肩同宽，两膝微曲，重心落于两脚间，上体稍前倾，两臂自然弯曲于体侧，两眼注视全场情况。

（二）起动

起动是队员在球场上由静止状态变为运动状态的一种起始动作，一般用于攻、守中抢占有利位置的行动中。起动包括向前和向侧起动两种方式。

动作要领：从基本站立姿势开始，向左侧起动时，重心左移，上体迅速左转，左脚不动，右脚前脚掌用力蹬地，并向左跨出，两臂自然摆动；向前或向右起动与向左起动的动作要领相仿，只是方向不同而已。

（三）跑

跑是最基本的移动技术，包括侧身跑、变速跑、变向跑和后退跑等。常用的跑包括侧身跑和变速跑两种方法。

1. 侧身跑

侧身跑是队员在跑动中为了抢位、摆脱防守、接侧向或侧后方的传球而采用的一种跑动方法。

动作要领：跑动过程中，两脚尖正对跑动方向，头和上体转向球的方向。

2. 变速跑

变速跑是队员在跑动过程中改变跑的速度（加速或减速）的一种方法。

动作要领：跑动过程中，加速时，上体前倾，两脚掌连续交替向后蹬地，同时迅速摆臂；减速时，上体直起，加大步幅，用前脚掌抵地，缓冲减速。

（四）急停

急停是进攻队员在快速跑动过程中，突然制动并成静止状态的一种方法。常用的急停包括跨步急停和跳步急停两种方法。

1. 跨步急停

动作要领：停步时，一只脚向前跨出一大步，脚跟着地过渡到全脚掌抵地，同时迅速屈膝，上体后仰。另一只脚紧随着地时，脚尖内旋，身体顺势侧转，前脚掌内侧蹬地。两臂屈肘张开，保持身体平衡。

2. 跳步急停

动作要领：停步时，双脚起跳，上体稍后仰，两臂自然摆动，两脚同时平行落地，屈膝降重心，两臂屈肘张开，保持身体平衡。

（五）滑步

滑步是队员防守时移动的主要步法。常用的滑步包括侧滑步、前滑步和后滑步三种步法。

1. 侧滑步

动作要领：开始滑步前，两脚左右开立，微屈膝，两臂侧张开。向左滑步时，身体重心左移，左脚向左跨出一步，落地的同时，右脚迅速滑行跟进，完成一步侧滑，然后重复以上动作，如图 8-1 所示；向右滑步时，动作相反。

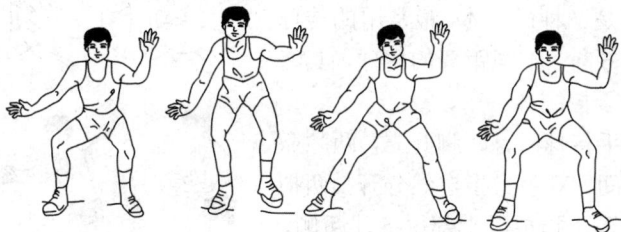

图 8-1　向左侧滑步

2. 前滑步

动作要领：开始滑步前，两脚前后开立，微屈膝，两臂前后张开。向前滑步时，身体重心前移，前脚向前跨一步，落地的同时，后脚迅速滑行跟进，完成向前滑一步，然后重复以上动作；向后滑步时，动作相反。

（六）转身

转身是队员以一脚做轴（中枢脚），另一只脚蹬地向前或向后跨出，身体顺势转动，以改变身体方向的一种方法。转身包括前转身和后转身两种方式。

1. 前转身

动作要领：转身时（以右脚为中枢脚），左脚前脚掌向外蹬地，同时身体重心右移，左脚经体前向右跨一步，同时中枢脚以前脚掌为轴（脚跟提起）用力碾地旋转，身体顺势右转，如图 8-2 所示。

图 8-2　前转身

2. 后转身

后转身和前转身的动作要领相仿，不同的是后转身时移动的脚向自己身后跨步使身体改变方向。

二、传接球

传接球是篮球比赛中队员之间有目的地转移球，以更好地配合全队进攻的有效手段。因此，传接球是组织全队进攻配合的纽带，也是提高进攻质量的重要环节。

（一）传球

传球包括双手胸前传球、双手头上传球、单手肩上传球、单手胸前传球和勾手传球等。下面将对双手胸前传球和单手肩上传球进行简要的介绍。

1. 双手胸前传球

双手胸前传球是一种最基本、最常用的传球方法，适用于不同方向、不同距离的传球，其特点是准确性高，便于控制球。

动作要领：双手持球时，两脚开立，两膝微曲，重心落于两脚间，双手十指自然分开，两拇指相对成"八"字形，指根以上部位持球两侧，掌心空出，持球于胸腹之间；传球时，两臂迅速向传球方向前伸，当手臂将要伸直时，急促抖腕，同时两拇指用力下压，食、中指用力拨球，将球传出，如图 8-3 所示。

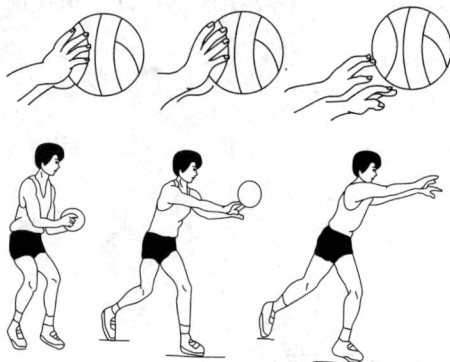

图 8-3　双手胸前传球

2. 单手肩上传球

单手肩上传球常用于中、远距离传球，特点是传球力量大，利于抢到后场篮板后长传快攻。

动作要领（以右手传球为例）：左脚向传球方向迈出半步，同时右臂引球至右肩上方，左手离球，左肩对着传球方向，重心落于右脚上。右脚内侧蹬地转身，同时迅速向前挥臂，手腕前曲，通过食、中指拨球，将球传出，如图8-4所示。

图8-4　右手肩上传球

（二）接球

接球是队员获得球的动作，是抢篮板球和断球的基础，包括双手接球和单手接球两种。

1. 双手接球

双手接球包括双手接胸部高度的球、双手接头部高度的球、双手接低于腰部的球和双手接地滚球等方法。下面简要介绍双手胸前接球的动作要领。

双手胸前接球动作要领：两眼注视来球方向，两臂向来球方向伸出，十指自然分开。当双手触及球时，手臂顺势引球，将球持于胸腹之间，如图8-5所示。

图8-5　双手胸前接球

2. 单手接球

动作要领（以右手接球为例）：两眼注视来球方向，右臂微曲，伸向来球方向，手掌成勺形，五指自然分开。当手指触及球时，右臂顺势引球，左手立即帮助右手，双手持球于胸腹间，如图8-6所示。

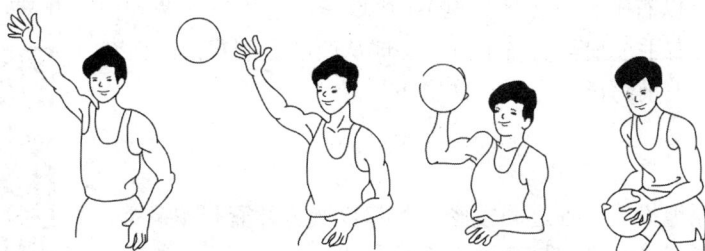

图8-6　单手接球

三、运球

运球包括高运球、低运球、体前变向换手运球、后转身运球和胯下运球等。下面将对高运球、低运球、体前变向换手运球和胯下运球进行简要介绍。

（一）高运球

高运球是球反弹的高度在腰、胸之间的运球方法，一般用于无防守的快速运球。

动作要领（以右手运球为例）：运球时，微屈膝，上体稍前倾，目平视，以肘关节为轴，前臂自然弯曲，用右手按拍球的后上方，控制球的落点在身体右前方，球的反弹高度在胸腹之间。

（二）低运球

当持球队员接近防守队员或防守队员来抢球时，持球队员为保护球或摆脱防守，常采用低运球方法。

原地运球练习

动作要领：运球时，抬头、目视前方，深屈膝，上体前倾，用上体、腿和另一只手臂保护球。同时，用手短促地按拍球，控制球的反弹高度在膝关节以下。

（三）体前变向换手运球

当防守队员堵截运球队员的进攻路线或运球队员运球接近防守队员时，运球队员可运用体前变向换手运球摆脱和突破对手。

动作要领（以运球队员右手运球突破对手左侧为例）：运球队员右手运球，当对手向右侧移动堵截时，运球队员应向右侧加速运球吸引对手偏离正常防守位置，接着突然变向，用右手按拍球的右后上方，向左侧送拍球，左、右脚先后迅速向左前方跨出，上体左转并前倾探肩，换左手按拍球的后上方，加速运球突破对手，如图8-7所示。

图 8-7　体前变向换手运球

（四）胯下运球

动作要领（以右手胯下运球为例）：运球跨步急停后，两脚前后开立，左脚在前，重心落于两脚间，右手按拍球的右上方，使球从两腿之间穿过，换左手运球，右脚向左前跨出，完成一次胯下运球。

四、投篮

投篮包括原地投篮、行进间投篮、跳起投篮、补篮和扣篮等，下面将对原地投篮和行进间投篮进行简要介绍。

投篮技术

（一）原地投篮

原地投篮包括双手头上投篮、双手胸前投篮、单手头上投篮和单手肩上投篮。下面介绍原地单手肩上投篮的动作要领。

原地单手肩上投篮动作要领（以右手投篮为例）：从双手持球的基本站立姿势开始，左手扶球左侧，右手持球，右臂屈肘，置球于右肩上。投篮时，两脚掌蹬地，左手离球，右臂向前上方伸直时，手腕前曲，食、中指拨球，将球投出，如图 8-8 所示。

图 8-8 原地单手肩上投篮

（二）行进间投篮

行进间投篮包括单手肩上投篮、单手低手投篮、双手低手投篮、反手投篮和勾手投篮等。下面介绍行进间单手低手投篮的动作要领。

行进间单手低手投篮动作要领（以右手投篮为例）：运球队员结束运球变为双手持球的同时，右脚跨出第一步；左脚跨出第二步落地时，前脚掌用力蹬地向前上方起跳，右腿屈膝自然上提，右手将球引至右肩侧上方；腾空到最高点时，左手离球，右手托球，右臂向前上方伸展；接近球篮时，手腕、手指上挑，将球投出，如图 8-9 所示。

图 8-9 行进间单手低上投篮

第二节 基本战术

篮球战术是篮球比赛中队员所运用的攻守方法的总称，主要分为进攻和防守两种战术，其中进攻战术包括传切配合、掩护配合和突分配合等战术；防守战术包括换防配合和补防配合等战术。

一、传切配合

传切配合包括一传一切和空切两种配合。一传一切是指持球队员传球给同伴后自己立即切向篮下，接同伴回传的球进行投篮的方法；空切是指无球队员根据球的转移情况，从不同的方向迎球或侧向插入篮下接球的配合方法。

二、掩护配合

掩护配合是指队员用自己的身体挡住同伴的防守队员，使同伴摆脱防守的配合方法。

三、突分配合

突分配合是指持球队员突破防守后遇到补防或吸引对手注意力后，及时将球传给同伴，使同伴获得进攻机会的配合方法。

四、换防配合

换防配合是指防守队员为了破坏进攻队员的掩护配合，彼此之间及时呼应并交换防守对手的一种配合方法。

五、补防配合

补防配合是指当防守队员被对手突破或绕过时，临近的其他防守队员主动放弃自己防守的对手去补防突破队员的配合方法。

第三节　比赛规则

一、比赛场地

标准篮球场地是一块长 28 m，宽 15 m 的长方形平地，如图 8-10 所示。球场必须有明显的界线，界线距观众、广告牌或其他障碍物至少 2 m。篮球场长边的界线叫边线，短边的界线叫端线。

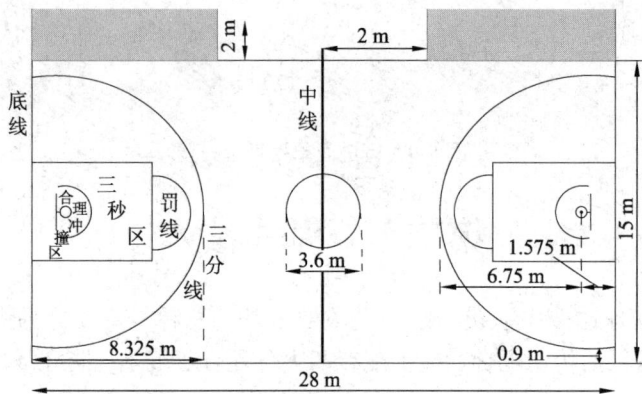

图 8-10　篮球场

二、违例

违例是指球员在比赛过程中，不慎侵犯了比赛中的一些基本规定，包括两次运球、故意踢球、带球走、控球队员在对方的限制区内持续停留超过 3 s、队员持球 5 s 内没有传球、投球或者运球、控球队员从后场推进前场超过 8 s 和进攻队在场上控球，24 s 内没有投篮出手等。

罚则：在比赛过程中出现时间方面的违例、带球走、两次运球、脚踢球和跳球违例等均判对方在违例地点附近的边线或底线发界外球。

三、侵人犯规

侵人犯规是指比赛过程中，队员与对方队员的接触犯规，例如，队员通过伸展他的手、臂、肘、肩、髋、腿、膝或脚来拉、阻挡、推、撞、绊、阻止对方队员行进；队员将自己的身体扭曲成"反常"的姿势（超出自己的圆柱体）；队员对对方队员有任何粗暴的动作，都属于侵人犯规。

罚则：给犯规队员记一次侵人犯规以及判给对方球权或罚球，当判给对方球权或罚球时，按如下规定执行：

- ❖ 被侵犯队员未投篮，由被侵犯队员在靠近犯规地点的界线外掷界外球。
- ❖ 被侵犯队员正在投篮，投篮成功应计得分并判给其 1 次罚球；投篮未中，在 2 分区（或 3 分区）投篮，则判给其 2 次（或 3 次）罚球。

思考题

1. 篮球运动在大学校园中非常受欢迎，你觉得原因有哪些？
2. 篮球的基本技术有哪些？你在日常打篮球中掌握了其中哪些技术？
3. 篮球的基本战术和比赛规则有哪些？
4. 举例说出你喜欢的篮球赛事，并选出你最喜欢的篮球运动员，说说他/她的主要事迹。

第九章　排　球

【学习目标】
1. 了解排球运动的概况
2. 熟悉排球运动的基本技术
3. 了解排球运动的基本战术
4. 了解排球运动的比赛规则

排球运动于 1895 年由美国的威廉·G·摩根（Williams. G. Morgan）发明，是以通过变化击球路线和落点造成对方失误为目的，以得分多少决胜负的集体项目，具有技巧性、对抗性和集体性的特点。排球比赛无时间限制，对抗强度较大，对人的身体素质和心理素质有着较好的锻炼作用。

第一节　基本技术

排球技术是在比赛规则允许的条件下，队员运用的各种合理击球动作和配合动作的总称，主要包括准备姿势与移动、传球、垫球、扣球、发球和拦网等。

一、准备姿势与移动

准备姿势与移动是排球运动中运用最多的两项基本技术，它是完成传球、垫球、扣球、发球和拦球各项技术的前提和基础，并且对各项技术动作的运用起着串联作用。

（一）准备姿势

按照重心的高低，准备姿势包括稍蹲、半蹲和低蹲三种。下面介绍半蹲准备姿势的动作要领。

半蹲准备姿势动作要领：两脚左右或前后开立（根据场上情况，可以左脚在前或右脚在前），稍比肩宽，脚跟提起，膝微曲，脚尖和膝稍内扣；上体前倾，重心前移，肩超膝，膝超脚尖；两臂自然弯曲，置于腹前，目视来球。

（二）移动

移动的基本步法包括并步与滑步和交叉步等。

1. 并步与滑步

动作要领（以向前移动为例）：从两脚前后开立的准备姿势开始，后脚用力蹬地，前脚向来球方向跨出一步，后脚迅速跟上成准备姿势。连续并步移动称为滑步。

2. 交叉步

动作要领：从准备姿势开始，向右移动时，上体稍向右转，左脚从右脚前面向右交叉跨一步，然后右脚再向右跨一大步，同时身体转向来球方向成准备姿势。

二、发球

发球过程分为准备姿势、抛球和击球三个环节。下面对正面上手发球和侧面下手发球进行简要介绍。

（一）正面上手发球

正面上手发球的特点是力量大、速度快、弧度平、旋转强和落点易于控制。

① 准备姿势：面对球网站立，两脚前后自然开立，左脚在前，两膝微曲，上体前倾，左手持球于胸前。

② 抛球：左手将球垂直平稳地抛向右肩的前上方，置于头上三个球左右高。同时右臂抬肘约与肩平，前臂后引，手掌置于头后上方，上体略向后移，挺胸、展腹、身体重心后移至右脚。

③ 击球：身体重心前移，收腹，同时带动右臂迅速向肩前上方挥动，在最高点伸直手臂，用力掌击球的后中部。在触球的刹那，手腕适当地向前推压，如图 9-1 所示。

图 9-1　正面上手发球

（二）侧面下手发球

侧面下手发球的特点是发球动作较简单，容易掌握，稳定性较大，但攻击性较小。

（1）准备姿势：右肩对网站立，两脚左右开立，与肩同宽，上体稍前倾，重心落于两脚间或稍偏右脚，左手置球于腹前。

（2）抛球：左手将球抛置胸前，距身体约一臂远，同时右臂摆至身体右侧后下方，上体稍右转。

（3）击球：右脚内侧蹬地，身体左转，带动右臂向前摆动，在腹前用全掌击球下部，将球击出。击球时手臂要伸直，眼睛要看着球。

三、传球

传球是排球运动中的一项最基本的技术，是进行比赛和组织战术的基础。传球的种类多种多样，下面对正面双手传球（简称正传）和背传进行简要介绍。

（一）正传

（1）动作要领：传球前采用稍蹲姿势，身体站稳，上体挺直看球，双手自然抬起，置于脸前；当球至距额前上方一个球左右的位置时，开始双脚蹬地、伸膝、伸双臂，张开双手，从脸前向前上方击球，将球传出，如图 9-2 所示。

（2）传球手形：当手触球时，两手自然张开成半球状，手腕稍后仰，以拇指、食指和中指拖住球的后下部，两拇指相对，接近"一"字形，两手间要有一定的距离（不超过球的直径）。

（3）传球的用力：传球时主要是利用蹬地、伸膝、向上展体和伸臂协调动作，配合手指和手腕的弹力将球传出。

（二）背传

动作要领：传球时，上体保持正直或稍后仰，两膝半曲，重心落于两脚间，双手自然抬起，置于脸前，目视来球方向；迎球时，微仰头挺胸，下肢蹬地，同时上体向上方伸展；触球时，手腕后翻，掌心向上击球底部（手形与正传的手形相同），同时下肢蹬地、展腹、抬臂、伸肘，通过手指和手腕的弹力把球向后上方传出，如图 9-3 所示。

图 9-2　正传

图 9-3　背传

四、垫球

垫球主要包括正面双手垫球、体侧垫球、跨步垫球和挡球等。下面将对正面双手垫球和跨步垫球进行简要介绍。

（一）正面双手垫球

正面双手垫球是双手在腹前垫击来球的一种垫球方法，是各项垫球技术的基础。

（1）动作要领：垫球前，判断球的落点后迅速移动到落点，身体正对来球方向，成准备姿势站好；当球接近腹前时，两臂夹紧前伸，含胸收肩，收腕抬臂将球准确地垫在小臂上，如图 9-4 所示。

排球垫球技术

（2）手形：两手手指上下相叠，掌根紧靠。两拇指平行相靠，紧压在上层手指中指的第二节上，两臂伸直相夹，如图 9-5 所示。

图 9-4　正面双手垫球

图 9-5　垫球手形

（3）击球点与垫球部位：击球点应保持在腹前约一臂处；垫球部位为前臂腕关节以上 10 cm 左右桡骨内侧平面为宜，如图 9-6 所示。

（二）跨步垫球

跨步垫球是当球距身体一步左右，但速度很快或位置较低，队员来不及移动正对时，迅速向前或向侧跨出一步垫球的动作。

动作要领：垫球前，首先判断来球的落点，然后迅速向来球方向跨出一步，屈膝制动，重心移至跨出的脚上。两臂夹紧伸直插入球下，用两前臂击球的后下部，将球平稳地向目标方向垫出。

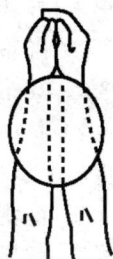

图 9-6　垫球部位

五、扣球

扣球主要包括正面扣球、自我掩护扣球和勾手扣球等。下面将对正面扣球进行简要介绍。

正面扣球的动作要点如下（以两步助跑右手扣球为例）：

（1）准备姿势：采用稍蹲姿势，两臂自然下垂，观察来球，做好向各个方向助跑起跳的准备。

（2）助跑：助跑时，左脚先向前迈一小步（便于寻找和对正方向），接着右脚再迅速跨出一大步，同时两臂绕体侧向后引。左脚及时跟上右脚，踏在右脚之前，两脚尖稍向右转，屈膝制动同时两臂自后积极向前摆动。

（3）起跳：助跑制动之后，两臂用力向上摆，同时两脚猛力蹬地向上起跳。

（4）空中击球：起跳后，挺胸展腹，上体稍向右转，右臂向后上方抬起，身体成反弓形；挥臂时，身体左转，收腹，带动肩、肘、腕各部分关节成甩鞭动作向前上方挥动；击球时，五指微张成勺形，以掌心击球的后中部，同时屈腕、屈指向前推压，将球扣出。

（5）落地：落地时，前脚掌先着地，然后过渡到全脚掌着地，顺势屈膝收腹，以缓冲下落的力量，如图 9-7 所示。

图 9-7　正面扣球

六、拦网

拦网包括单人拦网和集体拦网两种，两者的个人动作要领相同，只不过后者更注重相互间的协调与配合。下面将对单人拦网进行简要介绍。

单人拦网的动作要点如下：

（1）准备姿势：面对拦网，两脚左右开立，与肩同宽，两膝微曲，两臂在胸前屈肘距网 30~40 cm。

（2）移动：为了及时对正对方的进攻点，拦网队员需要及时移动。常用的移动步法有并步与滑步和交叉步等。

（3）起跳：原地起跳时，两膝弯曲（弯曲程度因人而异，以发挥最高弹跳力为原则），重心降低，双脚用力蹬地，同时两臂在体侧画小弧用力上摆，带动身体垂直起跳。

（4）空中击球：起跳过程中，两手经额前并平行球网向网上沿的前上方伸出，两臂平行伸直，前臂靠近网，两肩尽量上提；拦网时，两臂尽力过网伸向对方上空，两手自然张开，屈指、屈腕成勺形，以便包住球；手触球时，两手要突然紧张，手腕下压盖住球的前上方。

（5）落地：落地时，面对对方，屈膝缓冲，同时屈肘向下收臂，如图 9-8 所示。

图 9-8　单人拦网

第二节　基本战术

排球基本战术主要包括阵容配置、进攻战术和防守战术等。

一、阵容配置

阵容配备主要有"四二"阵容配备和"五一"阵容配备。

（一）"四二"阵容配备

"四二"阵容配备是上场队员中有 4 个进攻队员和 2 个二传队员。4 个进攻队员中有 2 个主攻队员和 2 个副攻队员。主（副）攻队员站在对角的位置上。

（二）"五一"阵容配备

"五一"阵容配备是上场队员中有 5 个扣球手和 1 个二传手，通常二传队员在对角位置上，配备一名有进攻能力的扣球手接应二传队员。

二、进攻战术

（一）"中一二"进攻战术

"中一二"进攻战术的阵型：二传手站位于 3 号，5 号垫球至 3 号，3 号传球给 2 号或 4 号扣球进攻，如图 9-9 所示（实线为传球路线，虚线为队员移动路线）。

（二）"边一二"进攻战术

"边一二"进攻战术的阵型：二传站位于 2 号，6 号垫球至 2 号，2 号传球给 3 号或 4 号扣球进攻，如图 9-10 所示。

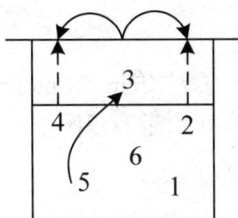 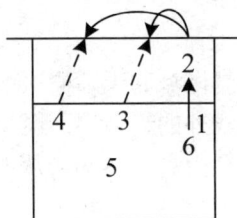

图 9-9　"中一二"　　　　　图 9-10　"边一二"

三、防守战术

防守战术是组织进攻和反攻战术的基础，主要包括接发球防守和接扣球防守等。

（一）接发球防守

下面将对 5 人接发球防守战术和 4 人接发球防守战术进行简要介绍。

1. 5 人接发球防守战术

5 人接发球防守战术是比赛中最基本、最常用的接发球方法，它的阵型是除前排 1 名二传手或后排准备插上的二传手外，其余 5 名队员都参与接发球。5 人接发球时，球员的位置应根据本方一攻战术来确定。

2. 4 人接发球防守战术

4 人接发球防守战术的阵型是除前排 1 名二传手和后排准备插上的二传选手外，其余 4 名队员都要参与接发球。它的特点是可以缩短插上和扣快球队员跑动的距离，有利于提高进攻的速度。

（二）接扣球防守

接扣球防守战术由拦网和后排防守两部分组成，分为无人拦网、单人拦网、双人拦网和三人拦网防守战术。下面将对双人拦网防守战术进行简要介绍。

双人拦网防守战术适用于当对手的扣球力量较大，线路变化多时，其方法包括"边跟进"防守和"心跟进"防守等。

1. "边跟进"防守

"边跟进"防守的阵型是队员成"M"型站位时，2 号和 3 号网前拦网，4 号后退至攻防线后参与后场防守，1 号或 5 号跟进保护和防守对方吊球。它适用于对方进攻力量强，扣球多，吊球少时。"M"型站位如图 9-11 所示。

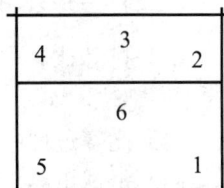

图 9-11　"M"型站位

2. "心跟进"防守

"心跟进"防守的阵型是队员成"M"型站位时，2 号和 3 号网前拦网，4 号后退至攻防线后参与后场防守，6 号队员专职跟进、保护拦网和防吊球。它适用于对方经常打吊结合时。

第三节　比赛规则

一、比赛场地

排球场包括比赛区域和无障碍区两部分：比赛区域为 18 m×9 m 的长方形，如图 9-12 所示；比赛场地边线外的无障碍区至少宽 5 m，端线外的无障碍区至少宽 8 m，比赛区域上空的无障碍空间至少高 12.5 m（从地面量起）。

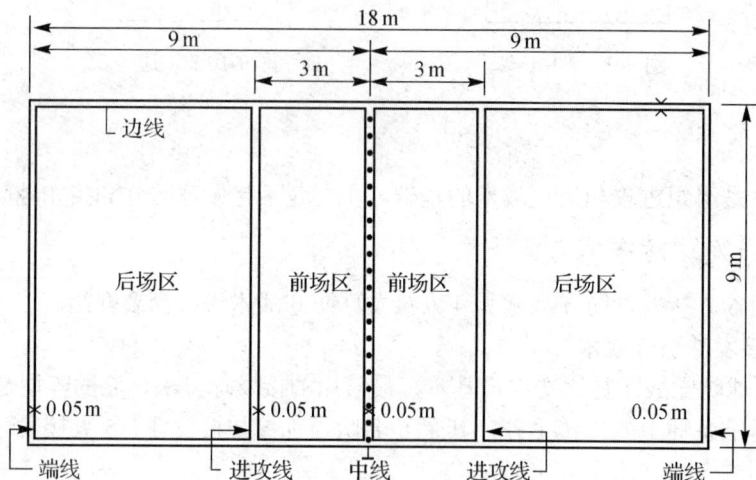

图 9-12　排球场

二、犯规

（一）发球犯规

（1）发球队队员未依照上场阵容单的顺序，轮流发球。

（2）发球队员在击球时或击球跳起落下时，踏及场区（包括端线）或发球区以外地面。

（3）发球队员在第一裁判员鸣哨后 8 s 内没有将球击出。

（4）发球出界。

（二）击球犯规

（1）排球比赛中，一名队员（拦网队员除外）连续两次击球或球连续两次触及他身体的不同部位。

（2）比赛过程中，击球队员将球接住或抛出。

（3）击球出界。

（三）拦网犯规

（1）拦对方的发球。

（2）拦网出界。

（3）队员从标志杆以外伸入对方空间拦网。

罚则：无论哪种犯规，若一队犯规，另一队得 1 分并得到发球权。

思考题

1．排球的基本技术有哪些？你在日常打排球中掌握了其中哪些技术？

2．排球的基本战术和比赛规则有哪些？

3．中国女排在 2016 年里约奥运会中不畏强敌、顽强拼搏，勇夺奥运会金牌。说说你看中国女排比赛的感受。

中国女排重返巅峰

第十章　足　球

【学习目标】
1. 了解足球运动的概况
2. 熟悉足球运动的基本技术
3. 了解足球运动的基本战术
4. 了解足球运动的比赛规则

现代足球运动起源于英国，是以射门为目标，以得分多少决胜负的一种体育项目，具有易行性、对抗性、集体性和多变性的特点。经常参加足球运动，不仅能锻炼参与者的身体素质，而且有利于培养其顽强拼搏精神和团队协作意识。

第一节　基本技术

足球技术是指运动员在足球竞赛规则允许的条件下，运用身体有效部位合理完成各种动作的总称。足球技术包括踢球、接球、头顶球、运球和抢截球等。

一、踢球

踢球是指运动员有目的地用脚的相应部位将球踢向预定目标的技术动作。它主要用于传球和射门。

踢球按击球时脚触球的部位可分为脚内侧踢球、脚背正面踢球、脚背内侧踢球和脚背外侧踢球等。踢球时可按球的状态分为定位球、地滚球、反弹球和空中球等，在此仅以踢定位球为例介绍各动作要领。

足球踢球技巧

（一）脚内侧踢球

脚内侧踢球是用脚内侧的跖趾关节、舟骨和根骨所构成的三角部位接触球的一种踢球方法。其特点是触球面积大，可控性强，出球平稳准确，出球力量较小。它适用于短距离传球和射门。

动作要领：直线助跑，支撑脚踏在球侧约 15 cm 处，膝微屈，脚尖指向出球方向。支撑脚落地同时，踢球腿以髋关节为轴由后向前摆动，膝、踝外展，脚跟前送，脚尖稍翘，脚掌与地面平行。小腿加速前摆，脚形固定，用脚内侧部位击球的后中部，击球后，踢球腿随球前摆，如图 10-1 所示。

图 10-1　脚内侧踢球

（二）脚背正面踢球

脚背正面踢球是用脚背正面的楔骨和趾骨末端部位接触球的一种踢球方法，其特点是踢摆幅度大、摆速快，便于发力，但出球路线缺乏变化。它适用于远距离传球和大力射门。

动作要领：直线助跑，支撑脚踏在球侧约 15 cm 处，膝微屈，脚尖指向出球方向，踢球腿自然后摆，小腿后屈。支撑脚落地同时，踢球腿以髋关节为轴带动小腿前摆。膝关节接近球体上方时，小腿加速前摆，脚背绷直，脚趾扣紧，以脚背正面击球的后中部，击球后，踢球腿顺势前摆，如图 10-2 所示。

图 10-2　脚背正面踢球

（三）脚背内侧踢球

脚背内侧踢球是用脚背内侧的几个楔骨和趾骨末端部位接触球的一种踢球方法。其特点是摆幅度大，摆速快，踢球力量大，助跑方向和支撑脚站位灵活，出球的方向变化较多。它适用于中、远距离传球和射门。

动作要领：沿出球方向 45°角斜线助跑，支撑脚踏在球体侧后方 20～25 cm 处，膝微曲，脚尖指向出球方向，身体稍倾向支撑脚一侧，踢球腿自然后摆。支撑脚落地同时，踢球腿以髋关节为轴带动小腿前摆。膝关节接近球体上方时，小腿加速前摆，脚尖外转，脚面绷直，脚趾扣紧，以脚背内侧击球的后中部，击球后，踢球腿顺势前摆，如图 10-3 所示。

图 10-3　脚背内侧踢球

二、接球

接球又称停球，是指运动员有目的地运用身体的有效部位触球，将运行中的球接控在所需要范围内的技术动作。常用的接球方法有脚内侧接球和脚底接球等。

（一）脚内侧接球

脚内侧接球的特点是触球面积大，接球平稳，便于改变球的方向。它适用于接地滚球和反弹球。

动作要领如下：

（1）接地滚球时，身体正对来球，支撑腿微屈，接球腿屈膝外转前迎，脚内侧对准来球，脚内侧触球瞬间自然后撤，将球控制在所需要的位置上，如图 10-4 所示。

图 10-4　脚内侧接地滚球

（2）接反弹球时，支撑脚踏在落球点的侧前方，膝微屈，上体稍前倾，并向停球方向微转。接球腿屈膝上提，膝、踝外转，脚内侧对准球的反弹路线，当球落下反弹刚离地时，用脚内侧触压球的中上部，如图 10-5 所示。

图 10-5　脚内侧接反弹球

（二）脚底接球

脚底接球的特点是动作简单，控球稳定。它适用于接地滚球和反弹球。

动作要领：身体正对来球，支撑腿踏在球的侧后方，膝微屈，停球腿自然屈膝上提，脚尖翘起，用前脚掌触压球的中上部，如图 10-6 所示。

三、头顶球

头顶球是指运动员有目的地用额部将球击向预定目标的技术动作。头顶球包括前额正面顶球和前额侧面顶球。

（一）前额正面顶球

特点：触球部位平坦，发力顺畅，易于控制出球方向，出球平稳有力。

动作要领如下：

（1）身体正对来球，两腿前后开立，膝微屈，上体后仰，重心置于后脚，两臂自然张开。

（2）当球运行到身体垂直部位前的瞬间，后腿用力蹬地，重心前移，迅速向前摆体，微收下颌，用前额正面击球的后中部，如图 10-7 所示。

图 10-6 脚底接球   图 10-7 前额正面顶球

（二）前额侧面顶球

图 10-8 前额侧面顶球

特点：动作突然、能变换出球方向，但触球面积小，出球力量较小。

动作要领：两脚前后开立，与来球方向的同侧脚在前，两膝微屈，重心置于后脚。上体和头部向出球的相反方向倾斜，两臂自然张开。当球运行到体前上方时，后脚用力蹬地，上体迅速向出球方向扭摆，屈体甩头，用前额侧面击球的后中部，如图 10-8 所示。

四、运球

运球是指运动员在跑动过程中用脚连续推拨球，使球处于自己控制范围之内的技术动作。常用的运球方法有脚内侧运球、脚背正面运球和脚背外侧运球等。

（一）脚内侧运球

特点：易于控球，但运球速度慢，适用于掩护性运球。

动作要领：运球时，支撑脚踏于球的侧前方，膝微屈，重心移至支撑脚，身体略转向运球方向，运球腿屈膝上提，脚尖外转，在向前迈步过程中用脚内侧推球前进，如图 10-9 所示。

图 10-9 脚内侧运球

（二）脚背正面运球

脚背正面运球的特点是直线推拨，速度快，但运球路线单一。它多在快速运球前进或前方纵深距离较大时使用。

动作要领：运球时，身体自然放松，两臂自然摆动，上体稍前倾，步幅不宜过大，运球脚提起时，膝微曲，脚跟提起，脚尖下指，在向前迈步过程中用脚背正面推球前进，如图 10-10 所示。

图 10-10　脚背正面运球

（三）脚背外侧运球

脚背外侧运球的特点是具有较强的灵活性和可变性，易于控制运球方向和提高运球速度。它多在快速奔跑和向外改变运球方向时使用。

动作要领：其动作要领与脚背正面运球相似，只是在摆脚时，脚尖稍向内转，用脚背外侧推球前进，如图 10-11 所示。

五、抢截球

抢截球是指在比赛规则允许的范围内，运动员有目的地运用身体的某一部位，将对方控制下或传递中的球夺过来、踢出去或破坏掉的技术动作。常用的抢截球方法有正面抢球和侧面抢球等。

（一）正面抢球

动作要领：两脚前后开立，两膝微曲，身体重心下移，落于两脚。在控球队员运球脚触球后即将着地或刚刚着地时，抢球队员支撑脚用力蹬地，抢球脚以脚内侧对球，并屈膝向球跨出将球堵截。身体重心随即移至抢球脚，支撑脚前跨将球控制住，如图 10-12 所示。

图 10-11　脚背外侧运球

图 10-12　正面抢球

（二）侧面抢球

动作要领：当与对方控球队员成平行跑动时，中心稍下移，靠近对手一侧的手臂紧贴身体，如图 10-13 所示。当对方靠近自己一侧的脚离地时，用肘关节以上部位冲撞对方相应部位，使其失去平衡，趁机将球控制在自己脚下。

图 10-13 侧面抢球

第二节 基本战术

足球战术是指在足球比赛中，一方为了战胜对方，根据主客观情况所采取的个人行动和集体配合的方法。足球战术可分为比赛阵型、进攻战术和防守战术三大部分。攻、守战术中又各自包括个人战术、局部战术和整体战术。

一、比赛阵型

足球比赛阵型是指为了适应攻守战术的需要，队员在场上的位置排列和职责分工的基本形式。各阵型的名称按队员排列的形状而定。阵型的序列由后向前依次为守门员、后卫、前卫和前锋。由于守门员的职责是固定的，一般不列入比赛阵型中。较为常见的比赛阵型有 4—2—4、4—3—3、3—5—2 和 4—4—2 等。例如，4—2—4 阵型为 4 名后卫、2 名前卫和 4 名前锋。

二、进攻战术

（一）个人进攻战术

个人进攻战术包括了采取有效措施，摆脱对方防守队员；跑动到有利位置，接应队友传球；运球突破对方防线，寻求射门机会等，其目的是进球得分。

（二）局部进攻战术

局部进攻中常用"二过一"战术配合。"二过一"战术配合是指在局部地区两名进攻队员通过连续传球和跑位，突破一名防守队员的配合。

（1）斜传直插二过一：当对方防守队员逼近正在运球的进攻队员时，进攻队员将球传给队友，然后直插到对方防守队员身后的空当，接应队友传球的一种战术配合，如图 10-14 所示（实线为传球方向，虚线为跑动方向，曲线为运球方向）。

（2）直传斜插二过一：进攻队员将球直传给队友，当对方防守队员逼近控球队友时，队友将球传至对方防守队员身后的空当，进攻队员立即斜插入空当，接应队友的传球的一种战术配合，如图 10-15 所示。

（3）跳墙式二过一：当防守队员逼近正在运球进攻的队员时，进攻队员将球传给队友，队友接球后直接将球传至对方防守队员身后的空当，进攻队员快速切入空当，接应队友的传球的一种战术配合，如图 10-16 所示。

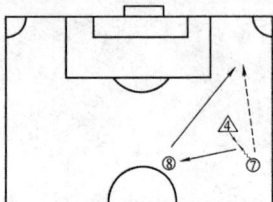

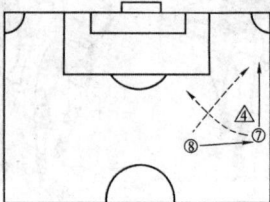

图 10-14 斜传直插二过一　　　图 10-15 斜传直插二过一　　　图 10-16 跳墙式二过一

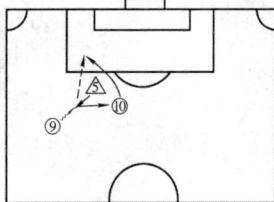

（三）整体进攻战术

整体进攻战术主要包括边路进攻和中路进攻战术。

（1）边路进攻：指在对方半场两侧地区发起的进攻。边路进攻可充分利用场地的宽度，拉开对方的防线，使对方边路场区的防守队员分散、防守相对薄弱，以便进攻队员利用对方边路的空当突破防线，再通过传中等方式，创造射门机会。

（2）中路进攻：指在对方半场中部发起的进攻。中路进攻的特点是进攻人数多，配合点多，破门机会多，但由于对方中路防守严密，突破难度也较大。

三、防守战术

（一）个人防守战术

常用的个人防守战术有选位和盯人等。

（1）选位：防守队员根据位置职责和临场情况，选择适当的防守位置的一种防守战术。防守队员选位的点，一般应在本队球门中心与被防守队员所构成的直线上。

（2）盯人：防守队员对进入本方防守区域内的对方队员实施监控，并及时封堵对方队员接球或传球的一种防守战术。

（二）局部防守战术

常用的局部防守战术有保护、补位和围抢等。

（1）保护：一名防守队员在防守对方球员持球进攻时，另一名防守队员在其身后选择适当位置进行协助防守的战术配合。

（2）补位：一名防守队员的防守出现漏洞时，另一名防守队员及时上前弥补漏洞的战术配合。通过队友间的相互补位，可以有效地遏制和破坏对方的进攻。

（3）围抢：在局部区域内，多名防守队员同时围堵对方控球队员，以达到抢截或破坏对方进攻目的的战术配合。

（三）整体防守战术

整体防守战术主要包括人盯人防守、区域防守和混合防守等。

（1）盯人防守：每个防守队员都有各自明确的防守对象，对手移动到哪里就要紧跟盯防到哪里的战术配合。

（2）区域防守：每个队员负责自己的防守区域，并在该区域内盯人防守的战术配合。

（3）混合防守：是盯人防守与区域防守相结合的一种防守方法。一般情况下，对于对方中场组织队员和持球进攻队员采用盯人防守，对于其他队员采用区域防守的战术配合。

第三节　比赛规则

一、比赛场地

足球场地通常为长方形，长为 90～120 m（国际标准 100～110 m），宽为 45～90 m（国际标准为 64～75 m），如图 10-17 所示。

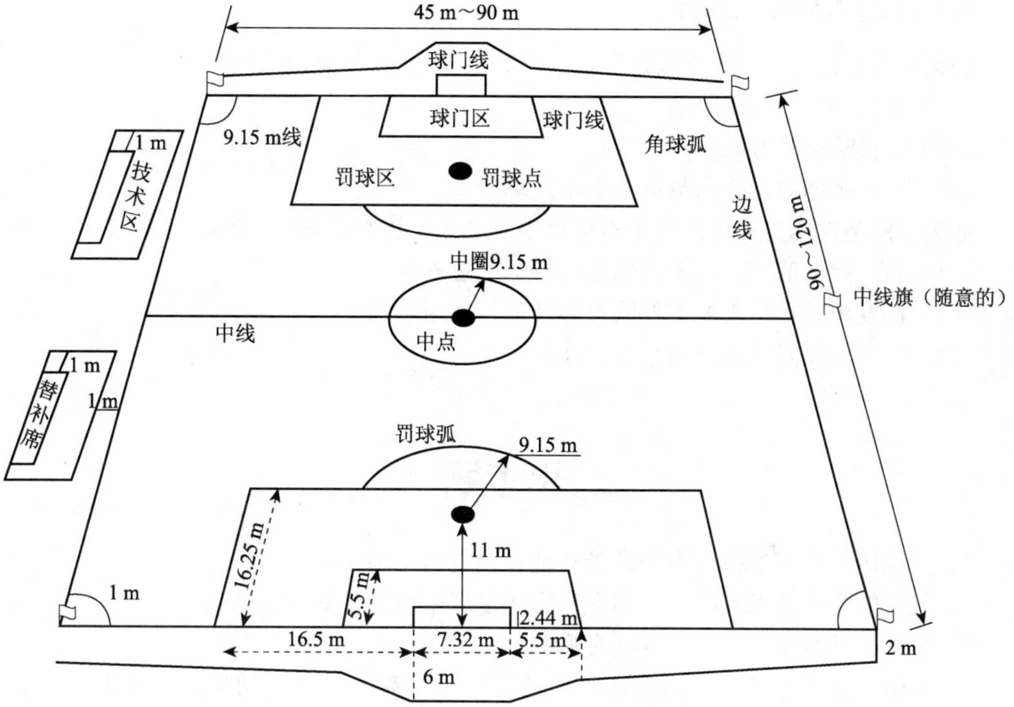

图 10-17　足球比赛场地

二、越位犯规及其罚则

越位犯规：处于越位位置的队员有干扰比赛、干扰对方球员和利用越位位置获得利益的行为属于越位犯规；若队员仅处于越位位置，或在越位位置直接接到同队队员的球门球、界外球或角球时，不属越位犯规。

罚则：此时裁判员应判由对方队员在越位地点踢间接任意球。如果该队员在对方球门区内越位，那么这个任意球可以在越位时所在球门区内任何地点执行。

三、犯规与不正当行为及其判罚

（一）判罚直接任意球和点球

如果队员在比赛中出现下列情形之一，将被判为犯规，并判由对方在犯规地点踢直接任意球。

（1）拉扯、推、踢（或企图踢）、绊摔（或企图绊摔）或冲撞对方队员。

（2）为了得到对球的控制而抢截对方队员时，触球前触及对方队员。

（3）向对方队员吐唾沫。

（4）故意手球（不包括守门员在本方罚球区）。

（二）判罚间接任意球

如果队员在比赛中出现下列情形之一，将判给对方踢间接任意球。

（1）队员动作具有危险性。

（2）队员阻挡对方队员。

（3）队员阻挡对方守门员从其手中发球。

如果守门员在本方罚球区内出现下列情形之一，将判给对方踢间接任意球。

（1）当手控制球时，在发出球之前持球超过 6 s。

（2）在发出球之后未经其他队员触及或再次用手触球。

（3）用手触及同队队员故意踢给他的球。

用手触及同队队员直接掷入的界外球。

思考题

1. 足球运动在大学校园中非常受欢迎，你觉得原因有哪些？

2. 足球的基本技术有哪些？你在日常踢足球中掌握了其中哪些技术？

3. 足球的基本战术和比赛规则有哪些？

4. 举例说出你喜欢的足球赛事，并选出你最喜欢的足球运动员，说说他/她的主要事迹。

第十一章 网 球

【学习目标】
1. 了解网球运动的概况
2. 熟悉网球运动的基本技术
3. 了解网球运动的基本战术
4. 了解网球运动的比赛规则

网球运动孕育在法国，诞生在英国，普及和形成的高潮在美国。它是一项优美而激烈的运动，能够充分施展个性，放松身心。比赛项目包括男子单打、女子单打、男子双打、女子双打、混合双打、男子团体和女子团体。温布尔登网球锦标赛、美国网球公开赛、法国网球公开赛和澳大利亚网球公开赛，是世界上网球赛中最有声望的"大满贯"。

第一节 基本技术

一、握拍方法

网球拍有三种基本的握拍方式，即东方式、西方式和大陆式。为了能够更加直观地展示握拍的方法，这里用拍柄的平面图展示（此时拍面垂直于地面），如图 11-1 所示。

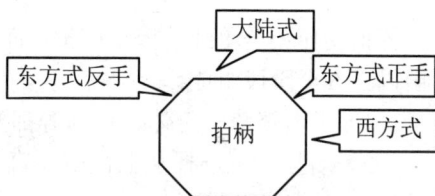

图 11-1 球拍握法

（一）东方式

东方式握拍法俗称"握手式"握拍法，包括正手握拍和反手握拍。正手握拍时拇指与食指形成的"V"型虎口处在球拍的右上斜面；反手握拍法是在正手握拍法的基础上，虎口沿逆时针旋转两个平面，如图 11-2 所示。

图 11-2 东方式正手、反手握拍方法

（二）西方式

西方式握拍法俗称"一把抓"，虎口处在拍柄的右平面，如图 11-3 所示。

（三）大陆式

大陆式握拍法俗称"握锤式"，虎口处在拍柄的上平面，如图 11-4 所示。

图 11-3　西方式握拍方法　　　图 11-4　大陆式握拍方法

二、站位姿势

（一）准备姿势

这是学习网球的第一阶段。在打网球的全过程中，球员将不断地反复摆出这个姿势。因此，找到一个舒服的准备姿势是很重要的。其中，正手握拍时的准备姿势如下：

面对球网，双脚向前自然分开，双膝微屈，身体略向前倾，重心落在双脚的前脚掌上，右手握拍，左手轻托拍颈，双肘微屈，球拍舒适地放在身前，拍面垂直于地面，拍头指向对方，两眼注视对方来球，做好击球准备，如图 11-5 所示。

网球入门

（二）挥拍动作

挥拍动作不是单纯的挥动球拍，而是一个从准备活动开始的连续完整的动作。挥拍动作由以下 6 个阶段组成。

（1）准备姿势：身体、肩部等都要放松，如过于用力，将无法顺利进入挥拍动作。

（2）后摆：可选择从上往下、直线、从下往上后摆。后摆动作要有充分的余地，最好是在来球刚过网时进行。不只是握拍手后摆，同时还要转体，如图 11-6 所示。

（3）前挥：眼睛要盯住球，臂部要尽量伸展挥拍。注意不要仰头，如图 11-7 所示。

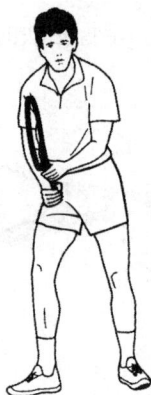

图 11-5　准备姿势　　　图 11-6　后摆　　　图 11-7　前挥

（4）击球：手腕固定，保持拍面稳定，击球的一瞬间再猛力握，如图 11-8 所示。

（5）随挥：动作幅度要大，且自然地停止用力，如图 11-9 所示。

（6）回到准备姿势：随挥后的手臂平缓地收回到身体的中心，做好再次击球的准备。

图 11-8 击球　　　　　　图 11-9 随挥

（三）步伐

（1）封闭式：右脚略向斜侧，左脚与来球方向平行，如图 11-10 所示。

（2）开放式：后脚在身体后侧，来球时马上跟进，另一只脚相应前移，以保持平衡，如图 11-11 所示。

（3）半开放式：后脚比来球飞行方向平行位置稍靠后，脚步更开，从而减轻上肢的压力，如图 11-12 所示。

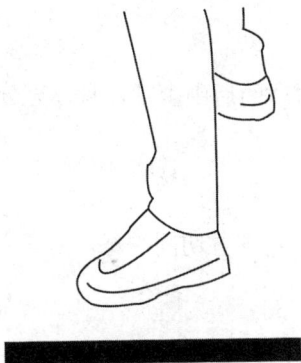 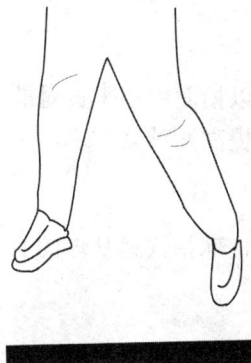 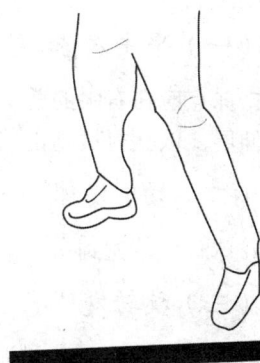

图 11-10 封闭式　　　　图 11-11 开放式　　　　图 11-12 半开放式

三、正、反拍击球

（一）正拍击球

来球时，向右侧转体，同时，带拍后引。右脚向右转与端线平行，左脚成 45°向右迈出。来球在 1 m 左右时，以肩为轴，借助转腰、髋及蹬腿的力量，挥动手臂，以拍面的中心击球的中部，如图 11-13 所示。

图 11-13　正拍击球

（二）反拍击球

来球时，向左侧转体，同时，带拍后引。左脚向左转与端线平行，右脚向左前方45°迈出，握拍手腕回勾，肘关节弯曲并贴近身体。击球时，转腰回身，重心前移，肘关节外展，挥拍由下向上至身体左前方，如图11-14所示。

图 11-14　反拍击球

四、常见发球方法

发球时多采用大陆式或东方式握拍方法，发球一般有平击发球、切削发球和旋转发球三种。

（一）平击发球

击球点应在右眼的前上方，以拍面中心平直对准球，击球的后中上部，身体充分向上向前伸展，以获得最高击球点，提高发球命中率。

（二）切削发球

发球时把球抛到右侧斜上方，球拍快速从球的右上方往左下方切削击球。

（三）旋转发球

旋转发球时把球抛到头后偏左的位置，击球时身体后仰成弓形，球拍快速从左向右上方挥动，从下向上擦击球的背面，并向右带出，使球产生右侧上旋。

五、常见击球方法

（一）截击球

来球落地之前被凌空击回，这种打法称为截击球，又称为拦网。打截击球时，后引拍动作不宜过大，击球点保持在身体前方约一臂处。击球时手腕固定，紧握球拍，拍面不要转动。

（二）高压球

当自己上网，对方挑高球时，可在头部上空用扣杀动作还击来球，这种打法一般称为高压球。高压球的握拍、击球与发球时相似，稍有不同的是，由于对方击过来的球下落速度比发球时快，所以要以较小的身体动作，较短而直接的后摆收拍，完成击球动作。

（三）挑高球

挑高球就是使球高高飞越球网，落入对方后场区域。当对方上网时，可用挑高球迫使对方后退，为自己赢得回到场中有利位置的时间。击球时拍面朝上，由后下方向前上方平缓挥拍击球的中下部，动作要柔和，但手腕不能放松。

（四）放小球

放小球就是将球轻轻击到对方网前。击球时拍面稍开，动作柔和，击球的下部，使之产生下旋，并加以前推或上托动作，使球有适当的弧线落在对方球场近网处，一般离网不超过 1.5 m。

第二节　基本战术

一、发球、接发球战术

站在右区发球时，站位应靠近中点，发直线球来迫使对方反手接球；站在左区发球时，站位可以距中点稍远，这样便于以更大斜线发到对方反拍区，同时扩大自己正拍防守的区域。

接发球时，站位应尽量在端线内半米左右，在对方可能把球发到范围内的角分线上，这样可以压制对方，自己上网。

二、上网战术和底线战术

上网战术指在发球或接发球后，冲到离网较近的位置，不等对方回击的球落地便进行空中截击或高压的一种战术。上网时尽可能站在距离球网约 2 m 处，近网进攻威胁性大，封网角度小，防守控制面积大。

在底线击球时要利用整个场地，可以使用斜线对拉打法大范围调动对手，以争取时间，寻找有利的进攻时机。击球时，用快速、准确、凶狠取胜对方。

第三节　比赛规则

一、网球场

一片标准网球场地的占地面积不小于 36.6 m（长）×18.3 m（宽）。在这个面积内，有效网球运动场地是一个长方形，长为 23.77 m，单打场地宽为 8.23 m，双打场地宽为 10.97 m，如图 11-15 所示。

二、发球规则

发球员应站在端线后，中点和边线的假定延长线之间的区域里。每局开始时，从端线后的 A 位置开始发球，发出的球应落在对角的对方发球区有效范围内（右区）。当增加 1 分时，换到 B 位置发球，如图 11-16 所示。

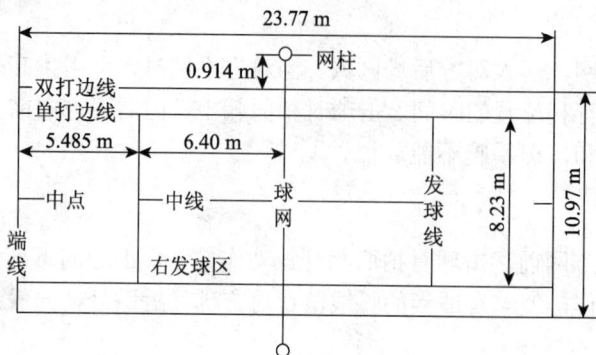

图 11-15 网球运动场地

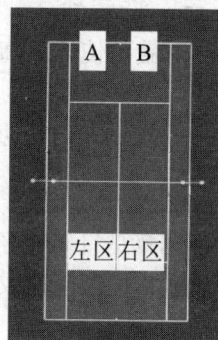

图 11-16 发球规则

三、计分方法

男子比赛一般采用五盘三胜制，女子比赛多采用三盘二胜制。

（一）得 1 分

本方得 1 分：发球员发出的球落地前触及接球员的身体或穿戴物。

对方得 1 分：发生下列任何一种情况，均判对方得分。

在球第二次着地前，未能还击过网；还击的球触及对方场区界线以外的地面、固定物或其他物体；还击空中球失败；故意用球拍触球超过一次；运动员的身体、球拍，在发球期间触及球网；过网击球；抛拍击球。

（二）胜 1 局

（1）每胜 1 球得 1 分，先胜 4 分者胜 1 局。

（2）双方各得 3 分时为"平分"，平分后，净胜 2 分为胜 1 局。

（三）胜 1 盘

（1）一方先胜 6 局为胜 1 盘。

（2）双方各胜 5 局时，一方净胜两局为胜 1 盘。

（3）在每盘的局数为 6 平时，有以下两种计分制：

❖ **长盘制**：一方净胜两局为胜 1 盘。

❖ **短盘制**（即抢七）：先得 7 分者胜该局及本盘。

思考题

1. 网球的基本技术有哪些？你在日常打网球中掌握了其中哪些技术？

2. 网球的基本战术和比赛规则有哪些？

3. 举例说出你喜欢的网球赛事，并选出你最喜欢的网球运动员，说说他/她的主要事迹。

第十二章　乒乓球

【学习目标】

【学习目标】
1. 了解乒乓球运动的概况
2. 熟悉乒乓球运动的基本技术
3. 了解乒乓球运动的基本战术
4. 了解乒乓球运动的比赛规则

乒乓球运动起源于英国，所用设备简单，容易开展，运动量可大可小，参加者不受年龄、性别等限制。在我国有良好的群众基础，深受青年学生的欢迎。乒乓球设有男女单打、男女双打、男女团体和男女混双等七个比赛项目。

第一节　基本技术

一、握拍方法

（一）直握拍方法

正面拇指第一指节和食指第二指节握拍，拍柄压住虎口，背面中指、无名指和小指自然弯曲斜形重叠，中指第一指节顶住球拍的后上部使球拍保持平稳，如图 12-1 所示。

（二）横握拍方法

中指、无名指和小指自然地握住拍柄，拇指在球拍正面，轻贴在中指的旁边，食指自然伸直斜放于球拍的背面，虎口轻微贴拍，如图 12-2 所示。

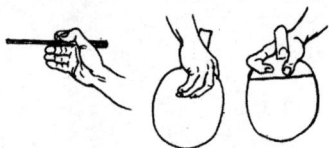

图 12-1　直握拍方法　　　　　　图 12-2　横握拍方法

二、基本步伐

（一）单步

以一脚的前脚掌为轴，另一脚向前、后、左、右某个方向移动一步。单步的特点是移动范围较小，重心较为稳定。多在来球离身体不远的情况下使用。

（二）跨步

以一脚向来球方向跨出一大步，另一脚跟着移动。跨步的特点是移动范围较大，身体重心起伏也大，多在来球急、角度大的情况下使用。

（三）滑步

两脚几乎同时向来球方向蹬地，离球远的脚先落地。滑步的特点是移动范围较大，身体重心平稳，便于发力。多在来球角度较大、球速快时采用。

（四）交叉步

离球远的脚朝来球方向跨出一大步，并从前面超过另一脚形成交叉状，另一脚再向来球方向移出一步。多在来球远离身体的情况下采用。

三、发球方法

（一）正手平击发球

将球抛起，拍面稍前倾，当球下降稍高于球网时，手臂向左前方发力，挥拍击球中上部。击球后的第一落点应落在球台中区，如图 12-3 所示。

（二）反手发轻短球

手臂先向后上方引拍，当球下降至比网稍高时，前臂向前下方轻微用力送出，拍面后仰，触球中下部并向底部摩擦，如图 12-4 所示。

乒乓球发球技术

图 12-3　正手平击发球

图 12-4　反手发轻短球

（三）发下旋球

发加转球时，执拍手的上臂带动前臂加速向前下方挥拍，前臂迅速旋内。拍面后仰较大，由球的中下部后向底部摩擦击球，如图 12-5 所示。

图 12-5　发下旋球

（四）高抛发球

发球者先将球抛至高度为 2～3 m 空中，待下落到一定高度时击球。挥拍时上臂外展的幅度较大，要借助转腰和蹬地的力量。由于抛球高度大，球体下落时的重力加速度骤增。高抛球具有球速快、旋转强、时间差明显等特点。

四、常用击球方法

（一）推挡球

推挡球包括挡球、快推、快拨和加力推等多种方法，下面介绍常用的两种。

1. 挡球

前臂与台面平行伸向来球。球拍触球时，前臂和手腕稍向前移动，拍面接近垂直，并在来球的上升期击球的中部，如图 12-6 所示。

2. 快推

引拍时肘关节靠近身体右侧，前臂与台面平行。将球拍后引至左腹前，拍面垂直。击球时，前臂和手腕迅速前伸，食指用力，拇指放松使拍面稍前倾，并在上升期击球的中上部，如图 12-7 所示。

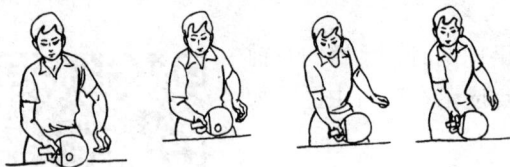

图 12-6　挡球

图 12-7　快推

（二）搓球

搓球是近台还击下旋球的一种技术，球拍在体前，击球时上臂前伸，拍面稍后仰，利用上臂前伸和旋外力量，将球拍向前下方送出，在来球的下降期摩擦球的中下部，如图 12-8 所示。

（三）攻球

当来球将落至台面时前臂外展，将球拍后引至身体右侧稍后，当来球从台面弹起时，上臂带动前臂向左前上方快速挥动，并配合前臂内旋动作将拍形前倾，在上升期击球的中上部，如图 12-9 所示。

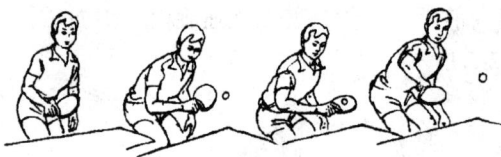

图 12-8　搓球

图 12-9　攻球

（四）弧圈球

执拍手沉肩垂臂，引拍至身体后下方，大臂带动前臂向前上方挥拍，逐渐加快挥拍速度。拍触球时，右脚蹬地转体向左侧转动，迅速收缩前臂，发力要以腰、手为主，在来球下降期击球的中部或中上部，如图 12-10 所示。

图 12-10　弧圈球

第二节　基本战术与比赛规则

一、基本战术

乒乓球的基本战术包括以下几种：

（1）推攻战术：主要运用正手攻球和反手推挡的速度和力量，并结合落点变化和节奏变化来压制和调动对方，以争取主动或得分。

（2）两面攻战术：主要利用正、反手攻球技术的速度和力量压制对方，争取主动和创造扣杀机会。

（3）拉攻战术：连续运用正手快拉创造进攻机会，然后采用突击和扣杀来作为得分手段。拉攻战术是快攻打法对付削球类打法的主要战术。

（4）拉、扣、吊结合战术：由拉攻与放短球相结合而成，是快攻型打法对付削球打法的常用战术。

（5）搓攻战术：主要运用"转、低、快、变"的搓球控制对方，以寻找战机，然后采用低突、快点或拉攻等技术展开攻势并进入连续进攻。

（6）发球抢攻战术：发球抢攻战术是以旋转、线路、落点以及速度不同的发球来增加对方回击的难度，使其出现机会球，或降低回球质量，然后抢先进攻，以争取主动或直接得分。

二、比赛规则

（一）场地与器材

标准的乒乓球台由两块组成，每块长 137 cm，台面宽为 152.5 cm，球台与地面距离是 76 cm。台面颜色可为海蓝色或墨绿色。中间球网的网长是 183 cm，网高是 15.25 cm。乒乓球拍由底板、胶皮和海绵 3 部分组成。乒乓球呈白色、黄色或橙色，且无光泽。

（二）发球和击球

发球：发球员须用手将球几乎垂直地向上抛起，不得使球旋转，球的上升高度不少于 16 cm。当球从抛起的最高点下降时，方可击球，使球首先触及本方台区，然后越过或绕过球网装置，再触及接发球员的台区。

击球：对方发球或还击后，本方运动员必须击球，使球直接越过或绕过球网装置，或触及球网装置后，再触及对方台区。

（三）失分

球没有触及对方台区而越过对方台区的端线；球未过网或出现连击；运动员使球台移动或触及球网装置；未执拍手触及台面；双打运动员击球次序错误。

（四）一局和一场比赛

在一局比赛中，先得 11 分的一方为胜方；10 平后，先多得 2 分的一方为胜方；在一场比赛中，单打淘汰赛采用七局四胜制，双打淘汰赛和团体赛采用五局三胜制。

（五）发球次序

在一局比赛中每一方运动员连续发两个球后，就换发球。比分打到 10 平或执行轮换发球法时，每得 1 分就换发球。在双打比赛时，发球和接发球次序不变，但每个运动员每次轮发两个球。

思考题

1. 乒乓球的基本技术有哪些？你在日常打乒乓球中掌握了其中哪些技术？

2. 乒乓球的基本战术和比赛规则有哪些？

3. 乒乓球被称为我国的"国球"，网友们戏称"对乒乓球选手来说，在中国成为全国冠军比拿世界冠军还难。"说说你看中国乒乓球队比赛的感受。

第十三章　羽毛球

【学习目标】

1. 了解羽毛球运动的概况
2. 熟悉羽毛球运动的基本技术
3. 了解羽毛球运动的基本战术
4. 了解羽毛球运动的比赛规则

现代羽毛球运动诞生于英国，由网球派生而来。它简单易学，设备简单，适合男女老幼，运动量可根据个人年龄、体质、运动水平和场地环境而定。羽毛球设有男女单打、男女双打、男女团体和男女混双等七个比赛项目。汤姆斯杯赛、尤伯杯赛、苏迪曼杯以及全英羽毛球锦标赛等是羽毛球比赛中的大赛事。

第一节　基本技术

一、握拍方法

握拍方法有正手握拍和反手握拍两种，如图 13-1 所示（拍面与地面垂直）。

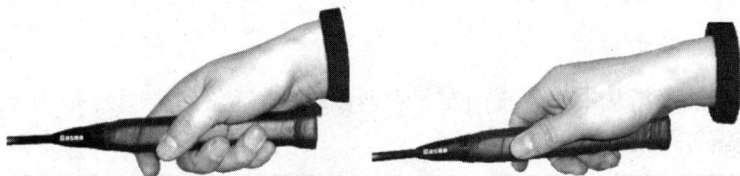

图 13-1　正手握拍法与反手握拍法

正手握拍法：虎口对着拍柄窄面的小棱边，拇指和食指贴在拍柄的两个宽面上，食指和中指稍分开，中指、无名指和小指并拢握住拍柄。

反手握拍法：在正手握拍的基础上，拇指和食指稍向外转。

二、基本步法

（一）上网步法

上网步法是完成上网搓球、推球、勾球、扑球及挑球的步法，它包括蹬跨步上网、垫步加蹬跨步上网、交叉步加蹬跨步上网等，如图 13-2 所示。

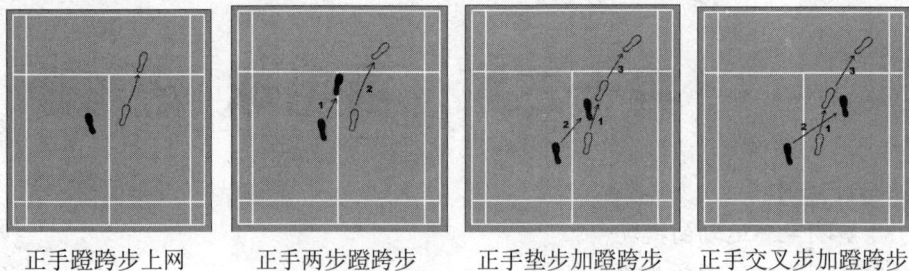

正手蹬跨步上网　　正手两步蹬跨步　　正手垫步加蹬跨步　　正手交叉步加蹬跨步

图 13-2　蹬跨步上网步法

（二）后退步法

后退步法是指从中心位置后退到底线的步法。一般用于后退回击高球、吊球、杀球、后场抽球等，动作如图 13-3 所示。

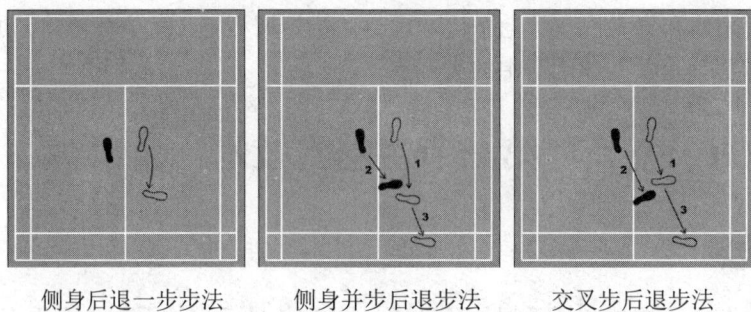

侧身后退一步步法　　　　侧身并步后退步法　　　　交叉步后退步法

图 13-3　正手后退步法

（三）两侧移动步法

两侧移动步法是指从中心位置向左、右两侧边线移动的步法，一般用于中场接球、扣杀球或起跳突击等，动作如图 13-4 所示。

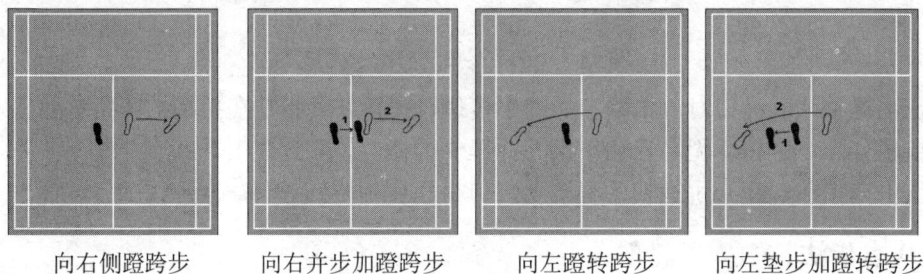

向右侧蹬跨步　　　向右并步加蹬跨步　　　向左蹬转跨步　　　向左垫步加蹬转跨步

图 13-4　两侧移动步法

三、发球方法

（一）高远球

发高远球是把球发得又高又远，球的飞出方向与地面的夹角要大于 45°。当球落到右臂向前下方伸直能够接触到球的刹那，紧握球拍，并利用手腕曲收的力量向前上方发力击球，然后顺势向左上方挥动缓冲，如图 13-5 所示。

（二）平高球

发平高球时，动作过程大致与发高远球相同，只是在击球的一刹那，前臂加速带动手腕向前上方挥动，拍面要向前上方倾斜，飞行路线如图 13-6 所示。

图 13-5 正手发高远球

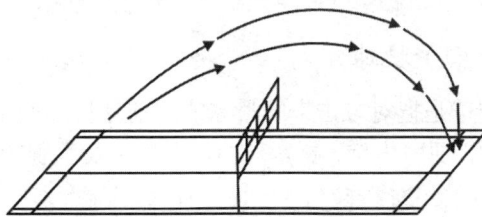

图 13-6 高远球与平高球运动轨迹

（三）网前球

网前球是指球刚好越网而过，落在发球线附近的球。正手发网前球时，上臂动作要小，主要靠前臂带动手腕向前切送；反手发网前球时，球拍触球时拍面应呈切削状，手腕柔和发力，由后向前推送击球，如图 13-7 所示。

图 13-7 正手、反手发网前球

四、击球方法

（一）高远球

球落至额前上方击球点时，上臂往右上方抬起，前臂自然后摆，手腕尽量后伸。前臂急速内旋，往前上方挥动，手腕发力击球的后部，如图 13-8 所示。

羽毛球高远球和扣杀球演示

（二）平高球

击平高球与击高远球的动作类似，只是在击球的一刹那，手腕是向前用力而不是向前上方用力。

（三）吊球

球下落到接近击球点高度时，右腿开始蹲伸，身体由右向左转动。腰腹协调用力，上臂带动前臂，利用伸肘关节、前臂旋内和屈腕的力量，向前下方轻击来球，如图 13-9 所示。

图 13-8　正手击高远球　　　　　　　图 13-9　正手吊球

（四）挑球

挑球是把对方击来的吊球或网前球挑高回击到对方后场去。来球时球拍后引，以肘关节为轴，屈臂内旋，握紧球拍，用食指及手腕的力量将球向前上方击出，如图 13-10 所示。

图 13-10　正手挑球

（五）扣杀球

快速后退，向上引拍。在球开始下落时靠脚尖蹬地的力量起跳，击球时充分利用腰腹力量，以大小臂带动手腕快速下扣，如图 13-11 所示。

图 13-11　扣杀球

第二节　基本战术与比赛规则

一、基本战术

（1）发球抢攻战术：从发球的第一拍起，争取控制对方，以攻杀得分。这种战术一般为发网前低球结合平快球、平高球，争取第三拍主动进攻。

（2）攻后场战术：此战术是通过击高球、重复压对方的底线两角，造成对方被动，然后寻找机会进攻。

（3）攻前场战术：对网前技术较差的对手，可运用此战术先将其吸引到网前，然后再攻击其后场。要采用此战术，自己首先要有较好的网前击球技术。

（4）杀、吊上网战术：对对手打来的后场高球，本方先以杀球配合吊球把球下压，落点选在场区的两条边线附近，致使对手被动回球。

（5）打对角线战术：对付身体灵活性差、转体较慢的对手，不论是进攻还是防守，均应以打对角线球为主。

二、比赛规则

（一）场地

羽毛球运动场长为 13.40 m，单打场地宽为 5.18 m，双打场地宽为 6.10 m。球场四周 2 m 以内、上空 9 m 以内不得有任何障碍物，如图 13-12 所示。

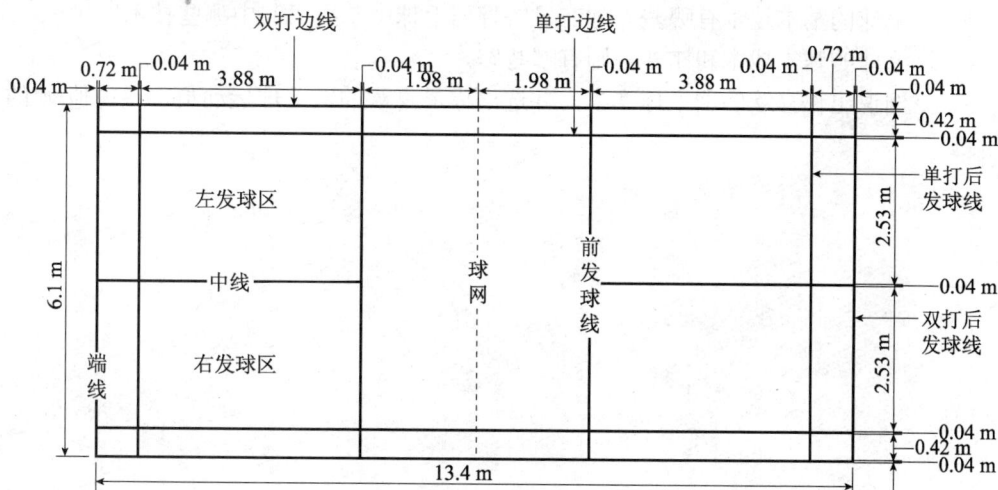

图 13-12　羽毛球运动场地

（二）发球、接发球和场区选择

开始时，双方应掷挑边器，获胜方选择先发球或先接发球，以及场区。

在单打比赛中，当发球员的分数为 0 或双数时，双方运动员均应在各自的右发球区发球或接发球；当发球员的分数为单数时，双方运动员均应在各自的左发球区发球或接发球。一回合中，球应由发球员和接球员交替从各自所在场地一边的任何位置击出，直至成死球为止。

在双打比赛中，当发球方的分数为 0 或双数时，发球方均应从右发球区发球；当发球方的分数为单数时，发球方均应从左发球区发球。接发球方上一回合最后一次发球的运动员应在原发球区接发球。其同伴接发球的站位则与其相反。接发球员应是站在发球员斜对角发球区的运动员。发球方每得一分后，原发球员则变换发球区再发球。

每局比赛的发球权必须按如下顺序传递：首先是发球员从右发球区发球，其次是首先接发球员的同伴从左发球区发球，然后是首先发球员的同伴，接着是首先接发球员，再接着是首先发球员，如此传递。一局胜方的任一运动员可在下一局先发球；一局负方的任一运动员可在下一局先接发球。

（三）计分方法

除非另有规定，一场比赛应以三局两胜定胜负，率先得到 21 分的一方赢得当局比赛，如果双方比分打成 20 比 20，获胜一方需超过对手 2 分才算取胜，如果双方比分打成 29 比 29，则率先得到第 30 分的一方取胜。首局获胜一方在接下来的一局比赛中率先发球。对方"违例"或球触及对方场区内的地面成死球，则该方胜这一回合并得 1 分。

思考题

1. 羽毛球的基本技术有哪些？你在日常打羽毛球中掌握了其中哪些技术？

2. 羽毛球的基本战术和比赛规则有哪些？

3. 举例说出你喜欢的羽毛球赛事，并选出你最喜欢的羽毛球运动员，说说他/她的主要事迹。

第十四章　武术套路

【学习目标】
1. 了解武术运动的概况
2. 熟悉武术基本功的练习方法
3. 了解初级刀的基本套路
4. 熟悉24式简化太极拳的基本动作
5. 了解武术比赛规则

第一节　武术运动概述

武术起源于我国古代的生产劳动。在古代的狩猎和战争中，人类为了生活和自卫掌握了一些简单的攻防格斗技能，如拳打、脚踢、躲闪和摔跤等，为武术的发展奠定了基础。明清时期，武术得到了大发展，形成了太极拳、形意拳和八卦拳等主要的拳种体系。

中华人民共和国成立后，武术运动得到了蓬勃发展。1958年中国武术协会成立，武术成为表演项目，并于次年正式成为国家体育竞赛项目。1994年，国际武联被世界单项体育联合会正式接纳入会，从而进一步确立了武术比赛的国际体育地位。

武术运动通常可以分为拳术、器械、对练和集体操练四大类。武术具有广泛的适应性、攻防技击性和内外合一、形神兼备的特点。经常参与武术运动，可以增强体质，培养意志和使人们掌握一些格斗技能，为其终身健身打下基础。

第二节　武术基本功

武术基本功是指以武术运动中具有共性的基础训练为内容，以获得和运用武术技法必备的各种能力为锻炼目的的一类运动。它包括手形手法、步型、肩臂、腰、腿等的练习。

一、手形手法练习

手法练习是运用拳、掌和勾三种手形，结合上肢冲、架、推和亮等运动方法，操练上肢手法的基本方法。下面将对手形和手法进行简要介绍。

（一）手形

拳：四指并拢卷握，拇指紧扣食指和中指第二指节，如图14-1所示。

掌：四指并拢伸直，拇指弯曲紧扣于虎口处，如图14-2所示。

勾：五指的第一指节捏拢在一起屈腕，如图14-3所示。

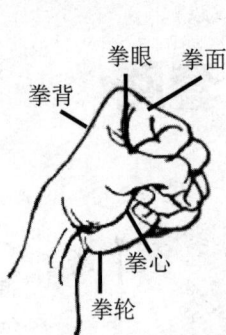

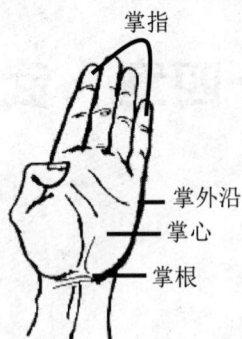

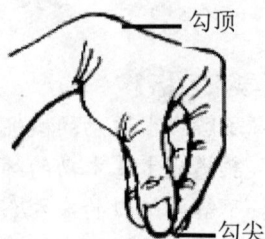

图 14-1　拳　　　　　图 14-2　掌　　　　　图 14-3　勾手

（二）手法

常用的手法有冲拳、推掌和亮掌。

1．冲拳

冲拳分平拳和立拳两种。平拳拳心向上，立拳拳眼向上。

预备姿势：两脚左右开立，与肩同宽，两拳抱于腰间，拳心向上，肘尖向后。

动作说明：挺胸、收腹、直腰，右拳从腰间猛力冲出，左肘向后牵拉。同时左转腰顺肩内旋臂，力达拳面，臂要伸直，与肩平，目平视。练习时两手交替进行。

2．推掌

预备姿势：与冲拳相同。

动作说明：右拳变掌，前臂内旋，以掌跟为力点向前猛力推出，左肘向后牵拉，同时左转腰顺肩，臂伸直与肩平，目平视。练习时两手交替进行。

3．亮掌

预备姿势：与冲拳相同。

动作说明：右拳变掌经体侧向前、向右、向上画弧，至头部右前方时抖腕亮掌，掌心向前，虎口向下，臂成弧形，头随右手动作左转。亮掌时双眼注视左方。练习时两手交替进行。

二、步型练习

步型练习的目的是增进腿部力量，以提高两腿的稳固性。基本步型包括弓步、马步、虚步、仆步和歇步等。

（一）弓步

动作说明：两脚前后开立一大步（约为本人脚长的 4～5 倍），前脚脚尖稍内扣，前腿屈膝半蹲（大腿接近水平），膝与脚尖垂直。后腿挺膝伸直，脚尖内扣斜向前方，两脚全脚掌着地。上体正对前方，目平视，两手抱拳于腰间，拳心向上。

（二）马步

动作说明：两脚左右开立（约为本人脚长的 3 倍），两脚尖正对前方，屈膝半蹲，膝盖不超过脚尖，大腿接近水平，全脚掌着地，身体重心落于两脚之间，双手抱拳于腰间，拳心向上。

（三）虚步

动作说明：两脚前后开立，后脚外展45°，后腿屈膝半蹲。前脚脚尖虚点地，稍内扣，脚面绷平。前腿膝微曲，重心落于后腿。双手叉腰，目平视。左脚在前为左虚步，右脚在前为右虚步。

（四）仆步

动作说明（以左仆步为例）：两脚左右开立，右腿屈膝半蹲，大腿与小腿靠紧，臀部接近小腿，右脚全脚掌着地，脚尖和膝关节外展。左腿挺直平仆，脚尖里扣，全脚掌着地。两手抱拳于腰间，拳心向上，眼向左方平视。右仆步为仆右腿，动作要领与左仆步相仿。

（五）歇步

动作说明（以左歇步为例）：两腿交叉靠拢全蹲，左脚在前，全脚掌着地，脚尖外展。右脚前脚掌着地，膝部贴于左腿外侧，臀部坐于右腿接近脚跟处。两手抱拳于腰间，拳心向上，眼向左前方平视。右歇步为右脚在前，动作要领与左歇步相仿。

三、肩臂练习

肩臂练习的目的是增进肩关节柔韧性和发展臂部力量。肩臂练习包括压肩、单臂绕环和双臂绕环等。

（一）压肩

预备姿势：面对肋木站立，距离肋木一大步，两脚左右开立与肩同宽。

动作说明：两手抓握肋木，上体前俯并做下振压肩动作，如图14-4左图所示；做压肩动作时，也可以两人面对面站立，互相扶按肩部，做上体前曲的向下振压肩动作，如图14-4右图所示；也可由助手协助做压肩练习。

（二）单臂绕环

预备姿势（以右臂绕环为例）：左弓步站立，左手扶按左膝，右臂垂于体侧。

动作说明：向后绕环时，右臂由下向前、向上、向后绕环一周，如图14-5所示；向前绕环时，右臂由下向后、向上、向前绕环一周。练习时，左右臂交替进行。做左臂绕环时，换右弓步站立。

图 14-4　压肩　　　　　图 14-5　单臂绕环

（三）双臂绕环

预备姿势：开步站立，两臂垂于体侧。

动作说明：以肩关节为轴，两臂分别向前和向后做直臂绕环。顺、逆时针绕环交替进行，如图 14-6 所示。

图 14-6　双臂绕环

四、腰部练习

腰部练习的目的是增进腰部灵活性和协调控制上下肢运动的能力。腰部练习包括下腰、甩腰和涮腰等。

（一）下腰

预备姿势：开步站立，两臂伸直上举。

动作说明：腰向后弯，抬头、挺腰，双手撑地身体成桥形。

（二）甩腰

预备姿势：开步站立，两臂伸直上举。

动作说明：以腰、髋关节为轴，上体做前后屈伸和甩动动作，两臂也跟着甩动，两腿伸直。

（三）涮腰

预备姿势：两脚开立，略宽于肩，两臂自然垂于体侧。

动作说明：上体前俯，两臂向左前下方伸出，以髋关节为轴，两臂经前、向右、向后、向左翻转绕环。左右涮腰交替进行。

五、腿部练习

腿部练习的目的是发展腿部的柔韧性、灵活性和力量等素质。腿部练习包括正压腿、侧压腿、竖叉、正踢腿、外摆腿、里合腿和后扫腿等。

（一）正压腿

预备姿势：面对肋木或一定高度的物体，并步站立。

动作说明：左腿抬起，脚跟放在肋木上，脚尖勾起，踝关节曲紧，两手扶按在左膝上或两手抓握左脚。两腿伸直，立腰、收髋，上体前曲，并向前下方做压振动作，如图 14-7 所示。练习时两腿交替进行。

（二）侧压腿

预备姿势：侧对肋木或一定高度的物体，并步站立。

动作说明：右腿支撑，脚尖稍外撇。左腿抬起，脚跟放在肋木上，脚尖勾起，踝关节曲紧。右手立掌（掌心向上）向头后伸展，尽量摸到左脚尖。左掌附右胸前。两腿伸直，立腰、开髋，右臂带动上体向左侧压振，如图 14-8 所示。练习时两腿交替进行。

（三）竖叉

预备姿势：并步站立。

动作说明：两手左右扶地或两臂侧平举，两腿前后分开成直线（左腿在前）。左腿后侧着地，脚尖勾起。右腿前侧或内侧着地，脚面绷直扣于地面，两臂立掌侧平举，掌指向上，如图 14-9 所示。练习时两腿交替进行。

图 14-7　正压腿　　　图 14-8　侧压腿　　　图 14-9　竖叉

（四）正踢腿

预备姿势：并步站立，两臂侧平举，立掌，掌指向上。

动作说明：左脚上前半步，左腿支撑，右腿挺膝，脚尖勾起向前额处猛踢。目平视。练习时两腿交替进行。

（五）外摆腿

预备姿势：同正踢腿。

动作说明：右脚向右前方上半步，右腿支撑。左脚脚尖勾紧，向右侧踢起，经面前向左侧上方外摆，直腿落于右腿内侧。目平视，如图 14-10 所示。可用左手掌在左侧上方迎击左脚面，也可不做。练习时两腿交替进行。

（六）里合腿

预备姿势：同正踢腿。

动作说明：右脚向右前方上半步，右腿支撑。左脚脚尖勾起里扣并向左侧踢起，经面前向右侧上方直腿里合，落于右腿外侧，如图 14-11 所示。可用右手掌在右侧上方迎击左脚面，也可不做。练习时两腿交替进行。

图 14-10　外摆腿

图 14-11　里合腿

（七）后扫腿

预备姿势：两脚并立，两臂自然垂于体侧。

动作说明：两脚开立成左弓步，两掌伏地于右腿内侧，手指向前。左脚尖里扣，左腿屈膝全蹲，右腿伸直，成右仆步姿势，同时上体右转并前俯。两掌随体右转在右腿内侧扶地。以左脚前脚掌为轴，右脚贴地向后扫转一周。

第三节　初级刀

一、起势

动作要领：并步站立，左手抱刀，右手贴于右胯侧。左手向上提刀，刀背贴靠于前臂内侧，右手按掌至右腰侧，摆头目视左侧。右手向右上方绕环上举至左腋下，两手交叉向前上方穿出，右手经胸前上举至头顶，抖腕亮掌，同时左手抱刀至左腰侧，成左虚步，目视左侧，如图 14-12 所示。

图 14-12　起势

二、第一段

（一）弓步缠头

动作要领：左脚向左侧开步，成左弓步，右手持刀经左肩缠头绕至左腰侧。左臂屈肘上举，至头顶上方成横掌，目视前方，如图 14-13 所示。

易犯错误：缠头时刀背未贴背绕行；速度缓慢。

纠正方法：刀贴紧背绕行，快速完成。

（二）虚步藏刀

动作要领：上身右转，右手持刀做裹脑刀，左手平伸左侧，收于右腋下，右手持刀顺势带刀于右腰侧后方，左手向前推出，左脚收回成左虚步。目视左掌，如图 14-14 所示。

易犯错误：刀背未贴靠肩背，藏刀时松腕。

纠正方法：刀背要贴背绕行，扣腕。

图 14-13　弓步缠头　　　　　　图 14-14　虚步藏刀

（三）弓步前刺

动作要领：左脚稍前移踏实，右脚上步成右弓步，左掌变勾手向斜后方直臂弧形绕环，至身后平举；右手持刀前刺，刀尖朝前。目视刀尖，如图 14-15 所示。

易犯错误：前刺刀无力。

纠正方法：右脚蹬地，以腰摧力。

（四）并步上挑

动作要领：左脚不动，右脚回收至左脚处。右手持刀向上挑起，刀背贴靠背脊；左勾手侧平举，与肩同高。目视前方，如图 14-16 所示。

易犯错误：含胸，弯腰。刀尖未贴背。

纠正方法：挺胸抬头，刀背贴靠脊背。

图 14-15　弓步前刺

图 14-16　并步上挑

（五）左抡劈

动作要领：左脚不动，右脚向左前方上步，右手向左斜前方劈下，刀尖向上翘同时左脚向左斜前方上步成左弓步，左臂上举至头顶上方成横掌。目视刀尖，如图 14-17 所示。

易犯错误：劈刀与上步不协调。

纠正方法：劈刀与上步要同时进行。

（六）右抡劈

动作要领：重心后移至右腿，左脚向右斜前方上步。左掌向左侧下方绕环，右脚向右斜前方上步，成右弓步。同时右手持刀经上向左斜前方劈下，刀尖稍向上翘；左掌弧形绕环至头顶上方成横掌，如图 14-18 所示。

易犯错误：上步时走直线，未绕行。

纠正方法：上步要走弧形绕步。

图 14-17　左抡劈

图 14-18　右抡劈

（七）弓步撩刀

动作要领：右手持刀臂外旋屈肘使刀刃朝上，右脚提起离地，随即向前落步。右手弧形绕下，左掌按于刀背；左脚上步成左弓步。右手持刀向前撩起，刀尖斜朝下；上身前倾，目视刀尖，如图14-19所示。

易犯错误：撩刀动作与步法不协调，身体过于直正。

纠正方法：刀随身起，刀随身行，力达刀刃前部。

（八）弓步藏刀

动作要领：上身右转，右脚向身后撤步，同时右手持刀做裹脑动作，收于右胯侧，同时左脚退步成右弓步，左掌向前直推。手高与眉平齐，如图14-20所示。

易犯错误：裹脑时刀背没有贴背，左手推掌与摆头不一致。

纠正方法：左脚向右后撤步与裹脑刀同时进行，推手与裹脑收刀要协调一致。

图14-19　弓步撩刀　　　　　　　　　图14-20　弓步藏刀

三、第二段

（九）提膝缠头

动作要领：左脚上步、右脚提膝，同时做缠头动作，左手上举至头顶成横掌，目视右前方，如图14-21所示。

易犯错误：支撑腿弯曲，提膝脚尖未绷直，手脚配合不协调。

纠正方法：上步单腿提膝练习，缠头刀练习，上下肢结合练习。

（十）弓步平斩

动作要领：左脚不动，右脚向右落步，成右弓步。右手持刀经左肋处向前平斩；左掌同时经上向后平落，掌指朝后。目视刀尖，如图14-22所示。

易犯错误：斩击刀时前手过高或过低。

纠正方法：平斩刀时刀高与右肩平。

图 14-21　提膝缠头

图 14-22　弓步平斩

（十一）仆步带刀

动作要领：右手持刀，手臂外旋使刀刃朝上，向左屈肘带回，同时左腿屈膝全蹲，成右仆步。左掌同时屈肘附于刀把内侧，拇指一侧朝下。目视右前方，如图 14-23 所示。

易犯错误：仆步时右脚尖易外撇，身体后仰。

纠正方法：两脚掌着地，右脚尖内扣，身体微前倾。

（十二）歇步下砍

动作要领：右手持刀，经右肩外侧做裹脑刀，向右前方斜砍；左脚插步成歇步，左掌随之向左上方摆成横掌。目视刀身，如图 14-24 所示。

易犯错误：下砍时易松腕。

纠正方法：右手持刀下砍时力达刀身后段，手腕握紧。

图 14-23　仆步带刀

图 14-24　歇步下砍

（十三）左劈刀

动作要领：身体起立，向左后转一周，同时右手持刀，做缠头刀，左脚向左斜前方上步成右虚步，右手持刀向左侧做抡劈。左掌附于右腕处。目随刀动，如图 14-25 所示。

易犯错误：上步与下劈刀动作不协调。

纠正方法：劈刀与上步要一致。

（十四）右劈刀

动作要领：右脚上步，右手持刀做右抢劈，如图 14-26 所示。左掌随之附于右腕处。

易犯错误：劈刀时刀尖易触地。

纠正方法：抢劈刀时，右手持刀扣腕。

图 14-25　左劈刀　　　　　　　　图 14-26　右劈刀

（十五）歇步按刀

动作要领：左脚上步，右脚经身后向左侧插步成左歇步，同时右手持刀绕环向左侧下按，左手附于刀背，刀尖朝身后。目视刀身，如图 14-27 所示。

易犯错误：刀刃易触地，上体太直。

纠正方法：在按刀时微翘腕，上体含胸、略前倾。

（十六）马步平劈

动作要领：上身向右后转 180°成马步，同时右手持刀经左经头顶划弧向右劈下，刀尖向上；左掌在头顶上方屈肘成横掌。目视刀尖，如图 14-28 所示。

易犯错误：成马步时，两脚尖向外撇，大腿没有蹲平。

纠正方法：马步时，脚尖里扣，大腿蹲平。

图 14-27　歇步按刀　　　　　　　图 14-28　马步平劈

四、第三段

（十七）弓步撩刀

动作要领：左掌绕环至右肩经左胸向前、向后绕环上举，右脚向左上步，成右弓步。同时右手持刀向前撩起，刀刃斜朝上，刀尖斜朝下，目视刀尖，如图 14-29 所示。

易犯错误：左右手不协调，撩刀不贴身。

纠正方法：以左手带右手，贴身向前撩起，力达刀刃前部。

（十八）插步反撩

动作要领：上身左转成左弓步，右手持刀经体前向左、向后绕环反撩，刀刃朝上，随即左掌向左侧成横掌推出。目视刀尖，如图 14-30 所示。

易犯错误：插步与反撩不能同时完成。

纠正方法：插步与反撩刀要同时完成。

图 14-29　弓步撩刀

图 14-30　插步反撩

（十九）转身挂劈

动作要领：以两脚掌为轴碾地，身体向左后翻转。右手持刀做挂劈刀。右脚上步，右手经体前向后挂刀，左掌附于右腕。右脚向右跨步，右腿伸直，左腿提膝，上身右倾，右手持刀经上向右用力下劈，刀尖上翘，左掌上举至头顶成横掌，目视刀尖，如图 14-31 所示。

易犯错误：挂刀和劈刀的动作不连贯，重心不稳。

纠正方法：做挂刀和劈刀需连贯完成，独立脚五指抓紧。

（二十）仆步下砍

动作要领：左脚向左侧落步，成右仆步。右手持刀做裹脑向右前下方平砍；左掌同时屈肘举于头顶上方成横掌。目视刀身，如图 14-32 所示。

易犯错误：右仆步与平砍刀动作不一致。

纠正方法：仆步与下砍刀同时完成。

图 14-31　转身挂劈

图 14-32　仆步下砍

（二十一）架刀前刺

动作要领：左腿向前上步，身体右转一周，右手持刀内旋向上横架；同时左掌附于右手腕上。以左脚掌为轴碾地，右腿提起，右手持刀向前直刺，同时左掌向左后方平伸。目视刀尖，如图 14-33 所示。

易犯错误：进步架刀、提膝转身、弓步前刺的动作不连贯。

纠正方法：注意架刀、提膝转身方向需要协调一致。

（二十二）左斜劈

动作要领：右手持刀，刀背沿左肩外侧向后绕环；左手平摆置右腋下。左腿屈膝提起。右手持刀向左下劈；左掌附于右前臂，上身略前倾。右臂内旋屈腕，使刀尖向左后上方摆起，如图 14-34 所示。

易犯错误：提膝快，斜劈动作慢。

纠正方法：向左下方斜劈与提膝要同时完成。

图 14-33　架刀前刺

图 14-34　左斜劈

（二十三）右斜劈

动作要领：左脚向前落步，身体后转，右腿随之提膝离地；右手持刀向右前下方斜劈，左掌随之向左侧斜上方举伸。目视刀尖，如图 14-35 所示。

易犯错误：力达刀尖。

纠正方法：以腰发力，力达刀身。

（二十四）虚步藏刀

动作要领：右脚向后落步成左虚步，右手持刀做裹脑刀收至右腰侧、肘略屈，刀尖朝前，同时左掌向前直推，目视左掌，如图 14-36 所示。

易犯错误：藏刀时，右手腕松弛，与推掌不协调。

纠正方法：右手握刀需扣腕，与推掌要协调。

图 14-35　右斜劈　　　　　　　　　图 14-36　虚步藏刀

五、第四段

（二十五）旋转扫刀

动作要领：左脚外撇，身体左转，右脚向前方上步，左掌附于右腕处。左脚插步，两腿屈膝全蹲成歇步，左掌经右向左平摆。右手持刀手心朝上，经右肩外侧向前下方平扫一周。目视刀身，如图 14-37 所示。

易犯错误：扫刀时两臂易屈肘，上下肢不协调。

纠正方法：扫刀时力达刀刃前部，两脚碾转身的同时扫刀一周。

（a）　　　　　　　　　　　　　　（b）

（c）

图 14-37　旋转扫刀

（二十六）翻身劈刀

动作要领：身体右转，右手持刀向右侧下劈，左掌附于右前臂。右脚向左侧方摆起，左脚蹬地跳起，上身向左后翻转一周，右脚与左脚同时落步，成右仆步，上身前倾；左掌随提转绕环一周，屈肘成横掌。右手持刀转身经上向下劈。目视刀尖，如图 14-38 所示。

易犯错误：翻身跃步劈刀没有走立圆，刀未贴身。

纠正方法：翻身劈刀需走立圆，贴身。

图 14-38　翻身劈刀

（二十七）缠头箭踢

动作要领：左脚蹬直使上身立起。右手持刀做缠头刀动作，右脚蹬地同时左脚向前摆起，紧接右脚向前弹踢，左右手持刀缠头平扫；左掌随之屈肘上举至头顶上方成横掌。左脚此时即用前脚掌落地，如图 14-39 所示。

易犯错误：缠头缓慢，弹踢无力，动作不协调。

纠正方法：两个动作需要快速、同时完成。

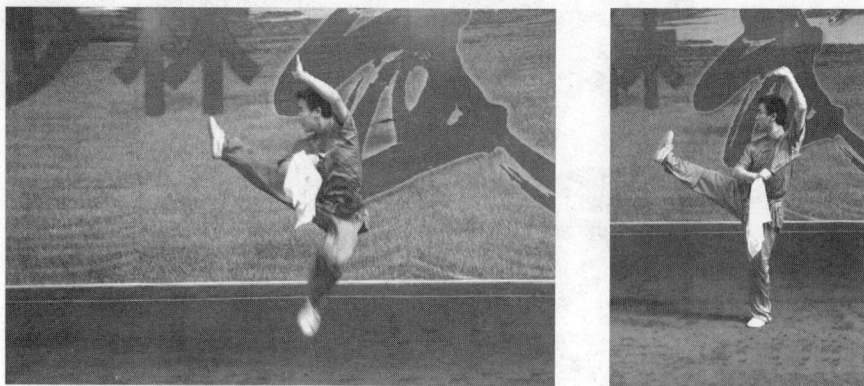

图 14-39　缠头箭踢

（二十八）仆步按刀

动作要领：左脚蹬地跳起，向右后转身换跳，成左仆步；同时右手持刀向后下方劈刀，左手随体转展开后附于右手腕，刀刃朝下。目左平视，如图 14-40 所示。

易犯错误：纵跳和转身劈刀不连贯。

纠正方法：纵跳与转身同时完成。

图 14-40　仆步按刀

（二十九）缠头蹬腿

动作要领：右腿直立，左膝提起，脚尖绷直。右手持刀收于右腰侧，同时左掌向前推出。左脚向前落步，屈膝半蹲，右腿挺膝伸直，成左弓步。右手持刀做缠头刀动作，贴靠左肋；左掌随之屈肘上举至头顶上方成横掌。右脚脚尖上翘，用脚跟向前上方蹬腿。目视脚尖，如图 14-41 所示。

易犯错误：缠头刀刀背不贴身。

纠正方法：缠头刀必须贴背绕行。

图 14-41　缠头蹬腿

（三十）虚步藏刀

动作要领：右脚向前落步，左脚向前跃步，右脚趁势提起，上身右转踏实，左脚尖点地成虚步。右手持刀随转身裹脑平扫一周收于右腰侧，刀尖朝前；左掌同时向前推出，目视左掌，如图 14-42 所示。

易犯错误：跃步、转身与裹脑平扫刀不协调。

纠正方法：动作需要连贯、协调。

（三十一）弓步缠头

动作要领：左脚向左前方半步，右腿挺膝伸直成左弓步。同时右手持刀做缠头动作。左掌屈肘上举至头顶上方成横掌。目向前平视，如图 14-43 所示。

易犯错误：缠头时刀背未贴身绕行。

纠正方法：缠头刀时，抓握刀柄不宜过紧，刀背必须贴背绕行。

图 14-42　虚步藏刀

图 14-43　弓步缠头

（三十二）并步抱刀

动作要领：上身右转，右手持刀向右平扫，左收接刀，两手握刀，左脚靠并右脚站立，目视前方，如图 14-44 所示。

易犯错误：并步与接刀的动作不协调。

纠正方法：并步与接刀须连贯。

图 14-44　并步抱刀

六、收势

动作要领：左手抱刀，刀背贴靠臂肘，两脚向后各退一步。同时右掌经下向后、向上绕向右耳侧成横掌，左手握刀不动，左脚后退向右脚靠拢，并步直立。右掌随即经右耳侧向下按落。肘略曲并向外撑开。目向左平视，如图 14-45 所示。

图 14-45　收势

第四节　24 式简化太极拳

太极拳是我国民族文化中的一颗璀璨明珠，是一种较好的增强体质和预防疾病的体育项目，其特点是动作柔和、缓慢和连贯等。

24 式简化太极拳又称为 24 式太极拳和简化太极拳，是国家体委（现为国家体育总局）于 1956 年组织太极拳专家汲取杨氏太极拳之精华编串而成。它共包括 24 个动作，以下分八组来进行简要介绍。

一、预备势

动作说明：身体自然直立，两脚并拢，两腿自然伸直。胸腹放松，两臂垂于两腿外侧，手指微曲。头颈正直，下颌微收，口闭齿扣，舌抵上腭。精神集中，表情自然，目平视前方。

二、24 式太极拳

（一）起势

动作说明：左脚向左迈一步，两脚平行开立与肩同宽；两臂由身体两侧慢慢向前、向上平举至与肩同高、同宽，手心向下；两腿慢慢屈膝半蹲，重心落于两脚间，成马步。同时两掌轻轻下按至腹前，上体舒展正直，目平视前方，如图 14-46 所示。

（二）左右野马分鬃

（1）左野马分鬃

动作说明如下：

① 上体稍右转，重心右移。同时右臂弯曲置于胸前，掌心翻转向下。左手画弧下落，屈肘置于腹前，掌心翻转向上，与右掌相对成抱球状，两臂屈肘。左脚收至右脚内侧，脚尖点地，目视右手。

② 上体左转，左脚向左前方迈出一步，脚跟轻轻着地，重心仍在右腿上。

③ 上体继续左转，重心前移，左脚全脚掌着地，左腿屈膝成左弓步。同时两掌前后分开，左手至体前与眼同高，手心斜向上。右手按至右胯旁，手心向下，指尖向前。两臂微曲，目视左掌，如图 14-47 所示。

图 14-46　起势　　　　　　　　　图 14-47　左野马分鬃

（2）右野马分鬃

动作说明如下：

① 重心稍后移，屈右膝，左腿伸直，左脚尖翘起外撇 45°～60°。

② 上体左转，重心移至左腿，左脚全脚掌着地，左腿前弓，右脚收至左脚内侧，脚尖着地。同时左臂弯曲置于左胸前，掌心翻转向下。右手画弧下落，屈肘置于腹前，掌心翻转向上，与左掌相对成抱球状。目视左手。

③ 上体稍右转，重心仍在左腿上，右脚向右前方迈出一步，脚跟轻轻着地。同时两掌开始前后分开。

④ 上体继续右转，重心前移，右脚全脚掌着地，右腿屈膝成右弓步。右手分至体前与眼同高，手心斜向上。左手按至左胯旁，手心向下，指尖向前。两臂微曲，目视右手，

如图 14-48 所示。

图 14-48　右野马分鬃

（3）左野马分鬃

与（2）右野马分鬃动作说明相仿，但是方向相反，如图 14-49 所示。

（三）白鹤亮翅

动作说明如下：

① 上体稍左转，右脚向前收拢半步，前脚掌轻轻落地，与左脚相距约一脚长。同时左臂弯曲置于胸前，掌心翻转向下。右手画弧下落，屈肘置于腹前，掌心翻转向上，与左掌相对成抱球状。目视左手。

② 重心后移，右脚全脚掌着地，并向右转体。两手随转体交错分开，右手上举，左手下落。目视右手。

③ 上体转正，左脚稍向前移动，成左虚步；右手上举，手心向左后方，左手按于左髋旁，指尖向前。目平视前方，如图 14-50 所示。

图 14-49　左野马分鬃　　　　　　图 14-50　白鹤亮翅

（四）左右搂膝拗步

（1）左搂膝拗步

动作说明如下：

① 上体稍左转。右手向下摆至体前，手心向上。目视右手。

② 上体右转，左脚收落于右脚内侧，脚尖点地。同时两臂交叉摆动，右手由体前经右胯侧向右后方上举至与头同高，手心向上。左手由左胸前经头前向右画弧至右肩前，手心向下。目视右手。

③ 上体稍左转，左脚向左前方迈一步，脚跟轻轻着地。同时右臂屈肘，右手摆至右肩上，虎口对耳，掌心斜向前。左手落于腹前，掌心向下。目视前方。

④ 上体继续左转，重心前移，左脚全脚掌着地，左腿屈膝成左弓步。同时左手经左膝前向左搂过，按于左腿外侧，指尖向前。右手向前推出，指尖与鼻尖相对，掌心向前，

指尖向上。右臂自然伸直，目视右手，如图 14-51 所示。

图 14-51　左搂膝拗步

（2）右搂膝拗步

动作说明如下：

① 上体左转，重心稍后移，左脚尖翘起外撇。同时两臂外旋，开始向左摆动。目视右手。

② 上体继续左转。重心前移，左脚全脚掌着地，右腿收至左脚内侧，脚尖点地。同时右手经面前画弧摆至左肩前，掌心向下，左手向左上方画弧上举，与头同高，掌心向上，左臂自然伸直，肘微曲，目视左手。

③ 上体稍右转，右脚向右前方迈一步，脚跟轻轻落地。同时左臂屈肘，左手收至左肩上，虎口对耳，掌心斜向前。右手下落至腹前，掌心向下，肘微曲。目视前方。

④ 上体继续右转，重心前移，右脚全脚掌着地，右腿屈膝成右弓步。同时右手经右膝前上方向右搂过，按于右腿外侧，指尖向前。左手向前推出，指尖与鼻尖同高，掌心向前，指尖向上。左臂自然伸直，肘微曲。目视左手，如图 14-52 所示。

（3）左搂膝拗步

与（2）右搂膝拗步动作说明相仿，但是方向相反，如图 14-53 所示。

图 14-52　右搂膝拗步　　　　图 14-53　左搂膝拗步

（五）手挥琵琶

动作说明如下：

① 右脚向前收拢半步，落于左脚后，与左脚相距约一脚长，脚尖点地。同时右臂稍向前伸，腕关节放松。

② 上体右转，重心后移，右脚全脚掌着地。同时左手向左、向上画弧摆至体前，手臂自然伸直，掌心斜向下。右臂屈肘向左下方画弧，收至胸前，掌心斜向上。目视左手。

③ 上体稍向左回转，左脚稍向前移，脚跟着地。同时两臂外旋，屈肘合抱，前后交错。左手与鼻相对，掌心向右。右手与左肘相对，掌心向左。目视左手，如图 14-54 所示。

（六）左右倒卷肱

（1）右倒卷肱

动作说明如下：

① 上体稍右转。右手随转体向下经腰侧向后上方画弧至掌指与头同高，掌心翻转向上，右臂微曲。左手翻转，掌心向上停于体前。视线先随转体向右看，再转向前方看左手。

② 上体稍左转，左脚提收经右腿内侧向后退一步，前脚掌轻轻着地。同时右臂屈肘，右手收至肩上耳侧，掌心斜向下方。左手翻转掌心向上。目视左手。

③ 上体继续左转，重心后移，左脚全脚掌着地。右脚以前脚掌为轴扭直，右腿微曲成右虚步。同时右掌推至体前，腕与肩同高，掌心向前。左手向后、向下收至左腰侧，掌心向上。目视右手，如图 14-55 所示。

图 14-54　手挥琵琶　　　　　　　图 14-55　右倒卷肱

（2）左倒卷肱

动作说明如下：

① 上体稍左转。左手随转体向左后上方画弧，掌指与头同高，掌心向上，左臂微曲。右手外翻，掌心向上停于体前。视线先随转体向左看，再转向前方看右手。

② 上体稍右转。右脚提收向后退一步，前脚掌轻轻着地。同时左臂屈肘，左手收至肩上耳侧，掌心斜向前下方。右手翻转掌心向上。目视右手。

③ 上体继续右转，重心后移，右脚全脚掌着地。左膝微曲成左虚步。同时左掌推至体前，腕与肩同高，掌心向前。右手向后、向下画弧收至右腰侧，掌心向上。目视左手，如图 14-56 所示。

图 14-56　左倒卷肱

（3）右倒卷肱

与（1）右倒卷肱动作说明相同。

（4）左倒卷肱

与（2）左倒卷肱动作说明相同。

（七）左揽雀尾

动作说明如下：

① 上体微右转。同时右手由腰侧向右上方画弧至手与肩同高，掌心斜向上，右臂微曲。左臂自然置于体前，腕与肩同高，手心向下。目视左手。

② 左脚收至右脚内侧，脚尖点地。同时右手屈臂置于右胸前，掌心翻转向下。左手画弧下落，屈肘置于腹前，掌心翻转向上，与右掌相对成抱球状。目视右手。

③ 上体微左转，左脚向左前方迈出一步，脚跟着地。同时两手开始前后分开。目视前方。

④ 上体继续左转，重心前移，左脚全脚掌着地，左腿屈膝成左弓步。左臂半屈于体前掤架，腕与肩同高，掌心向内。右手向下画弧按于右胯旁，指尖向前。目视左手。

⑤ 上体稍左转。左手向左前方伸出，掌心转向下，同时右臂外旋，右手经腹前向上、向前画弧至左前臂内侧，掌心向上。目视左手。

⑥ 上体右转，重心后移，右腿屈膝，左腿自然伸直。同时两手经腹前向下、向右后方画弧后捋。右手举至身体侧后方，与头同高，掌心向外。左臂平屈于胸前，掌心向内。头随体转，目视右手。

⑦ 上体左转，正对前方。同时右臂屈肘，右手收至胸前，搭于左腕内侧，掌心向前。左前臂仍曲收于胸前，掌心向内，指尖向右。目视前方。

⑧ 重心前移，左腿屈膝成左弓步。同时右手推送左前臂向体前挤出，与肩同高，两臂撑圆。目视前方。

⑨ 左手翻转向下，右手经左腕上方向前伸出，掌心向下。随后重心后移，右腿屈膝，左腿自然伸直，左脚尖翘起，同时两手左右分开与肩同宽，两臂曲收，两手后引，经胸前收至腹前，手心斜向下。目向前平视。

⑩ 重心前移，左脚全脚掌着地，左腿屈膝成左弓步。两手由腹前沿弧线推至体前，两腕与肩同高，两掌心向前，指尖向上。目视前方，如图14-57所示。

图14-57 左揽雀尾

（八）右揽雀尾

动作说明如下：

① 重心后移，上体右转，左脚尖内扣。同时右手经头前画弧右摆，掌心向外，两手平举于身体两侧。目视右手。

②～⑩分别与左揽雀尾动作说明②～⑩相仿，但是方向相反，如图 14-58 所示。

图 14-58　右揽雀尾

（九）单鞭

动作说明如下：

① 上体左转，重心左移，右脚尖内扣，左脚尖外展。同时左手经头前向左画弧摆至身体左侧，掌心向外。右手经腹前向左画弧摆至左肋前，掌心朝向腹部。视线随左手移动。

② 上体右转，重心右移，右腿屈膝，左腿伸直。同时右手经头前向上、向右画弧，摆至右肩前，掌心向内。左手向下、向右画弧摆至腹前，掌心转向内。视线随右手移动。

③ 左脚收至右脚内侧，脚尖点地。同时右手伸向身体右前方，五指捏拢成勾手，勾尖向下，肘微曲，腕与肩平。左手向上画弧至右肩前，掌心向内。目视勾手。

④ 上体左转，左脚向左前方迈出一步，脚跟着地。同时左手经面前向左画弧，掌心向内，目视左手。

⑤ 上体继续左转，重心前移，左脚全脚掌着地，左腿屈膝成左弓步。同时左手经头前翻转向前推出，腕与肩平，左肘与左膝上下相对。右勾手举于右后方，腕与肩平。目视左手，如图 14-59 所示。

图 14-59　单鞭

（十）云手

动作说明如下：

① 上体右转，重心后移。左脚尖内扣，右腿屈蹲。同时左手经腹前向下、向右画弧，摆至右肩前，掌心向内。右勾手松开变掌，掌心向外，指尖向上。目视右手。

② 上体左转，重心左移。右脚向左并拢半步，与左脚平行相距 10～20 cm，脚尖向前。右脚落地时前脚掌先着地，随后过渡到全脚掌着地，两腿屈膝半蹲。同时左手经头前向上、向左画弧云转，掌心渐渐翻转向外，至身体左侧，与肩同高。右手经腹前向下、向左画弧云转，掌心渐渐翻转向内，至左肩前。视线随左手移动。

③ 上体右转，重心右移。左脚向左横跨一步，脚掌先着地，随后过渡到全脚掌，脚尖向前。同时右手经头前向右画弧云转，掌心逐渐翻转向外至身体右侧，与肩同高。左手经腹前向下、向右画弧云转，掌心逐渐翻转向内，至右肩前。视线随右手移动。

④ 与本动作说明②同。

⑤ 与本动作说明③同。

⑥ 与本动作说明②同，如图 14-60 所示。

图 14-60　云手

（十一）单鞭

动作说明如下：

① 上体右转，重心移至右腿，左脚跟提起。同时右手经头前向右画弧，至右前方时掌心翻转成勾手。左手经腹前向下、向右画弧至右肩前，掌心转向内。目视勾手。

② 与第九个单鞭动作说明中的④完全相同。

③ 与第九个单鞭动作说明中的⑤完全相同，如图 14-61 所示。

图 14-61　单鞭

（十二）高探马

动作说明如下：

① 右脚向前收拢半步，距左脚约一脚长，前脚掌着地。目视左手。

② 上体稍右转。重心后移，右脚全脚掌着地，右膝弯曲，左脚脚尖点地。同时右勾手松开，两手翻转手心向上，两臂前后平举，肘关节微曲，目视左前方。

③ 上体左转，左脚向前移动成左虚步。同时右臂曲收经头右侧向前推出，腕与肩平，掌心向前。左臂曲收，左手收至腹前，掌心向上。目视右手，如图 14-62 所示。

（十三）右蹬脚

动作说明如下：

① 左脚提收至右踝内侧。同时右手稍向后收，左手经右手背向右前方穿出，两手交叉，腕关节相交，左掌心斜向上，右掌心斜向下。目视左手。

② 上体左转。左脚向左前方迈一步，脚跟着地，脚尖略外撇。同时左手内旋，两手虎口相合举于头前，两掌心向外。目视前方。

③ 重心前移，左脚全脚掌着地，屈左膝，右腿自然蹬直。同时两手左右分开，掌心向外，两臂外撑。目视前方。

④ 右脚收至左脚内侧，脚尖点地。两手向腹前画弧相交合抱，右手在外，举至胸前。两掌心向内。目视右前方。

⑤ 左腿支撑，右腿屈膝上提，右脚脚尖上勾，脚跟用力慢慢向右前上方蹬出。左腿微曲，右腿伸直。两臂展于身体两侧，肘微曲，腕与肩平，两手心向外。右腿与右臂上下相对。目视右手，如图 14-63 所示。

图 14-62　高探马　　　　　　　　　　图 14-63　右蹬脚

（十四）双峰贯耳

动作说明如下：

① 右腿屈膝收回，脚尖自然下垂。同时左手经头侧向体前画弧，与右手平行落于右膝上方，两掌心向上，指尖向前。目视前方。

② 右脚向右前方上步，脚跟着地，脚尖斜向右前方。同时两手收至两腰侧，两掌心向上。

③ 重心前移，右脚全脚掌着地，右腿屈膝成右弓步。同时两手握拳经两侧向上、向前画弧摆至头前，两臂半屈成弧，两拳平行相对成钳形，与头同宽，两前臂内旋，两拳眼斜向下。目视前方，如图 14-64 所示。

（十五）转身左蹬脚

动作说明如下：

① 上体左转，重心后移。左腿屈膝，右腿伸直，脚尖内扣。同时两拳变掌，左手经头前向左画弧，两臂微曲举于身体两侧，两掌心向外。目视左手。

② 重心右移，右腿屈膝，左脚收至右脚内侧，脚尖着地。同时两手向下画弧，于腹前交叉合抱，举至胸前，左手在外，两掌心向内。目视左前方。

③ 右腿支撑，提左膝，左脚脚尖上勾，脚跟用力向左前上方慢慢蹬出。同时两臂内旋，两掌心向外，左手向左前方，右手向右后方画弧分开，两臂微曲举于身体两侧。左腿蹬直，与左臂上下相对。目视左手，如图 14-65 所示。

图 14-64　双峰贯耳　　　　　　　　图 14-65　转身左蹬脚

（十六）左下势独立

动作说明如下：

① 左腿屈膝收回至右踝内侧，脚尖向下。上体右转，右臂稍内合，右手捏成勾手，勾尖向下。同时左手经头前画弧摆至右肩前，掌心向右，指尖向上。目视右勾手。

② 右腿屈膝半蹲，左脚前脚掌落地，沿地面向左伸出，随即全脚掌着地，左腿伸直。左手落于右肋前。目视勾手。

③ 右腿屈膝全蹲，上体左转成左仆步。同时左手经腹前沿左腿内侧向左穿出，掌心向前，指尖向左。目视左手。

④ 重心移至左腿，以左脚跟为轴，脚尖尽量外撇，左腿屈膝前弓。右脚尖内扣，右腿自然蹬直，上体微向左转并向前起身。同时左手继续前穿并向上举至体前，指尖向上。右勾手内旋，背于身后，勾尖向上。目视左手。

⑤ 上体左转，重心前移，右腿屈膝上提，左腿微曲支撑站立成左独立步。同时左手下落按于左胯旁，掌心向下。右勾手变掌，经体侧由后下方向前画弧，立掌前挑，掌心向左，与眼同高。右臂半曲成弧，肘关节与右膝上下相对。目视右手，如图 14-66 所示。

图 14-66　左下势独立

（十七）右下势独立

动作说明如下：

① 右脚落于左脚右前方，前脚掌着地。上体以左脚前脚掌为轴向左转。同时左手变勾手提举于身体左前方，与肩同高。右手经头前向左画弧摆至左肩前，掌心向左。目视左勾手。

② 左腿屈膝半蹲，右脚提起至左踝内侧，前脚掌落地，沿地面向右伸出，随即全脚掌着地，右腿伸直。右手落至左肋前，目视左勾手。

③④⑤分别与左下势独立动作说明③④⑤相仿，但是方向相反，如图 14-67 所示。

图 14-67　右下势独立

（十八）左右穿梭

（1）右穿梭

动作说明如下：

① 左脚向左前方落步，脚跟着地，脚尖外撇，上体左转，重心随转体落步前移。同时左手内旋，手心翻转向下。目视左手。

② 上体继续左转，左脚全脚掌着地，右脚提收于左踝内侧。同时两手手心相对于左胸前成抱球状（左手上右手下）。目视左手。

③ 上体右转，右脚向右前方上步，脚跟着地。同时右手向右斜前方弧形摆起，左手下落至左腰间。目视右手。

④ 上体继续右转，重心前移，右脚全脚掌着地，右腿屈膝成右弓步。同时右手翻转上举，驾于右额角前上方，掌心斜向上。左手推至体前，腕与肩平。目视左手，如图 14-68 所示。

（2）左穿梭

动作说明如下：

① 重心稍后移，右脚脚跟着地，脚尖外撇，上体右转。同时右手下落至头前，左手向左画弧，落至腹前。目视左手。

②③④分别与右穿梭动作说明中②③④相仿，但是方向相反，如图 14-69 所示。

图 14-68　右穿梭

图 14-69　左穿梭

（十九）海底针

动作说明如下：

① 上体稍右转。右脚向前收拢半步，前脚掌落地，与左脚前后相距约一脚长。目视前方。

② 上体右转，重心移至右腿，右脚全脚掌着地。右腿屈膝，左脚脚跟提起。同时右手下落经体侧屈臂向后、向上抽提至耳旁，掌心向左，指尖向前。左手向右画弧下落至腹前，掌心向下，指尖斜向右。目视前方。

③ 上体左转，稍向前倾。左脚稍前移，落地成左虚步。同时右手经耳侧斜向前下方插掌，掌心向左，指尖斜向下。左手经左膝前画弧搂过，按至右胯旁。目视右掌，如图 14-70 所示。

（二十）闪通臂

动作说明如下：

① 上体右转，恢复正直。右腿屈膝支撑站立，左脚回收到右脚内侧。同时右手上提至身前，指尖向前，掌心向左。左手屈臂收举，指尖贴于右腕内侧。目视前方。

② 左脚向前上步，脚跟着地。两手内旋分开，两手心向前。目视前方。

③ 重心前移，左脚全脚掌着地，左腿屈膝成左弓步。同时左手推至体前，指尖与鼻尖对齐。右手撑于头部右上方，掌心斜向上，两手前后分展。目视左手，如图 14-71 所示。

图 14-70 海底针　　　　　　　　图 14-71 闪通臂

（二十一）转身搬拦锤

动作说明如下：

① 重心后移，右腿屈膝，左脚尖内扣，身体右转。同时两手向右摆动，右手摆至身体右侧，左手摆至头前，两掌心向外。目视右手。

② 重心左移，左腿屈膝，右脚以前脚掌为轴扭直。同时右手握拳向下、向左画弧收于腹前，拳心向下。左掌举于左额前上方。目向右平视。

③ 右脚提收至左脚踝内侧，随后向右前迈出，脚跟着地，脚尖外撇。同时右拳经胸前向前搬压，拳心向上，与胸同高。左手经右前臂外侧下落，按于左胯旁。目视右拳。

④ 上体右转，重心前移，左脚收于右脚内侧。同时右臂内旋，右拳向右画弧至体侧，拳心向下，右臂半曲。左臂外旋，左手经左侧向体前画弧。目视右拳。

⑤ 右腿屈膝，左脚向前上步，脚跟着地。同时左掌拦至体前，与肩同高，掌心向右，指尖斜向上。右拳翻转收至腰间，拳心向上。目视左掌。

⑥ 上体左转，重心前移，左脚全脚掌着地，左腿屈膝成左弓步。同时右拳自腰间向胸前打出，肘微曲，拳心向左，拳眼向上。左手微收，掌指附于右前臂内侧，掌心向右。目视右拳，如图 14-72 所示。

图 14-72　转身搬拦锤

（二十二）如封似闭

动作说明如下：

① 左手翻转，掌心向上，从右前臂下向前穿出。同时右拳变掌，也翻转向上。两手交叉伸举于体前。目视前方。

② 右腿屈膝，重心后移，左脚尖翘起。同时两臂曲收，边分边内旋后引，两臂分开与肩同宽，两手收至胸前，掌心斜向下。目视前方。

③ 重心前移，左脚全脚掌着地，左腿屈膝成左弓步。同时两掌向下经腹前再向上、向前推出，腕与肩平，掌心向前，掌指向上。目视前方，如图 14-73 所示。

（二十三）十字手

动作说明如下：

① 上体右转，重心右移，右腿屈膝，左腿蹬伸，脚跟着地，脚尖内扣。同时右手向右摆至头前。目视右手。

② 上体继续右转，右腿曲弓，脚尖外撇，左脚全脚掌着地，左腿自然伸直成右横档步。同时右手继续向右画弧，摆至身体右侧，两臂平举于身体两侧，两掌心向外，指尖斜向上。目视右手。

③ 上体左转，重心左移，左腿曲弓，右腿自然伸直，脚尖内扣。同时两手下落画弧交搭于腹前，向上画弧抱于胸前，两掌心向上（右手在下，左手在上）。目平视前方。

④ 上体转正。右脚向左收回，与左脚相距一肩宽，两脚平行向前。右脚前脚掌先着地，随后过渡到全脚掌，两腿慢慢直立，重心落于两脚间。同时两手交叉合抱成斜十字，与肩同高，掌心向内。目向前平视，如图 14-74 所示。

图 14-73　如封似闭

图 14-74　十字手

（二十四）收势

动作说明：两臂内旋，两手翻转手心向下，左右分开与肩同宽。随后两臂慢慢下落，垂于体侧。左脚轻轻提起，并拢于右脚内侧，脚掌先着地，随后过渡到全脚掌，成预备姿势，目视前方。

第五节 武术比赛规则

一、武术比赛场地

武术比赛在地毯上进行，场地的规格由比赛内容决定：

（1）单练和对练项目的场地为 14 m×8 m 的长方形，四周内沿边线宽 5 cm，场地的两长边中间各有一条长 30 cm，宽 5 cm 的中线标记。比赛场地四周至少有 2 m 宽的安全区。

（2）集体项目的场地为 16 m×14 m 的长方形，四周内沿边线宽 5 cm。比赛场地四周至少有 1 m 宽的安全区。

（3）武术比赛场地上空至少有 8 m（从地面量起）的无障碍空间。

（4）两个武术比赛场地之间相距 6 m 以上。

二、武术比赛通用规则

裁判员对场上运动员所出现的明显错误，视情节轻重给予相应的扣分。明显错误包括：

（1）比赛过程中，运动员的器械和服装违反规定（比赛时，运动员必须穿比赛服和武术鞋或运动鞋）。

（2）运动员上场比赛时佩戴耳环、项链和手镯等饰品。

（3）比赛过程中，场上队员身体的某一部位接触界线外地面。

（4）除太极拳外，运动员参加其他拳术比赛时必须系软腰带。

三、武术套路比赛规则

（一）得分种类

比赛满分为 10 分；长拳、剑、刀、枪和棍的评分标准为动作规格分值 6 分，劲力协调分值 2 分，精神、节奏、风格、内容、结构和布局分值 2 分。

（二）武术套路的规定时间

（1）长拳、南拳、刀术、剑术、枪术和棍术自选套路不得少于 80 s。如按年龄分组比赛，成年组不少于 80 s，少年组不少于 70 s，儿童组不少于 1 min。

（2）太极拳自选套路 3～4 min（到 3 min 时，裁判长鸣哨示意）；太极拳规定套路为 5～6 min（到 5 min 时，裁判长鸣哨示意）。

（3）其他项目单练不得少于 1 min；对练不得少于 50 s。

（三）武术竞赛剑术套路的内容规定

（1）弓步不少于 4 次，仆步和虚步不少于 2 次。

（2）不得少于八组不同组别的主要剑法。

（3）剑术套路必须有三种不同组别的平衡，其中必须有两种持久性平衡。

（4）必须有指定动作。

思考题

1. 武术基本功包括哪些？请按要求进行练习。
2. 初级剑术套路包括哪些动作？请按要求进行练习。
3. 24 式简化太极拳包括哪些动作？请按要求进行练习。

第十五章　武术养生和防身术

第一节　八段锦

八段锦是我国古代流传下来的一套效果很好的医疗保健体操。本套功法共由八节动作组成，所以叫八段锦。每个动作重复八遍（因人而异），动作缓慢舒展、易学易练。

一、基本动作

基本动作包括基本手型和马步，基本手形包括拳、掌和爪。

拳：大拇指抵掐无名指根节内侧，其余四指并拢弯曲收于掌心（即握固，见图 15-1）。

掌：第一种掌型为五指微屈，稍分开，掌心微含（见图 15-2）；第二种掌型为拇指与食指竖直分开成八字状，其余三指第一、二指节曲收，掌心微含（见图 15-3）。

爪：五指并拢，大拇指第一指节，其余四指第一、二指节曲收扣紧，手腕伸直（见图 15-4）。

图 15-1　拳　　　　图 15-2　掌形一　　　　图 15-3　掌形二　　　　图 15-4　爪

马步：开步站立，两脚间距约为本人脚长的 2～3 倍，屈膝半蹲，大腿略高于水平（见图 15-5）。

图 15-5　马步

二、技术动作

（一）预备式

动作一：两脚并步站立，两臂自然垂于体侧，身体中正，目视前方，如图 15-6（a）

所示。

动作二：随着松腰沉髋，身体重心移至右腿，左脚向左侧开步，脚尖朝前，约与肩同宽，目视前方，如图 15-6（b）所示。

动作三：两臂内旋，两掌分别向两侧摆起，约与髋同高，掌心向后，目视前方，如图 15-6（c）所示。

动作四：两腿膝关节稍曲，同时两臂外旋，向前合抱于腹前呈圆弧形，与脐同高，掌心向内，两掌指间距离约 10 cm，目视前方，如图 15-6（d）所示。

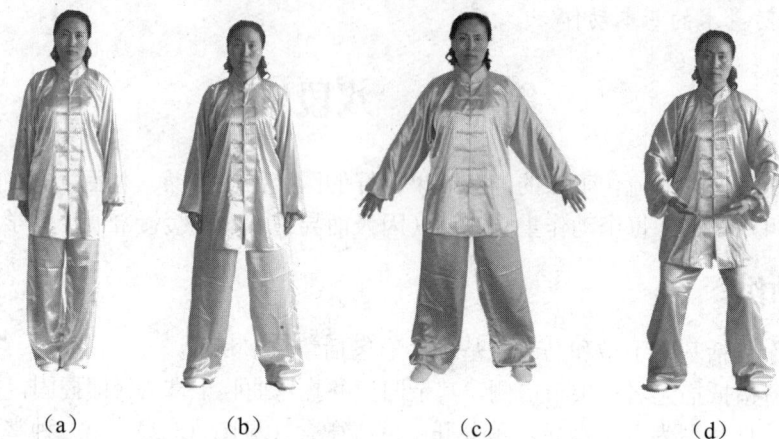

（a）　　　　　（b）　　　　　（c）　　　　　（d）

图 15-6　预备式

功能与作用：宁静心神，调整呼吸，内安五脏，端正身形，从精神与肢体上做好练功前的准备。

常见错误：

（1）抱球时，拇指上翘，其余四指斜向地面。

（2）塌腰、跪膝、脚尖外展。

（二）第一式：两手托天理三焦

动作一：接上式。两臂外旋微下落，两掌五指分开在腹前交叉，掌心朝上，目视前方，如图 15-7（a）所示。

动作二：两腿徐缓挺膝伸直，同时两掌上托至胸前，随之两臂内旋向上托起，掌心向上，抬头，目视两掌。两臂继续上托，肘关节伸直，同时，下颌内收，动作略停，目视前方，如图 15-7（b）所示。

动作三：身体重心缓缓下降，两腿膝关节微曲，同时十指慢慢分开，两臂分别向身体两侧下落，两掌捧于腹前，掌心向上，目视前方，如图 15-7（c）所示。本式托举、下落为一遍，共做六遍。

功效与作用：

（1）通过两手交叉上托，缓缓用力，保持伸拉，可使"三焦"（胸腹部上、中、下三个区域）通畅、气血调和。

（2）通过拉长躯干与上肢各关节周围的肌肉及关节软组织，可防治肩部疾患和颈椎病。

常见错误:

（1）两掌在胸前翻转后未垂直上托。

（2）两掌下落呈捧掌时，掌心未向上。

（a）　　　　　　　（b）　　　　　　　（c）

图 15-7　第一式：两手托天理三焦

（三）第二式：左右开弓似射雕

动作一：接上式。身体重心右移，左脚向左侧开步站立，两腿膝关节自然伸直，同时两掌向上交叉于胸前，左掌在外，两掌心向内，目视前方，如图 15-8（a）所示。

动作二：两腿徐缓屈膝半蹲成马步，同时，右掌屈指成"爪"，向右拉至肩前；左掌成八字掌，左臂内旋，向左侧推出，与肩同高，坐腕，掌心向左，犹如拉弓射箭之势，动作略停，目视左掌方向，如图 15-8（b）和 15-8（c）所示。

动作三：身体重心右移，同时，右手五指伸开成掌，向上、向右画弧，与肩同高，指尖朝上，掌心斜向前；左手指伸开成掌，掌心斜向后，目视右掌，如图 15-8（d）所示。

动作四：重心继续右移，左脚回收成并步站立，同时，两掌分别由两侧下落，捧于腹前，指尖相对，掌心向上，目视前方，如图 15-8（e）所示。

（a）　　　　　　（b）　　　　　　（c）　　　　　　　（d）　　　　　　（e）

图 15-8　第二式：左右开弓似射雕

动作五至八：同动作一至四，惟方向相反。

本式一左一右为一遍，共做三遍。

功效与作用：

（1）展肩扩胸，可刺激督脉和背部俞穴，同时刺激手三阴三阳经等，可调节手太阴肺等经络之气。

（2）可有效发展下肢肌肉力量，提高平衡和协调能力，同时，增加前臂和手部肌肉的力量，提高手腕关节及指关节的灵活性。

（3）有利于矫正不良姿势，如驼背及肩内收，能很好地预防肩疾病。

常见错误：

（1）开弓时，八字掌侧推与龙爪侧拉未走直线。

（2）马步撅臀、跪膝、脚尖外展。

（四）第三式：调理脾胃须单举

动作一：接上式。两腿徐缓挺膝伸直，同时，左掌上托，左臂外旋上穿经面前，随之臂内上举至头上方，肘关节微曲，力达掌跟，掌心向上，掌指向右；右掌微上托，随之臂内旋下按至右髋旁，肘关节微曲，力达掌根，掌心向下，掌指向前，动作略停，目视前方，如图 15-9（a）和 15-9（b）所示。

动作二：松腰沉髋，身体重心缓缓下降，两腿膝关节微曲，同时，左臂屈肘外旋，左掌经面前下落于腹前，掌心向上；右臂外旋，右掌向上捧于腹前，两掌指尖相对，相距约10 cm，掌心向上，目视前方，如图 15-9（c）和 15-9（d）所示。

动作三、四：同动作一、二，惟方向相反。

本式一左一右一遍，共做三遍。

第三遍最后一动时，两腿膝关节微曲，同时，右臂屈肘，右掌下按于右髋旁，掌心向下，掌指向前，目视前方，如图 15-9（e）所示。

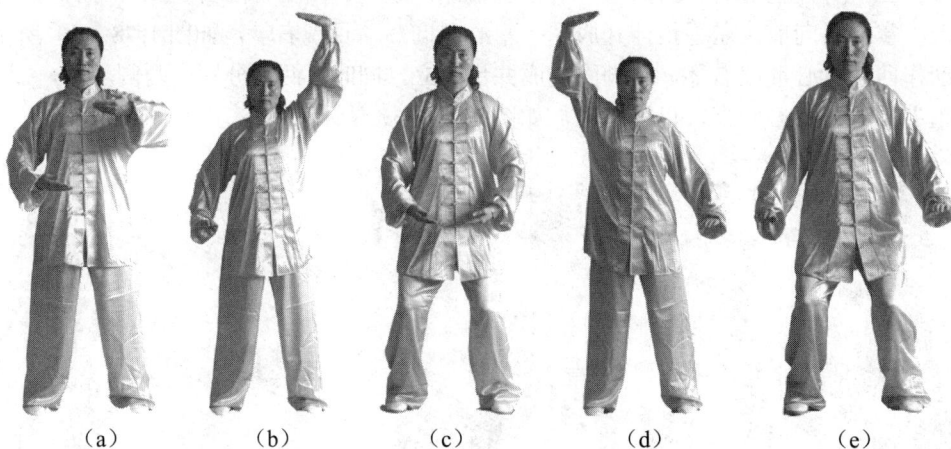

（a）　　　　（b）　　　　（c）　　　　（d）　　　　（e）

图 15-9　第三式：调理脾胃须单举

功效与作用：

（1）通过左右上肢一松一紧的上下对拉（静力牵张），可以牵拉腹腔，对脾胃中焦肝胆起到按摩作用，同时可以刺激位于腹、胸肋部相关经络以及背部俞穴等，起到调理脾胃

（肝胆）和脏腑经络的作用。

（2）可使脊柱内各脊椎的小关节及小肌肉得到锻炼，从而增强脊柱的灵活性与稳定性，有利于预防和治疗肩颈疾病。

常见错误：

（1）呈单举时，上举手未至头左（右）上方，下按掌指尖未向前。

（2）上举手下落时，未按上举路线返回；呈捧掌时，两掌心未向上。

（五）第四式：五劳七伤往后瞧

动作一：接上式。两腿徐缓挺膝伸直，同时，两臂伸直，掌心向后，指尖向下，目视前方。然后两臂充分外旋，掌心向外；头向左后转，动作略停，目视左斜后方，如图15-10（a）和15-10（b）所示。

动作二：松腰沉髋，身体重心缓缓下降，两腿膝关节微屈，同时，两臂内旋按于髋旁，掌心向下，指尖向前，目视前方，如图15-10（c）所示。

动作三、四：同动作一、二，惟方向相反。

本式一左一右为一遍，共做三遍。

第三遍最后一动时，两腿膝关节微屈，同时，两掌捧于腹前，指尖相对，掌心向上，目视前方，如图15-10（d）所示。

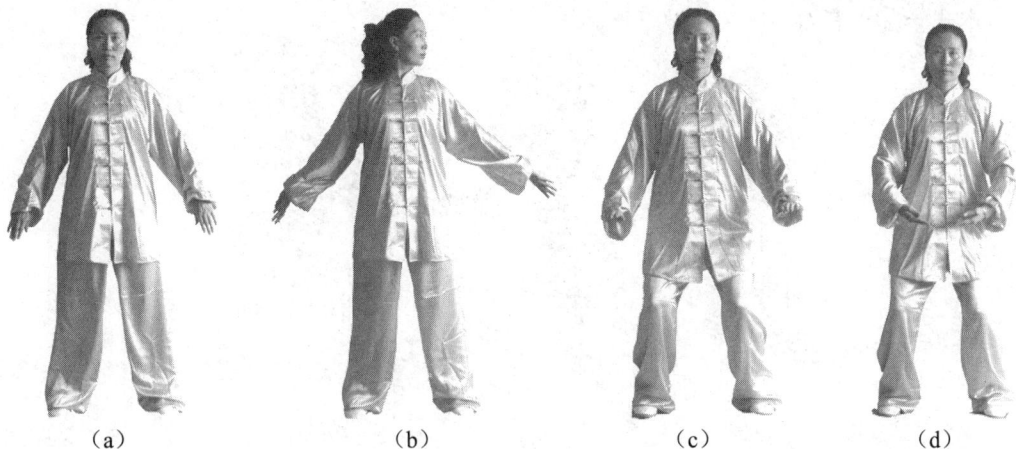

（a）　　　　　　　　（b）　　　　　　　　（c）　　　　　　　　（d）

图 15-10　第四式：五劳七伤往后瞧

功效与作用：

（1）"五劳"指心、肝、脾、肺、肾五脏劳损，"七伤"指喜、怒、悲、忧、恐、惊、思七情伤害。本式动作通过上肢伸直外旋扭转的静力牵张作用，可以扩张牵拉胸腔内的脏腑。

（2）本式动作中往后瞧的转头动作，可刺激颈部大椎穴，达到防治"五劳七伤"的目的。

（3）可增强颈部及肩关节周围参与运动肌群的收缩力，增加颈部运动幅度，活动眼肌，预防眼肌疲劳及肩、颈与背部等疾患。同时，改善颈部及脑部的血液循环。

常见错误：

（1）后瞧时，身体出现转动。

（2）屈膝下蹲，两膝超越脚尖，两掌下按，指尖未向前。

（六）第五式：摇头摆尾去心火

动作一：接上式。身体重心左移，右脚向右开步站立，两腿膝关节自然伸直，同时，两掌上托与胸同高时，两臂内旋，两掌继续上托至头上方，肘关节微曲，掌心向上，指尖相对，目视前方，如图 15-11（a）和 15-11（b）所示。

动作二：两腿徐缓屈膝半蹲成马步，同时，两臂向两侧下落，两掌扶于膝关节上方，肘关节微曲，小指侧向前，目视前方，如图 15-11（c）所示。

动作三：身体重心向上稍升起，而后右移，上体先向右倾，随之俯身，目视右脚，如图 15-11（d）和 15-11（e）所示。

动作四：身体重心左移，同时，上体由右向前，向左旋转，目视前方，如图 15-11（f）和 15-11（g）所示。

动作五：身体重心右移，成马步，同时，头向后摇，上体立起，随之下颏微收，目视前方，如图 15-11（h）和 15-11（i）所示。

动作六至八：同动作三至五，惟方向相反。

本式一左一右为一遍，共做三遍。

（a）　　　　　　（b）　　　　　　（c）

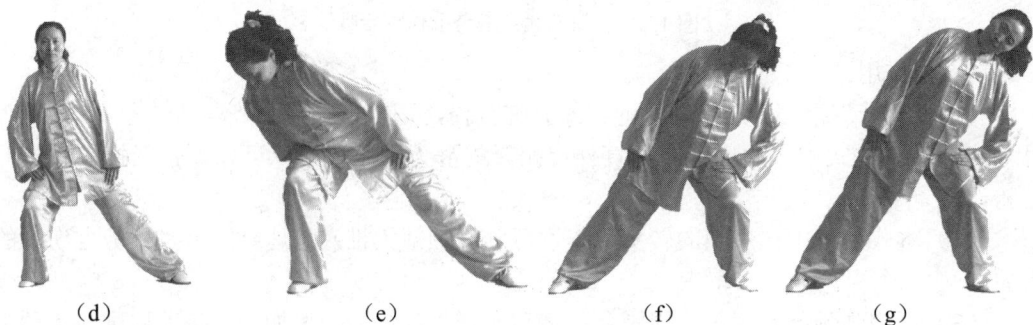

（d）　　　　　（e）　　　　　（f）　　　　　（g）

（h）　　　　　　（i）

图 15-11　第五式：摇头摆尾去心火

做完三遍后，身体重心左移，右脚回收成开步站立，与肩同宽，同时，两掌向外经侧上举，掌心相对，目视前方。随后松腰沉髋，身体重心缓缓下降，两腿膝关节微曲，同时屈肘，两掌经面前下按至腹前，掌心向下，指尖相对，目视前方，如图 15-12 所示。

图 15-12　第五式收势

功能与作用：

（1）心火，即心热火旺的病症，属阳热内盛的病机。通过两腿下蹲，摆动尾闾，可刺激脊柱、督脉等；通过摇头，可刺激大椎穴，从而起到疏经泄热的作用，有助于去除心火。

（2）在摇头摆尾过程中，脊柱腰段、颈段大幅度侧屈、环转及回旋，可使整个脊柱的头颈段、腰腹及臀、股部肌群与收缩，既增加了颈、腰、髋的关节灵活性，也增强了这些部位的肌肉力量。

常见错误：

（1）马步撅臀、跪膝、脚尖外展。

（2）摇头摆尾时，挺胸、展腹、尾闾转动不到位。

（七）第六式：两手攀足固肾腰

动作一：接上式。两掌指尖向前，两臂向前、向上举起，肘关节伸直，掌心向前；两腿挺膝伸直站立，目视前方，如图 15-13（a）所示。

动作二：两臂外旋至掌心相对，屈肘，两掌下按于胸前，掌心向下，指尖相对，目视前方，如图 15-13（b）所示。

动作三：两臂外旋，两掌心向上，随之两掌掌指顺腋下向后插，目视前方，如图 15-13（c）和 15-13（d）所示。

动作四：两掌心向内沿脊柱两侧向下摩运至臀部，随之上体前俯，两掌继续沿腿后下摩运，经脚两侧置于脚面，抬头，动作略停，目视前下方，如图 15-13（e）至 15-13（h）所示。

动作五：两臂向前、向上举起，肘关节伸直，掌心向前，两臂上举，目视前方，如图 15-13（i）和 15-13（j）所示。

（a）　　　　（b）　　　　（c）　　　　（d）

（e）　　　（f）　　　（g）　　　　（h）

（i） （j）

图 15-13 第六式：两手攀足固肾腰

本式一上一下为一遍，共做六遍。做完六遍后，上体立起，同时，两臂向前、向上举起，肘关节伸直，掌心向前，目视前方。随后松腰沉髋，身体重心缓缓下降，两腿膝关节微屈，同时，两掌向前下按至腹前，掌心向下，指尖向前，目视前方，如图 15-14 所示。

图 15-14 第六式收势

功能与作用：

（1）通过前屈后伸可刺激脊柱、督脉以及命门、阳关、委中等穴，有助于防治生殖泌尿系统方面的慢性病，起到固肾壮腰的作用。

（2）通过脊柱大幅度前屈后伸，可有效发展躯干前、后伸屈脊柱肌群的力量与伸展性，同时对腰部的肾有良好的牵拉、按摩作用，可以改善其功能，刺激其活动。

常见错误：

（1）两掌向下摩运未达臀部时已俯身。

（2）起身时未塌腰，未以臂带身。

（八）第七式：攒拳怒目增气力

动作一：接上式。身体重心右移，左脚向左开步，两腿徐缓屈膝半蹲成马步，同时，两掌握固，抱于腰侧，拳眼朝上，目视前方。左拳缓慢用力向前冲出，与肩同高，拳眼朝上，瞪目，视左拳冲出方向，如图 15-15（a）和 15-15（b）所示。

动作二：左臂内旋，左拳变掌，虎口朝下，目视左掌；左臂外旋，肘关节微屈，同时，左掌向左缠绕，变掌心向上后握固，目视左拳，如图 15-15（c）和 15-15（d）所示。

动作三：屈肘，回收左拳至腰侧，拳眼朝上，目视前方，如图 15-15（e）所示。

动作四至六：同动作一至三，惟方向相反。

本式一左一右为一遍，共做三遍。

(a)　　　　　(b)　　　　　(c)　　　　　(d)　　　　　(e)

图 15-15　第七式：攒拳怒目增气力

做完三遍后，身体重心右移，左脚回收成并步站立，同时，两掌变拳，自然垂于体侧，目视前方，如图 15-16 所示。

图 15-16　第七式收势

功效与作用：

（1）中医认为，"肝主筋，开窍于目"。本式中的"怒目瞪眼"可刺激肝经，使肝血充盈，肝气疏泻，有强健筋骨的作用。

（2）两腿下蹲、十趾抓地、双手攒拳、旋腕、手指逐节强力抓握等动作，可刺激手、足三阴三阳十二经脉的俞穴和督脉等，同时，使全身肌肉、筋脉受到静力牵张刺激，长期锻炼可使全身筋肉结实，气力增加。

常见错误：

（1）马步撅臀、跪膝、脚尖外展。

（2）攒拳时未怒目，攒拳与握固回收时，肘未贴肋。

（3）抓握前的旋腕动作未以腕为轴。

（九）第八式：背后七颠百病消

动作一：接上式。两脚跟提起，头上顶，动作略停，目视前方，如图 15-17（a）所示。

动作二：两脚跟下落，轻震地面，目视前方，如图 15-17（b）所示。

本式一起一落为一遍，共做七遍。

（a）　　　　　　　（b）

图 15-17　第八式：背后七颠百病消

功效与作用：

（1）脚趾为足三阴、足三阳经交会之处，脚十趾抓地，可刺激足部有关经络，调节相应脏腑的功能，同时，颠足可刺激脊柱与督脉，使全身脏腑经络气血通畅，阴阳平衡。

（2）颠足而立可发展小腿后部肌群力量，拉长足底肌肉、韧带，提高人体的平衡能力。

（3）落地震动可轻度刺激下肢及脊柱各关节外结构，并使全身肌肉得到放松复位，有助于解除肌肉紧张。

常见错误：提踵时耸肩，未停顿。

（十）收势

动作一：接上式。两臂内旋，向两侧摆起，与髋同高，掌心向后，目视前方，如图 15-18（a）所示。

动作二：两臂屈肘，两掌相叠置于丹田处（男性左手在内，女性右手在内），目视前方，如图 15-18（b）和 15-18（c）所示。

动作三：两臂自然下落，两掌贴于腿外侧，目视前方，如图 15-18（d）所示。

功效与作用：气息归元，放松肢体肌肉，愉悦心情，进一步巩固练功效果，逐渐恢复到练功前安静时的状态。

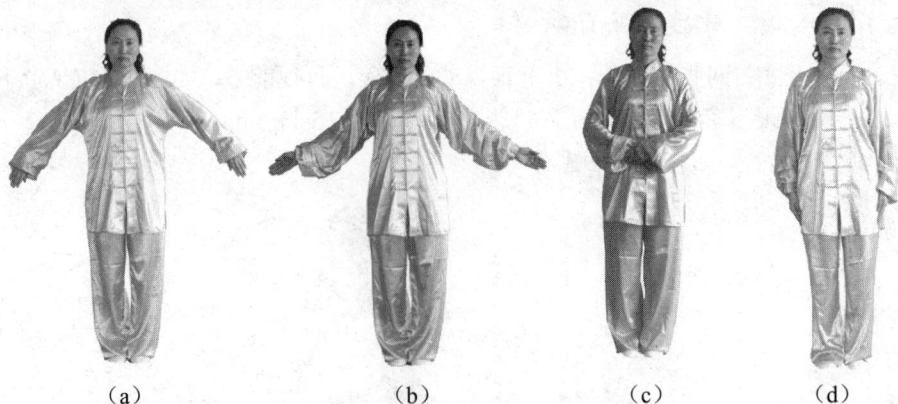

（a）　　　　　（b）　　　　　（c）　　　　　（d）

图 15-18　收势

第二节　防身术

由于在校大学生的安全防范能力与自卫防身技能相对较弱，在遇到突发事件时最容易受到伤害。因此，学习防身术对大学生来说具有重要的现实意义。防身术是在武术格斗技术的基础上归纳、提炼出来的基本技术，包括手法、肘法、腿法、膝法及女子防身术等。

一、手法

手法包括拳法、掌法和指法，其中拳法包括直拳、摆拳、勾拳、鞭拳等；掌法包括插掌、切掌、撩掌等；指法是指运用手指的抓、掐、抠、插等方法攻击对方的要害部位，其动作简单，不需要特殊的攻击力度。

（一）直拳

直拳是指直线进攻拳法，其行走的路线较短。

1. 动作方法

以右拳为例，右脚在前成实战步（即侧身成前后开立步），前脚掌蹬地，身体稍右转，重心稍前移，右拳向前击出，左拳放于下颌外侧待发，如图 15-19 所示，随即，拳顺原路收回成实战步。

图 15-19　直拳

2. 练习方法

（1）用左右直拳击打沙袋，可以配合步法练习。打沙袋分两种，一种戴上手套打软沙袋，主要训练力量，可发全力击；另一种打较硬一些的沙袋，不带手套击打，主要提高拳的硬度，不可急于求成。

（2）用左右直拳击打吊起来的纸，要求出拳快且到位，既不将纸打坏、打掉，又要把纸打出声来，这是一种爆发力的练习。

（3）用左右直拳击打手靶，主要练习打拳的准确性及出拳前的距离调整。

（二）摆拳

摆拳是从两侧攻击对手，属于弧线进攻拳法，有力量大、击得较远等特点。

1．动作方法

以左拳为例，左脚在前成实战步，左拳由身体左侧向前，在臂伸直的一瞬间向右下击出，肘关节上翻，借助身体右转的力将拳打出，如图 15-20 所示，然后拳有弹性地弧形收回，目视前方。

图 15-20　摆拳

2．练习方法

（1）先直臂击打沙袋，体会转腰发力，待熟练后用摆拳的动作击打沙袋，主要练习转体发力。

（2）用摆拳击打吊球，提高出拳的准确性。

（3）用摆拳击打手靶，近似于击打人。

（三）勾拳

勾拳分两种，一种是上勾拳，一种是平勾拳，这两种都是弧线进攻拳法，击打力量较大。

1．动作方法

上勾拳的动作方法：以右拳为例，左脚在前成实战步，身体左转，同时右脚掌蹬地，脚跟外转，向左上挺髋，右拳借此力向左上出击，肘弯曲 90°左右，目视前方，如图 15-21 所示。上勾拳击打的位置为下颌、面部，斜上勾拳击打的位置为两肋或腹部。

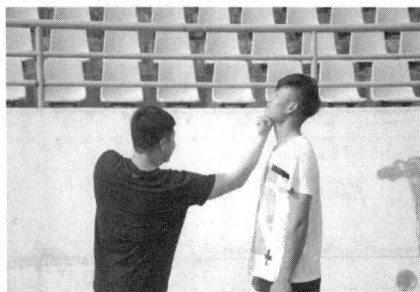

图 15-21　上勾拳

平勾拳的动作方法：左脚在前成实战步，上体左转，右脚掌蹬地，右脚跟外转，右肘高提成水平，右拳借此力向左侧下横击，肘也可以稍高于肩。拳过身体重心线后有弹性地收回，目视前方。

2．练习方法

（1）用上勾拳击打吊球，主要提高出拳的准确性。

（2）用斜上勾拳击打沙袋中、下部，待熟练后用斜上勾拳接平勾拳击打沙袋。左右勾拳交换练习。

（四）鞭拳

鞭拳可以直接攻击对手，也可以在其他技法的掩护下进攻；为了加大鞭拳的力度还可以借转体的力量将拳发出。

1．动作方法

以左拳为例，右脚在前成实战步，左脚向外展并向后撤步，右脚随之左转，上体左转，同时用左拳背弧线向左横击，同时右拳护下颌，目视左拳，如图 15-22 所示。也可以转体180°左右攻击对方。转体要突然有力，鞭拳要借转体的力量发出，拳要行弧线，要有一股鞭打的力量。

图 15-22　鞭拳

2．练习方法

（1）从实战步开始练习转体发拳，要做到拳借腰力，待熟练后再配合各种步法进行练习。

（2）配合各种步法击打沙袋。

（五）插掌

防身术中常用的掌法是插、切、撩。插是用指插击对方，但在女子或者体弱人员自卫防身攻击术中因指力弱，故改为小拳（即除拇指以外的四个手指第二指关节紧屈成锐角的握拳法）插打对方；切是用小鱼际（小指掌沿外侧，靠近掌根部）击打对方；撩是用掌根部位击打对方。

插掌是一种直线型进攻动作，它具有易发动、预兆小、灵活性高的特点，可结合身体高低姿势和双方距离变化，有效地攻击对方的要害部位。

1．基本技术

以右掌为例，双腿自然站立，两手自然抬至胸前，右手掌平直，右脚蹬地，左脚向前侧迈出半步，重心略向左脚移动，同时紧腕伸肘，顺肩转腰，向前爆发插击，力达指节，如图 15-23所示。

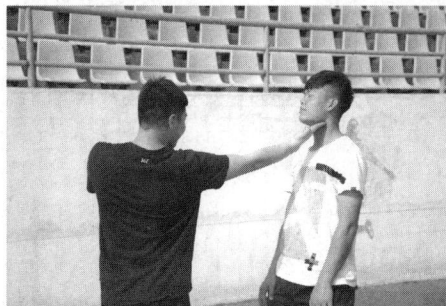

图 15-23　插掌

2．动作要点

（1）插击时上体不可前倾，身体稍向左转，蹬地上步转髋，拧腰顺肩，伸臂紧掌，动作要连贯协调；发力要短促，以气催力达于指节。

（2）要大臂催前臂，臂内旋爆发击出，使肩、肘、腕、掌基本成水平状，腕要紧，指节要紧，掌背和前臂成水平。

（六）切掌

切掌技法很多，这里只介绍平切掌。平切掌指手掌水平，以肘关节为轴沿圆弧向前切出。力点应是在小鱼际近腕骨处，千万不可用近指端攻击对方，这样不但切击无力，而且易造成自己指掌受伤。

1．基本技术

以右掌为例，双腿自然站立，两臂自然弯曲抬至胸前，手至肩高。左脚蹬地，推动右脚向前侧迈出一小步，重心移至右脚，上体略左转。同时右臂内旋，掌心向下，手腕内扣，掌外沿（小鱼际）向前。肘与肩平，沿左肩由内向外，由屈到伸，猛力沿弧线向前切击，力达掌外沿近腕骨部，如图15-24所示。

图15-24　平切掌

2．动作要点

（1）四指伸直并紧，拇指曲紧扣于虎口处。

（2）蹬地，转髋，抬肘，切击要连贯协调，发力要猛。

（七）撩掌

撩掌是掌法中常用的基本技术之一，它不但攻击力度大、杀伤性强，而且具有突发性和隐蔽性。女子防身攻击技术的撩掌主要是针对男子的裆部，如图15-25所示。

图15-25　撩掌

1．基本技术

以右掌为例，双腿自然站立，右腿在前。右脚蹬地，重心移向右脚，右脚跟略抬，脚掌碾地外展。身体略下沉右转，右膝和身体随即向前上挺伸，并向左转体，同时右掌心向上或握拳背向上，肘微屈，由下向前上撩出，力达掌根或拳背。

2．动作要点

以腰发力，蹬腿、转体、挺腰动作要协调、迅猛。

二、肘法

肘法属于近距离击打的技法，肘击较之其他手法（掌、拳等）更重、更狠。

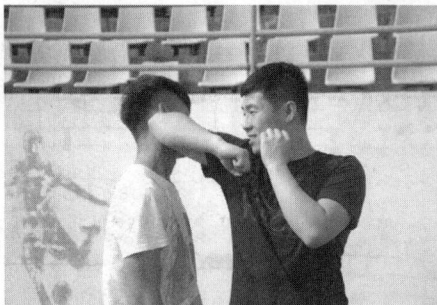

图15-26　横肘

（一）横肘

动作方法：以右肘为例，预备势后，右脚急速向前迈进一步，同时右臂屈肘，拳眼对胸，抬臂与肩平，肩腰向左猛拧，肘由右向左横击，左拳紧握，屈肘，如图15-26所示。

要求：拧腰、转肩要有力；横肘主要用于攻击对手上身和头部，因此肘部与肩平为好。

（二）挑肘

挑肘可用于击打对方胸腹部。

动作方法：以右肘为例，前臂回收弯曲，肘尖由下向前上挑击，如图15-27所示。

要求：发力时蹬腿、旋转的身体要领同直拳、勾拳，挑臂动作同勾拳。

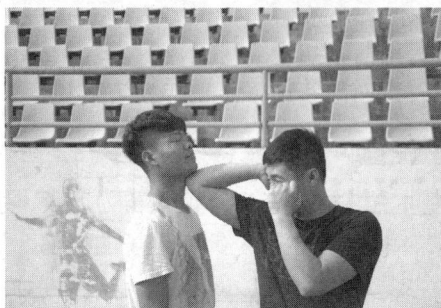

图15-27　挑肘

（三）砸肘

砸肘多用于对方抱腰、腿时砸击其后脑、腰部。

动作方法：以右肘为例，手臂上抬，肘尖朝前上，砸击时身体迅速下沉，肘由上往下砸击，如图15-28所示。

要求：身体下沉与手臂砸击两股力合而为一。

（四）反手顶肘

反手顶肘主要用于攻击背后之敌肋、腹部。

动作方法：以右肘为例，手臂略上抬，身体迅速下沉（但幅度没有砸肘大），同时两肘向后顶

图15-28　砸肘

击，力达肘尖，如图 15-29 所示。

图 15-29　反手顶肘

（五）反手横肘

反手横肘主要用于攻击背后之敌面部、太阳穴等。

动作方法：以右肘为例，手臂平抬，蹬腿，身体旋转发力，同时手臂随旋转方向向后横向猛击，力达肘尖，如图 15-30 所示。

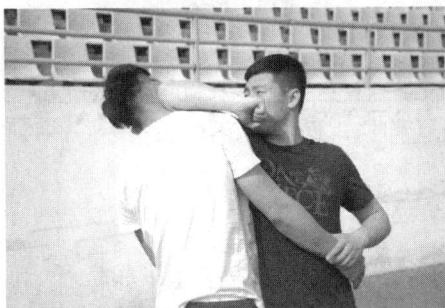

图 15-30　反手横肘

三、腿法

（一）弹腿

1. 动作方法

以右势实战姿势开始，左脚向后蹬地，身体重心前移至右脚；左脚蹬地顺势屈膝提起，右脚以前脚掌为轴外旋约 90°，同时，左腿迅速以膝关节为轴伸膝、送髋、顶髋，把小腿快速向前踢出，力达脚尖或前脚掌，如图 15-31 所示。踢击目标后左腿迅速放松弹回，落回原地仍成右势实战姿势。

图 15-31　弹腿

2. 动作要领

（1）膝关节上提时大小腿折叠，膝关节夹

紧，小腿和踝关节放松，有弹性。

（2）踢击时顺势往前送髋，高踢时往上送髋。

（二）蹬腿

1．动作方法

基本实战势站立，左脚蹬地，重心前移，左脚以髋关节为轴提膝、勾脚，用左脚脚跟向前蹬出，力达脚跟，蹬向正前方，如图 15-32 所示。

图 15-32　蹬腿

2．动作要领

（1）收紧膝关节，重心往前移，利用身体的重量为力量。

（2）蹬出的时候腿往前伸展、送髋，蹬出的路线水平往前。

（三）侧踹腿

1．动作方法

基本实战势站立，重心移至后腿，膝略屈，脚尖外展，右腿屈膝上，抬膝高于腰，脚尖勾起，脚底朝外侧下，随即小腿外翻，脚底朝向攻击点挺膝踹出，力达脚底，同时后腿挺直，上体向后腿侧倾，目视脚面，然后踹出，如图 15-33 所示，腿下落，还原成基本姿势。

图 15-33　侧踹腿

2．动作要领

提膝时上体略向支撑腿侧转，脚内侧与地面近于平行，踹出时身体向支撑腿侧倾的斜度随攻击点的高度变化，越高倾斜度越大，支撑腿应用脚前掌为轴碾地，使脚跟内收。

（四）铲腿

1．动作方法

以右铲腿为例，以左实战势开始，重心后移，左腿屈膝半蹲支撑重心，脚尖外展，右腿屈膝提起，脚掌内扣，随即右腿由屈到伸以脚刃（脚掌外侧缘）为力点向前下方铲击，如图 15-34 所示。铲腿后，迅速恢复成实战姿势。

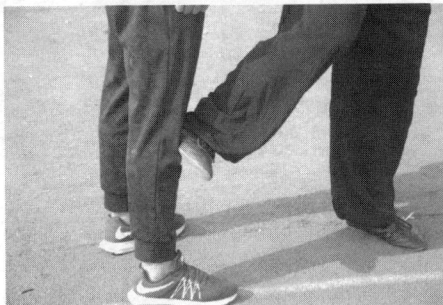

图 15-34　铲腿

2．动作要点

铲腿之时要展胯。动作要快速、连贯地完成，注意保持身体平衡。

四、膝法

（一）提膝

提膝又称顶膝，要领是膝腿上抬，动作要猛，并以双手拉住对方帮助发力，如图 15-35 所示。提膝是女性用以攻击的利器。

图 15-35　提膝

（二）侧撞膝

侧撞膝分为左侧撞膝和右侧撞膝。左侧撞膝是左膝上抬，由左向右侧撞击，如图 15-36 所示。动作要领是微倒身，扭髋内转，两手可抓住对方帮助发力。右侧撞膝动作与左侧撞膝相反。

图 15-36 侧撞膝

五、女子防身术

女子遇到危险的情形比较复杂，防身术的动作和技法也很多，这里只介绍几种常见的情形和防身技术，以帮助女同学了解和进行初步的演练。

（一）当被坏人从正面搂抱时

当被坏人从正面搂住后颈和肩部时，要用手迅速回拉坏人的头和肩背部，同时用头部前额猛撞坏人的鼻梁，接着左膝猛向上提，顶击坏人裆部，如图 15-37 所示。坏人便会被击倒在地，无比痛楚。

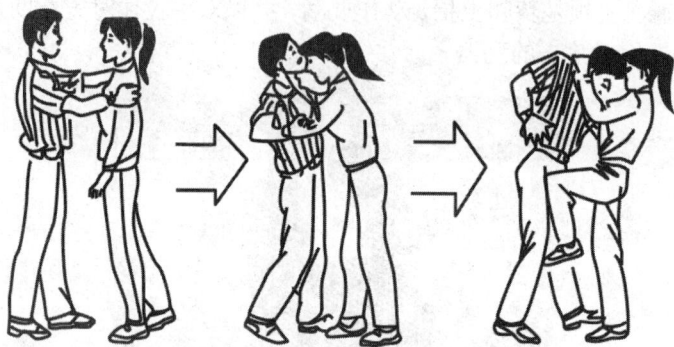

图 15-37 当被坏人从正面搂抱时的防身术

动作要点：回拉、头撞时要用力，整个动作要连贯、迅速。

（二）当被坏人由背后用右手臂锁住咽喉并扼住手腕时

应立即向后稍仰头，右手用力下拉坏人右手臂，在向左转体的同时，左腿向坏人身后撤步，将其双腿锁住，上体向坏人猛力挤靠，左臂向后压其胸部，将其挤靠压倒，此时，坏人必松手而撑地，利用这个时机，用左拳猛砸击其裆部，如图 15-38 所示。

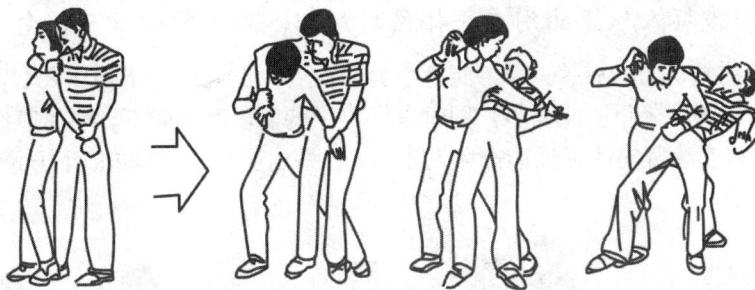

图 15-38　当被坏人由背后锁住咽喉并扼住手腕时的防身术

动作要点：拉臂要紧、转体撤步要快、挤靠有力、砸击迅速。

（三）当被坏人扭住右臂，妄图带走作案时

这时用左肘平屈，迅速左后转体，顶击坏人头部，接着用左手食、中指直捅坏人双眼，如图 15-39 所示。

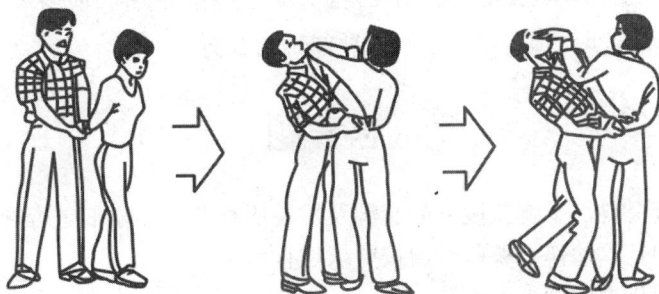

图 15-39　当被坏人扭住右臂时的防身术

动作要点：转体顶肘要猛，捅指迅速准确。

（四）当被坏人将右手腕拧至背后，左手捂住嘴巴，妄图挟持时

用左肘弯曲由下向斜上顶击坏人左肋，随即身体前倾，左手撑地，左脚向后上方蹬击坏人裆部，如图 15-40 所示。

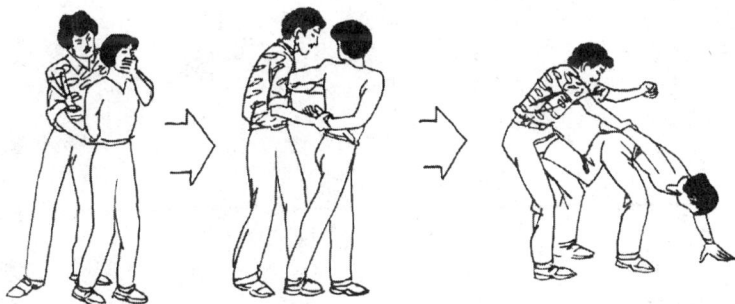

图 15-40　当被坏人拧手腕挟持时的防身术

动作要点：顶肘要有力，撑地蹬裆要准确迅速。

（五）当被坏人从正面用左手搂住后颈部，右手拿化学药剂向口鼻捂时

应迅速憋住气，同时右手握拳，竖起小臂，由后向左前外旋格挡坏人右臂，接着右脚上半步，内扣屈膝下降重心成马步，同时右拳收于胸前，拳心向下，右肘直线向坏人胸窝迅速顶击，随即右拳背向前下弧形击坏人面部，右拳由上向后，再向前下方捶击坏人裆部，如图 15-41 所示。

图 15-41　当被坏人搂住后颈部，拿化学药剂捂鼻时的防身术

动作要点：格臂快，顶肘猛，击面捶裆要协调有力。

思考题

1. 从网上查资料，了解八段锦的起源及发展历程并和同学们进行交流。
2. 八段锦的基本动作有哪些？请按要求进行练习。
3. 举例说明防身术的基本手法、腿法、肘法、膝法的动作方法和要求。
4. 女子防身术的基本动作有哪些？请按要求进行练习。
5. 举例说明一种自卫防身术的实用招数，并找同伴一起演示。

第十六章　健美操

【学习目标】
1. 了解健美操的概况
2. 熟悉健美操的基本动作
3. 熟悉第三套全国健美操套路
4. 了解健美操的竞赛规则

　　健美操是一项以有氧运动为基础，以健、力、美为特征，融体操、舞蹈、音乐为一体的身体练习。它既是健身美体、陶冶情操的大众健身方式，又是竞技运动的一个项目。健美操以其自身固有的价值和魅力，风靡全世界，深受广大青年学生及群众的喜爱。

　　目前，健美操种类繁多，分类方法也各不相同。根据健美操的目的和任务，可以将其分为健身健美操和竞技健美操两大类。健身健美操以健身为目的，旨在全面活动身体和发展身体；竞技健美操则以竞技为目的，有特定的比赛规则和评分方法，对人的身体素质、技术技能和艺术表现力有较高的要求。

第一节　基本动作

　　健美操基本动作练习是按照人体生理解剖结构分部位进行练习，因此可以有重点地、系统地改善和发展身体的各个部位。掌握基本动作就可以为尽快地掌握复杂动作和成套动作打好基础。

一、手形（见图 16-1）

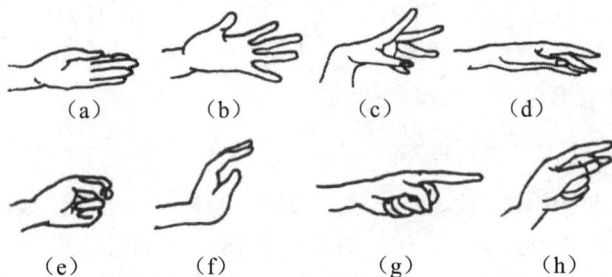

(a)　　　(b)　　　(c)　　　(d)

(e)　　　(f)　　　(g)　　　(h)

图 16-1　手形

　　（1）五指并拢式：五指伸直，相互并拢。

　　（2）五指分开式：五指用力伸直，充分张开。

　　（3）西班牙舞手势：手指用力，小指、无名指、中指至掌指关节处依次错落，拇指稍内扣。

　　（4）芭蕾手势：五指微曲，后三指并拢，稍内收，拇指内扣。

（5）拳式：握拳，拇指在外。

（6）推掌式：手指用力上翘，五指自然弯曲。

（7）一指式：握拳，食指伸直或拇指伸直。

（8）响指：拇指与中指摩擦，做打响指状，无名指、小指曲握。

二、身体各部位基本动作

（一）头、颈部动作

头、颈部动作由曲、转、绕和绕环等动作组成。

（1）曲：指头颈关节弯曲，包括前、后、左、右曲。

（2）转：指头颈部绕身体垂直轴转动，包括左、右转。

（3）绕和绕环：指头以颈为轴心做弧形和圆形运动，包括左、右绕和左、右绕环。

动作要求：做各种形式头颈动作时，上体保持正直，速度要慢，头颈移动的方向要准确，颈部被动肌群充分伸展。

（二）肩部动作

肩部动作由提肩、沉肩、绕肩、肩绕环和振肩等动作组成。

（1）提肩：指肩胛骨向上运动，包括单肩、双肩的同时提和依次提。

（2）沉肩：指肩胛骨向下运动，包括单肩、双肩的同时沉和依次沉。

（3）绕肩：指以肩关节为轴做小于360°的弧形运动，包括单肩向前、后绕，双肩同时或依次向前、后绕。

（4）肩绕环：指以肩关节为轴做360°及360°以上的圆形运动，包括单肩向前、后绕环，双肩同时或依次向前、后绕环。

（5）振肩：指固定上体，肩急速向前或向后摆动，包括双肩同时前、后振和依次前、后振。

动作要求：

（1）提肩时尽力向上，沉肩时尽力向下，动作幅度大而有力。

（2）绕肩时上体不能摆动，两臂放松，头颈不能前探；动作连贯，速度均匀，幅度大。

（3）振肩动作要有速度、力度和弹性。

（三）上肢（手臂）动作

上肢（手臂）动作由举、曲、摆、绕、绕环、振和旋等动作组成。

（1）举：指以肩为轴，臂的活动范围不超过180°而停止在某一部位的动作，包括单臂和双臂的前、后、侧举，以及不同中间方向的举（如侧上举、侧下举等）。

（2）曲：指肘关节产生了一定的弯曲角度，包括胸前曲、胸前平曲、肩侧曲、肩上侧曲、肩下侧曲、肩上前曲、腰间曲、背后曲、头上曲和头后曲，如图16-2所示。

（3）摆：指以肩或肘关节为轴，向身体各方向做钟摆式运动（如图16-3（a）所示），包括单臂和双臂同时或依次向前、后、左、右摆。

（4）绕：指双臂或单臂向内、外、前、后做180°以上360°以下的弧形运动。图16-3（b）

所示为双臂向内外绕。

（5）绕环：指以肩关节为轴，双臂或单臂做 360°及 360°以上的圆形运动，包括向前、向后、向内绕环。图 16-3（c）和图 16-3（d）所示为单臂前后绕环和双臂前后绕环。

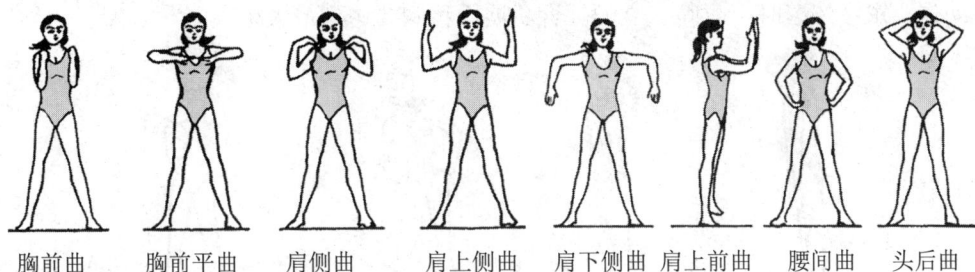

| 胸前曲 | 胸前平曲 | 肩侧曲 | 肩上侧曲 | 肩下侧曲 | 肩上前曲 | 腰间曲 | 头后曲 |

图 16-2 屈臂

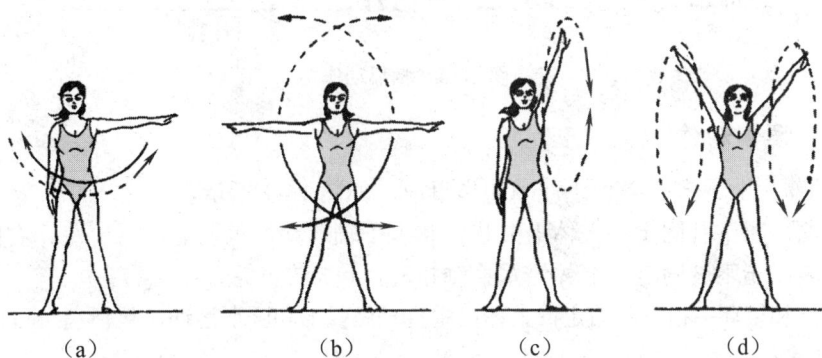

（a） （b） （c） （d）

图 16-3 手臂摆、绕、绕环

（6）振：指以肩为轴，手臂用力摆至最大幅度，包括侧举后振、上举后振和下举后振，如图 16-4 所示。

（7）旋：指以肩或肘为轴做臂的旋内或旋外动作，如图 16-5 所示。

动作要求：

（1）做臂的举、曲伸时，肩下沉。

（2）做臂的摆动时，起与落要保持弧形。

（3）上体保持正直，位置准确，幅度要大，力达身体最远端。

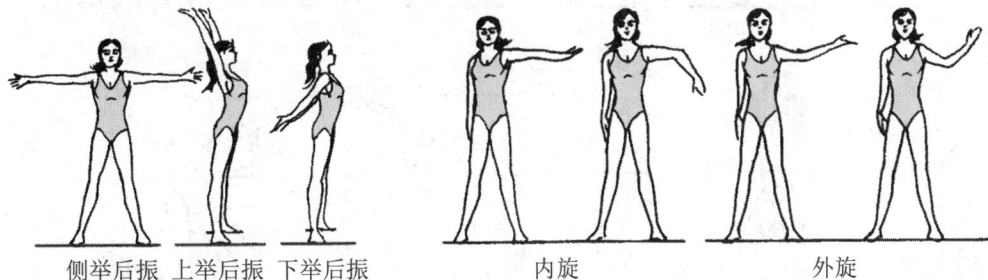

侧举后振 上举后振 下举后振

图 16-4 振臂

内旋 外旋

图 16-5 旋臂

（四）胸部动作

胸部动作由含胸、展胸和移胸等动作组成，如图 16-6 所示。

（1）含胸：指两肩内合，缩小胸腔。

（2）展胸：指两肩外展，扩大胸腔。

（3）移胸：指髋部固定，胸向左、右水平地移动。

动作要求：练习时，收腹、立腰。含、展、移胸要达到最大极限。

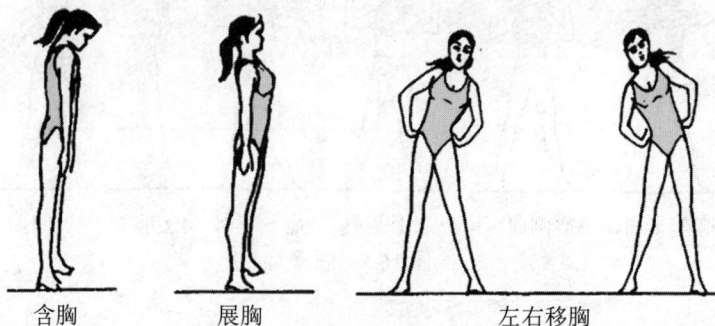

含胸　　　　展胸　　　　　　左右移胸

图 16-6　胸部动作

（五）腰部动作

腰部动作由曲、转、绕和绕环等动作组成，如图 16-7 所示。

（1）曲：指下肢固定，上体沿矢状轴和水平轴运动，包括前、后、左、右曲。

（2）转：指下肢固定，上体沿垂直轴扭转，包括左、右转。

（3）绕和绕环：指下肢固定，上体沿垂直轴做弧形和圆形运动，包括左、右绕和绕环。

动作要求：

（1）练习时，身体远端尽力向外延伸，绕环幅度要大，充分而连贯，速度放慢。

（2）腰前曲、转时，上体立直。

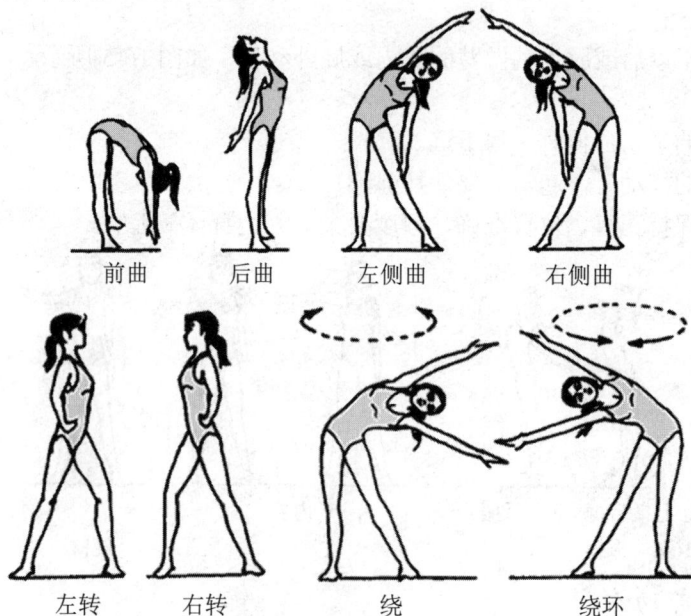

前曲　　　后曲　　　左侧曲　　　右侧曲

左转　　　右转　　　绕　　　绕环

图 16-7　腰部动作

（六）髋部动作

髋部动作由顶髋、提髋、绕髋和髋绕环等动作组成，如图 16-8 所示。

（1）顶髋：指髋关节急速地水平移动，包括前、后、左、右顶髋。

（2）提髋：指髋关节做急速向一侧上提的动作，包括左、右提髋。

（3）绕髋和髋绕环：指髋关节弧形、圆形移动，包括向左、右绕和绕环。

动作要求：髋关节做顶、提、绕和绕环动作时应平稳、柔和、协调，稍带弹性，上体要放松。

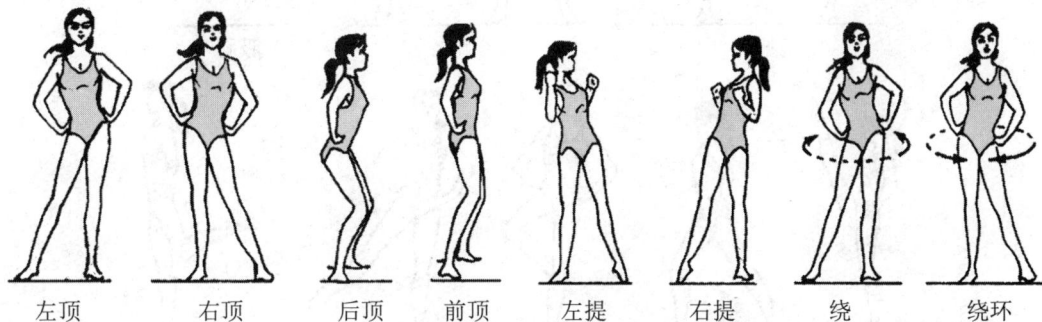

左顶　　右顶　　后顶　　前顶　　左提　　右提　　绕　　绕环

图 16-8　髋部动作

（七）下肢动作

下肢动作由滚动步、交叉步、跑跳步、并腿跳和侧摆腿跳等动作组成，如图 16-9 所示。

（1）滚动步：两脚同时交替做由前脚尖至全掌依次落地动作。

（2）交叉步：一脚向另一脚前或后交叉行进。

（3）跑跳步：两脚交替进行，跑后支撑阶段有一次跳的过程。

（4）并腿跳：双腿并拢，直膝或屈膝跳。

（5）侧摆腿跳：单腿跳起，同时另一腿向外侧摆动。

动作要求：跳跃要轻松自如、有弹性，注意呼吸配合。

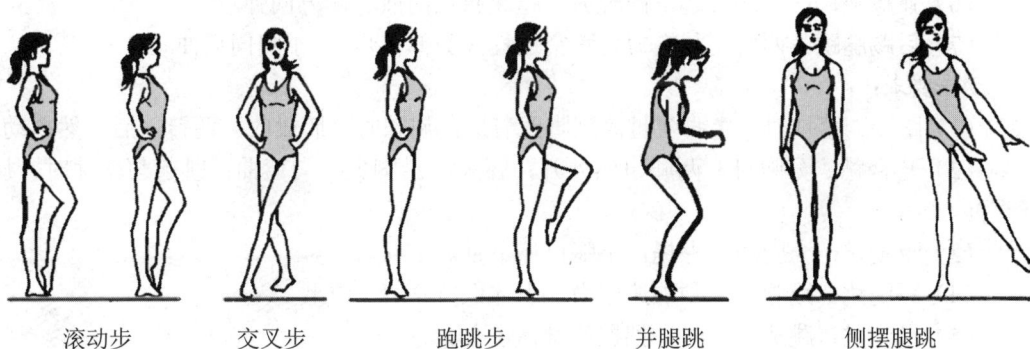

滚动步　　交叉步　　跑跳步　　并腿跳　　侧摆腿跳

图 16-9　下肢动作

三、健美操规则规定的 7 个基本步伐

国际体操联合会健美操委员会出版的《竞技性健美操规则》中把健美操的步伐分为以下

7大类：踏步、开合跳、吸腿跳、踢腿跳、弓步跳、弹踢腿跳和后踢腿跳，如图16-10所示。

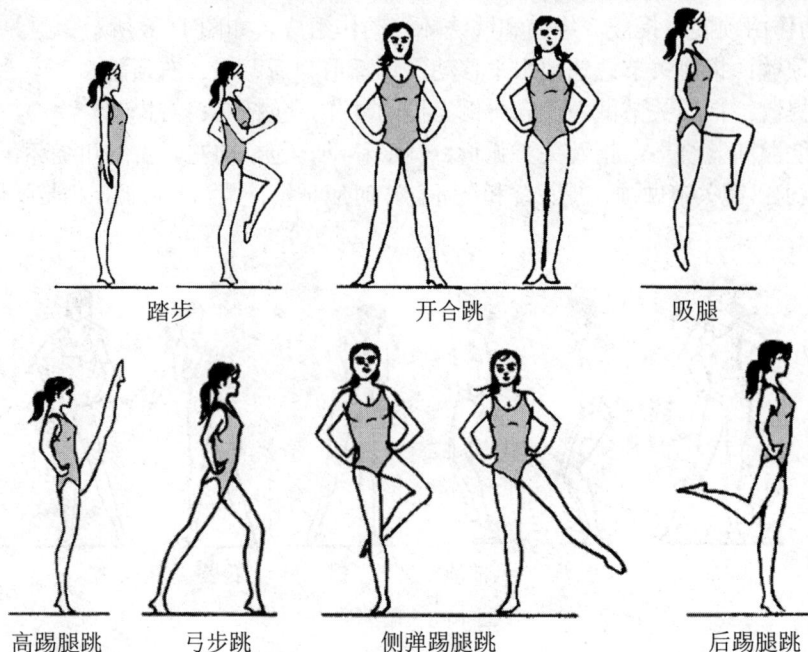

图16-10　健美操基本步伐

（1）踏步：两脚交替不间断地做屈膝上提然后踏地的动作，包括脚尖不离地的踏步、脚离地的踏步和高抬腿的大幅度踏步。

（2）开合跳：并腿跳至开立，分腿跳至并立。

（3）吸腿跳：单腿跳起，同时另一腿屈膝向前、侧上提。

（4）踢腿跳：单腿跳起，同时另一腿直腿向前、侧方向踢出，包括小幅度和大幅度的踢腿。

（5）弓步跳：并腿跳起，落地时成前（侧、后）弓步。

（6）弹踢腿跳：单腿跳起，同时另一腿经屈膝向前、侧方向弹踢。

（7）后踢腿跳：两脚交替有短暂腾空过程（类似跑步），小腿向后曲。

动作要求：

（1）踏步：落地时，由脚尖过渡到脚跟着地；屈膝时，胯微收。两臂前后自然摆动。

（2）开合跳：分腿时，两腿自然外开，膝关节沿脚尖方向弯曲；跳起与落地时，屈膝缓冲。

（3）吸腿跳：大腿用力上提，小腿自然下垂。

（4）踢腿跳：踢腿时，须加速用力，上体保持正直、立腰。

（5）弓步跳：跳成弓步时，把握住身体重心。

（6）弹踢腿跳：大腿抬起至一定角度后，小腿自然伸直，膝关节稍有控制。

（7）后踢腿跳：髋和膝在一条线上，小腿叠于大腿。

第二节　第三套全国健美操套路

套路示例：第三套全国健美操大众锻炼标准成人一级规定动作。

一、组合一

表 16-1　组合一第一节动作

节拍		下肢动作	上肢动作
预备姿势		站立	
一	1～8	右脚开始一字步 2 次	1～2 双臂胸前曲，3～4 双臂后摆，5 双臂胸前曲，6 双臂上举，7 双臂胸前曲，8 双臂放于体侧

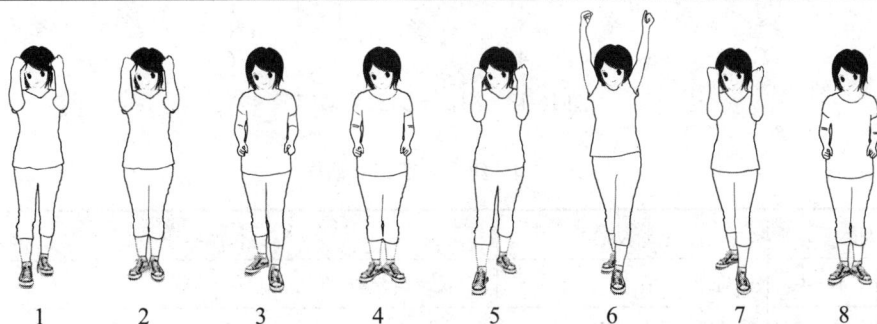

图 16-11　组合一第一节动作

表 16-2　组合一第二节动作

节拍		下肢动作	上肢动作
二	1～4	右脚开始向前走 3 步吸腿	1～3 双臂经前举后摆至肩侧曲，4 击掌
	5～8	左脚开始向后退 3 步吸腿	手臂同 1～4

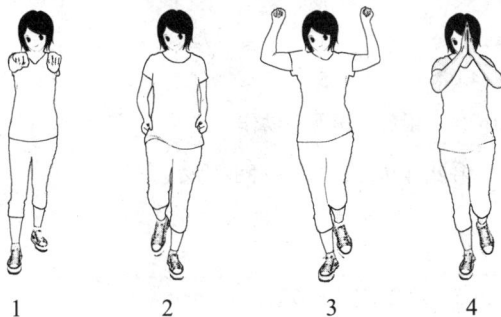

图 16-12　组合一第二节动作

第三套全国健美操大众
锻炼成人一级

表 16-3　组合一第三节动作

节拍		下肢动作	上肢动作
三	1～4	右脚开始侧并步 2 次	1 右臂肩侧曲，2 右臂还原，3 左臂肩侧曲，4 左臂还原
	5～8	右脚向侧连续并步 2 次	5 双臂胸前平曲，6 双臂还原，7～8 同 5～6 动作

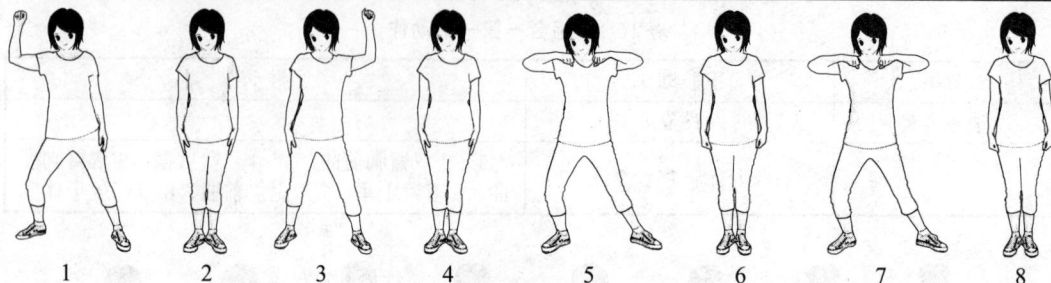

图 16-13　组合一第三节动作

表 16-4　组合一第四节动作

节拍		下肢动作	上肢动作
四	1～4	左脚十字步	双臂自然摆动
	5～8	左脚开始踏步 4 次	5 击掌，6 还原，7～8 同 5～6 动作

图 16-14　组合一第四节动作

第五～第八个八拍动作同第一～第四个八拍，但方向相反。

二、组合二

表 16-5　组合二第一节动作

节拍		下肢动作	上肢动作
一	1～8	右脚开始前点地 4 次	1 双臂屈臂右摆，2 还原，3 双臂屈臂左摆，4 还原，5 右臂摆至侧上举、左臂胸前平曲，6 还原，7～8 同 5～6 动作，但方向相反

图 16-15　组合二第一节动作

表 16-6　组合二第二节动作

节拍		下肢动作	上肢动作
二	1～4	右脚开始向右弧形走 270°	双臂自然摆动
	5～8	并腿半蹲 2 次	5 双臂前举，6 右臂胸前平曲（上体右转），7 双臂前举，8 放于体侧

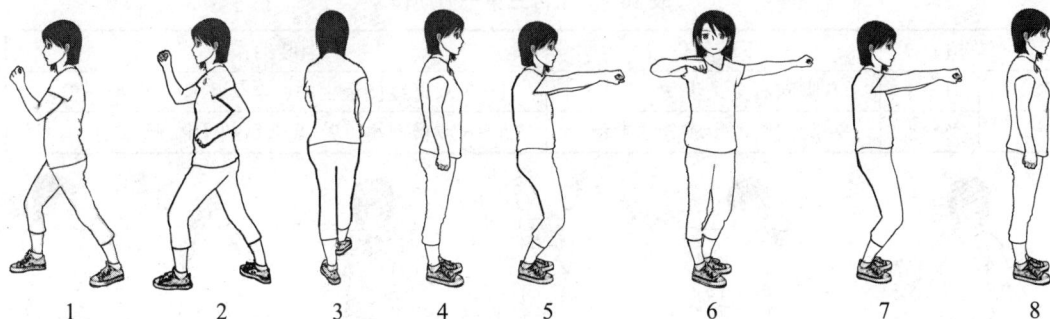

图 16-16　组合二第二节动作

表 16-7　组合二第三节动作

节拍		下肢动作	上肢动作
三	1～8	1～4 左脚上步吸腿右转体 90°，5～8 右脚上步吸腿	1 双臂前举，2 屈臂后拉，3 前举，4 还原，5～8 同 1～4 动作

图 16-17　组合二第三节动作

183

表 16-8　组合二第四节动作

节拍		下肢动作	上肢动作
四	1～8	左脚开始向侧迈步后屈腿4次	屈肘前后摆动

1　　　　2　　　　3　　　　4

图 16-18　组合二第四节动作

第五～第八个八拍动作同第一～第四个八拍，但方向相反。

三、组合三

表 16-9　组合三第一节动作

节拍		下肢动作	上肢动作
一	1～4	右脚向右交叉步	1～3 双臂经侧至上举，4 双臂胸前平曲
	5～8	左脚向侧迈步成分腿半蹲	5～6 双臂前举，7～8 双臂放于体侧

1　　　　2　　　　3　　　　4　　　　5～6　　　　7～8

图 16-19　组合三第一节动作

表 16-10　组合三第二节动作

节拍		下肢动作	上肢动作
二	1～4	右脚开始侧点地 2 次	1 右臂左前举、左臂屈肘于腰间，2 双臂屈肘于腰间，3～4 同 1～2 动作，但方向相反
	5～8	右脚连续 2 次侧点地	5～8 同 1～2 动作，重复 2 次

1 2 3 4 6 8

图 16-20　组合三第二节动作

表 16-11　组合三第三节和第四节动作

节拍		下肢动作	上肢动作
三	1～8	左腿开始向前走 3 步接吸腿 3 次	1 双臂肩侧曲外展，2 胸前交叉，3 同 1 动作，4 击掌，5 双臂肩侧曲外展，6 腿下击掌，7～8 同 3～4 动作
四	1～8	右腿开始向后走 3 步吸腿 3 次	同上

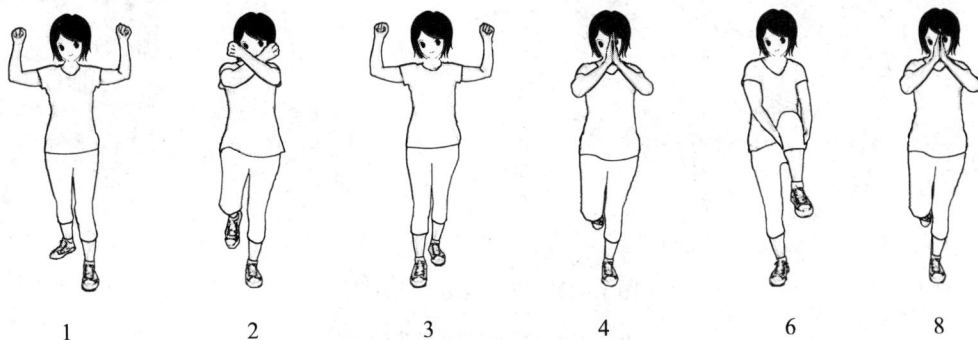

1 2 3 4 6 8

图 16-21　组合三第三节动作

第五～第八个八拍动作同第一～第四个八拍，但方向相反。

四、组合四

表 16-12　组合四第一节动作

节拍		下肢动作	上肢动作
一	1～8	1～4 右腿开始 V 字步，5～8A 字步	1 右臂侧上举，2 双臂侧上举，3～4 击掌 2 次，5 右臂侧下举，6 双臂侧下举，7～8 击掌 2 次

图 16-22　组合四第一节动作

表 16-13　组合四第二节动作

节拍		下肢动作	上肢动作
二	1～4	右脚开始弹踢腿跳 2 次	1 双臂前举，2 下摆，3～4 同 1～2 动作
	5～8	右脚连续弹踢 2 次	5 双臂前举，6 胸前平曲，7 同 5 动作，8 还原体侧

图 16-23　组合四第二节动作

表 16-14　组合四第三节动作

节拍		下肢动作	上肢动作
三	1～8	左腿漫步 2 次	双臂自然摆动

图 16-24　组合四第三节动作

表 16-15　组合四第四节动作

节拍		下肢动作	上肢动作
四	1~8	左脚开始迈步后点地 4 次	1~2 右臂经肩侧曲至左下举,3~4 同 1~2 动作,但方向相反 5~6 右臂经侧举至左下举,7~8 同 5~6 动作,但方向相反

图 16-25　组合四第四节动作

第五~第八个八拍动作同第一~第四个八拍,但方向相反。

第三节　健美操的竞赛规则

一、竞赛项目

比赛共设 5 个项目:男子单人、女子单人、混合双人、三人和集体五人。

二、比赛场地

(1)赛台:赛台高 80~140 cm,面积不得小于 14 m×14 m,后面有背景遮挡。

(2)竞赛地板和竞赛区:竞赛地板位于赛台中心,面积为 12 m×12 m,其上方以宽度为 5 cm 的黑色标记带圈定竞赛区,标记带是竞赛区的一部分。其中,单人、混双和三人健美操的竞赛区面积为 7 m×7 m,集体五人赛的竞赛区面积为 10 m×10 m。

三、比赛时间

成套动作的时间为 1 分 45 秒,有加减 5 秒的宽容度。

四、难度动作

成套动作必须包括下列各类难度动作各一个:① 动力性力量;② 静力性力量;③ 跳与跃;④ 平衡与柔韧。最多允许做 12 个难度动作。

五、评分方法

裁判分为艺术裁判、完成裁判、难度裁判、视线裁判、计时裁判和裁判长。艺术裁判、完成裁判、难度裁判分别评出艺术分、完成分和难度分。

（1）艺术分：主要包括操化动作、难度动作、过渡/连接和托举动作的成套创编（2分）；音乐的使用（2分）；操化动作组合（2分）；比赛场地的使用（2分）；表现力与同伴配合（2分）。最高分为10分，以0.1加分。

（2）完成分：包括技术技巧、合拍与一致性。从10分起评，对每个完成错误给予减分。

（3）难度分：根据难度动作级别给分，按照加分的方法评分，从0分起评。但以下情况将给予减分：超过12个难度动作、超过6次地面动作或超过2次成俯卧撑落地，每超过一个扣1.0分；难度动作重复或难度动作缺组，每次扣1.0分。

另外，如果比赛时运动员身体的任何部位触及标记带以外的场地，将被判为出界，每次扣0.1分。以下情况裁判长将给予减分，如违例动作每次扣1.0分等。

艺术分、完成分与难度分相加为总分。从总分中减去难度裁判、视线裁判与裁判长的减分为最后得分。

六、着装要求

运动员须穿适合运动的健美操服和运动鞋，着装整洁、美观、大方，不允许使用悬垂饰物，如皮带、飘带和花边等。女运动员的头发须梳系于后，头发不得遮住脸部；允许化淡妆，禁止佩戴首饰。

思考题

1．健美操的基本动作有哪些？请按要求进行练习。
2．第三套全国健美操套路的基本动作有哪些？请按要求进行练习。

第十七章　体育舞蹈

【学习目标】
1. 了解体育舞蹈的概念、起源和分类
2. 了解体育舞蹈的基本技术
3. 了解体育舞蹈的基本规则和评判标准

第一节　概　述

体育舞蹈又称国际标准舞，是集体育、舞蹈、艺术和音乐为一体，以优美的艺术舞姿为表现形式的一种步行式双人舞。由于体育舞蹈的强度、力度和速度与其他体育运动量等同，所以将其划入体育运动类。

体育舞蹈来源于非洲黑人的民间土风舞，起初流行于乡间。它先后经历了原始舞蹈、公众舞、民间舞、宫廷舞、社交舞（即交际舞、交谊舞）和新旧国际标准舞等几个发展阶段。

一、体育舞蹈的分类

体育舞蹈是男女为伴的竞赛项目，按照舞蹈的风格和技术结构，可分为摩登舞和拉丁舞；按照竞赛项目可分为摩登舞（又称现代舞）、拉丁舞和团体舞（又称队列舞）。

摩登舞包括华尔兹、维也纳华尔兹、探戈、狐步和快步舞 5 个舞种。拉丁舞包括伦巴、恰恰、桑巴、牛仔和斗牛舞 5 个舞种。团体舞是拉丁舞和摩登舞的混合舞，由 8 对选手组成，将十种舞姿编排在一支舞中，通过群体的动作配合和队形的变化来表现舞蹈特点。

二、体育舞蹈的常用术语

（一）舞程向

舞程向是指整套舞蹈行进的方向。为了避免舞者之间相互碰撞，规定在舞场起舞时按照一定的方向行进。

（二）舞程线

舞程线是一条设想的线，是舞者沿舞程向方向行进的路线。

（三）方位

方位是以舞程线为标准，规定了脚所指的方向与舞场的位置关系。用来在舞蹈行进中正确地辨别身体与舞场的相对位置和检查旋转角度。一般以主席台的一面为规定方位的基点，并定为"1"点，按顺时针方向，每转动 45° 则变动一个方位，即场上共设 8 个方位，如图 17-1 所示。

主席台

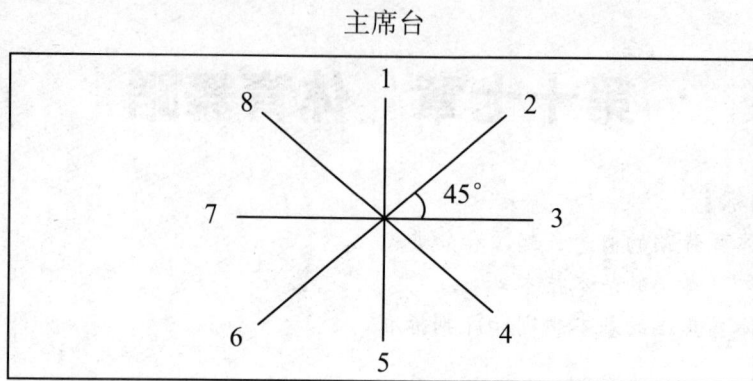

图 17-1　方位

在国际体育舞蹈中，还规定了 8 条线来指示舞蹈者每个舞步的行进方向，如图 17-2 所示。

主席台

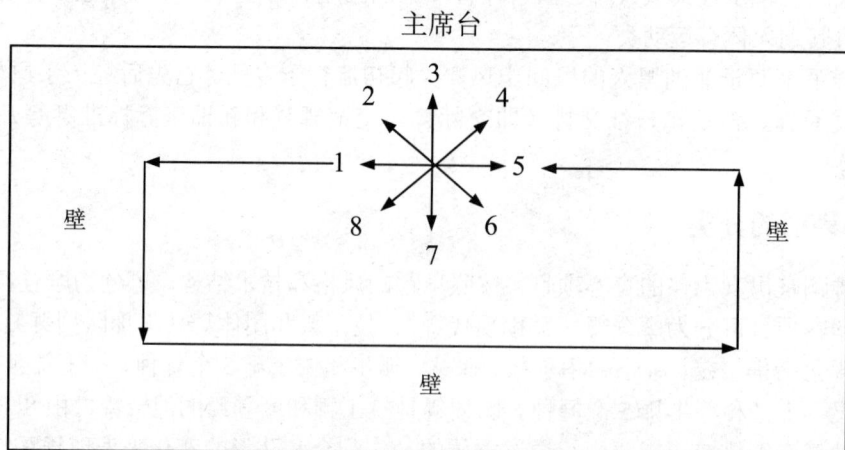

1：面对舞程线　2：面斜壁线　3：面对壁线　4：背斜中央线
5：背对舞程线　6：背斜壁线　7：面对中央线　8：面斜中央线

图 17-2　舞步的行进方向

（四）角度

角度指舞者运动时每一步之间脚位方向变化的度数，通常以圆的切分法来表示。旋转 1 周表示 360°；1/8 周表示 45°；1/4 周表示 90°；3/8 周表示 135°；1/2 周表示 180°；5/8 周表示 225°；3/4 周表示 270°；7/8 周表示 315°。

（五）身体位置

身体位置是指舞步开始或结束时，身体与舞场的位置关系。身体位置与舞步行进方向的规定一致。舞者可根据舞蹈编排的需要选择或变化位置关系，以突出舞蹈风格特点和表演效果。

（六）脚位

（1）左脚或右脚前进。

（2）左脚或右脚后退。

（3）左脚或右脚向侧。

（4）左脚或右脚斜进。

（5）左脚或右脚斜退。

（七）转度

转度是舞者在起舞过程中旋转的角度。

（八）节奏

节奏是指音乐的均衡循环。由于音乐节奏的变化，产生不同的音乐格调，舞者按音乐节奏的变化调整舞步，从而表演出不同风格特点的舞姿。

第二节　基本技术

体育舞蹈中，摩登舞与拉丁舞的风格有很大差别，十个舞种的舞程向、握持姿势、动作要领等都不尽相同，本节将以摩登舞中的华尔兹和拉丁舞中的伦巴为例，为大家讲解一些最基本的舞步。

一、体育舞蹈的基本动作

（一）基本腿部动作

1. 常步

常步又称为散步、走步，分为前进步和后退步两种。前进时，首先以全脚掌触地，转为以前脚掌触地，向前迈腿时过渡到脚跟擦地向前，脚跟着地后过渡到脚趾，身体重心随之移到前腿上；后退时动作相反，首先以全脚掌触地，转为以前脚掌触地，向后出腿时用脚尖擦地向后，脚趾着地后过渡到脚跟，重心随之移到后腿。

2. 横步

横步有左横步和右横步之分。左横步时，左脚以全脚掌向左旁迈一步，距离约与肩同宽，右脚用脚前掌向左腿靠拢，重心移到靠拢过来的右腿上；右横步动作相反。

3. 并步

并步可分为向前、后、侧方3种并步。以向前并步为例，左脚向前迈一步，随之重心前移，右脚用脚前掌向左腿靠拢，身体重心仍在左腿上。

4. 摇摆步

摇摆步有左右和前后摇摆两种。左脚向前迈一步，重心前移，然后重心后移再向前移，之后再向后移，形成前后摇摆状；左右摇摆步原理相同，重心变为向左或向右移动。

（二）移动

移动时要保持脚、身体与重心的一致性，只动脚不动身体或只动身体不动脚都是不正确的。转换重心时要平滑，不能有颠簸的感觉，保持肩部和脊柱的稳定，身体垂直但不僵硬；尽量用前脚掌支撑身体重量；胯部不要扭动，向侧移动时把胯部的倾斜减到最低程度。

脚在移动过程中要保持脚尖非常轻地与地面接触。不要把脚趾使劲拖在地面上，而是非常轻盈地划过。

二、摩登舞

（一）摩登舞的舞程向和舞程线

摩登舞是一种行进性舞蹈，要求舞者在行进当中完成指定动作。摩登舞的舞程向是沿着舞池的逆时针方向。舞程线是沿舞程向的方向，且与舞池墙壁平行的线，舞程线如图17-3所示。舞程线外侧为壁，内侧为舞池中央。

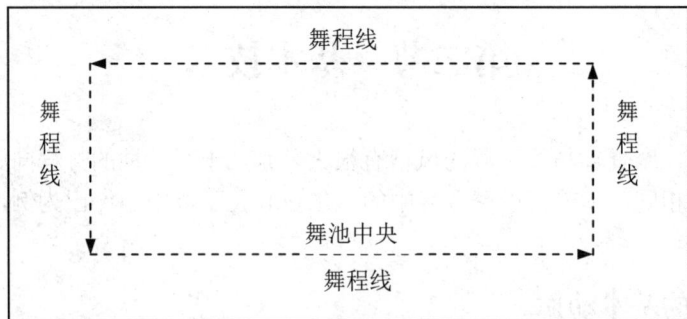

图 17-3　摩登舞的舞程线

（二）握持姿势

1. 闭式握持姿势

在摩登舞中，闭式握持姿势最为常用，闭式握持姿势如图17-4所示。

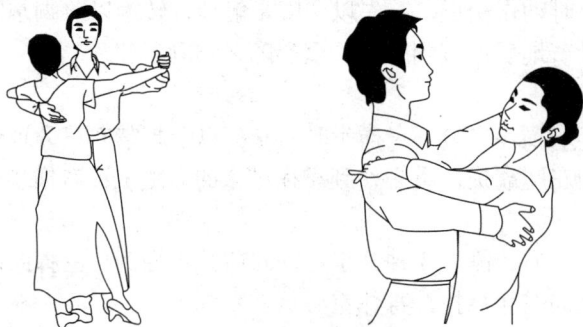

图 17-4　闭式握持姿势

（1）男女舞伴相对站立，双腿并拢，双膝自然放松。男伴与女伴的两脚相距约10～15 cm，右脚尖对准对方两脚的中间。

（2）双方均身体稍前倾。男伴身体重心在右脚，挺胸立腰沉肩，收腹微提臀，胯部向左微转约 15°；女伴身体重心在左脚，收腹提臀，紧腰沉肩。以腹部 1/2 的右腹接触对方，胸肋以下至大腿根部与对方相贴。

（3）男伴头部基本保持正直；女伴头部向左转约 45°，含颌，颈部尽量向上牵伸，向后打开胸部线条。

（4）男伴双臂侧平举，两肘保持水平。左臂的大臂与小臂弯曲形成 90° 左右，左肘比肩低 5～10 cm，左手高度与女伴右耳齐平。右臂的大臂与小臂弯曲形成 70°～80° 左右；女伴双臂侧平举，两肘保持水平。右臂弯曲约 150°，左臂轻贴男伴右臂之上。

（5）男伴的左手虎口与女伴右手虎口相交，握于女伴小指之下，掌心空出。女伴左手虎口张开，放在男伴右上臂三角肌下部，拇指在内侧，其他四指在外侧，腕部和小臂放平，不得突起。

2．开式（散式）握持姿势

在闭式舞姿的基础上，男女舞伴上身均向外打开，目光通过相握的手向同一方向远视，但腰髋并不分离，两人身体呈 V 字形。

三、华尔兹的基本舞步

华尔兹典雅大方，动作流畅，旋转性强，热烈而兴奋，动作具有起伏、倾斜、摆荡和反身的特点。其音乐为 3/4 拍，每分钟 30～32 小节；其舞步基本上是一拍跳一步，每小节跳三步，一些特殊舞步则是每小节跳四步，如犹豫步、前进和并步（又称追步）、前进锁步和后退锁步。

华尔兹是五种摩登舞中最基础，也是最难跳的一种舞。下面我们主要介绍前进、并脚换位，1/4 左转连接 1/4 右转，叉形步，侧行追步等基础步法。

（一）前进、并脚换位

前进、并脚换位包括左足前进、并脚换位和右足前进、并脚换位。左足前进、并脚换位的动作如图 17-5 所示；动作要领如表 17-1 和表 17-2 所示。

（a）　　　　　　　　（b）　　　　　　　　（c）

图 17-5　左足前进，并脚换步

表 17-1　男士动作步骤

图例	节奏	要领	脚法	方位	升降	转度	倾斜
图 17-5（a）	1	左脚正前方进步，右腿屈膝	跟、掌	面向舞程线	降、升	不转	
图 17-5（b）	2	右脚经左脚横步	掌	面向舞程线	继续升	不转	左
图 17-5（c）	3	左脚并于右脚，双腿屈膝	掌	面向舞程线	升最高，结尾降最低	不转	左

表 17-2　女士动作步骤

图例	节奏	要领	脚法	方位	升降	转度	倾斜
图 17-5（a）	1	右脚正后方退步	掌、跟	背向舞程线	降、升	不转	
图 17-5（b）	2	左脚经右脚横步	掌	背向舞程线	继续升	不转	右
图 17-5（c）	3	右脚并于左脚	掌	背向舞程线	升最高，结尾降最低	不转	右

右足前进、并脚换位的动作与左足前进、并脚换位的动作要领相同，动作相反。

（二）1/4 左转连接 1/4 右转

1/4 左转连接 1/4 右转动作如图 17-6 所示。动作要领如表 17-3 和表 17-4 所示。

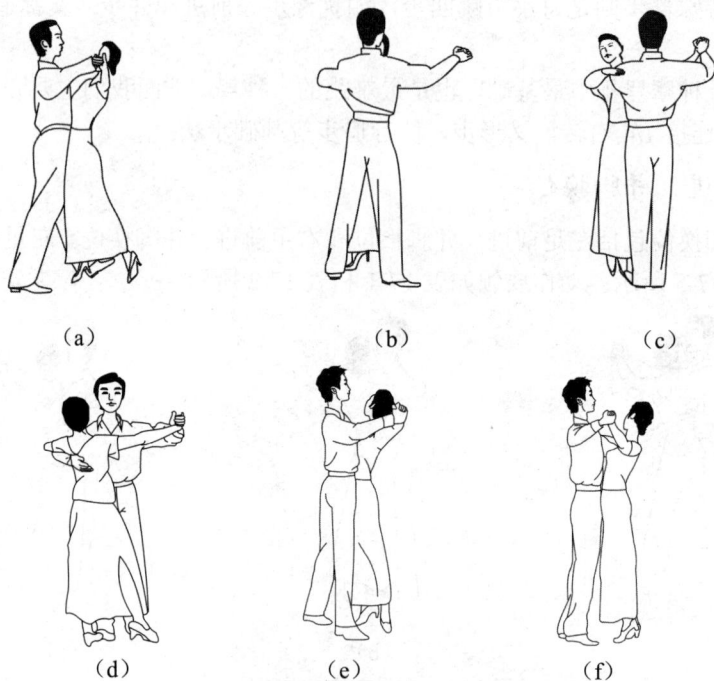

（a）　　　　　　　　（b）　　　　　　　　（c）

（d）　　　　　　　　（e）　　　　　　　　（f）

图 17-6　1/4 左转连接 1/4 右转

表 17-3　男士动作步骤

图例	节奏	要领	脚法	方位	升降	转度	倾斜
图 17-6（a）	1	左脚前进，右肩前送	跟掌	面斜中央线	结尾开始上升	开始左转	左
图 17-6（b）	2	右脚经左脚横步	掌	背斜壁线	继续上升	1/4	左
图 17-6（c）	3	左脚并于右脚	掌跟	背斜壁线	继续上升，结尾下降		
图 17-6（d）	1	左脚后退，右肩后送	掌跟	背斜壁线	结尾开始上升	开始右转	右
图 17-6（e）	2	右脚经左脚横步	掌	面斜中央线	继续上升		右
图 17-6（f）	3	右脚并于左脚	掌跟	面斜中央线	继续上升，结尾下降	1/4	

表 17-4　女士动作步骤

图例	节奏	要领	脚法	方位	升降	转度	倾斜
图 17-6（a）	1	右脚后退，左肩后送	掌、跟	背斜中央线	结尾开始上升	开始左转	右
图 17-6（b）	2	左脚经右脚横步	掌	面斜壁线	继续上升	1/4	右
图 17-6（c）	3	右脚并于左脚	掌、跟	面斜壁线	结尾下降		
图 17-6（d）	1	右脚前进，左肩前送	跟、掌	面斜壁线	结尾开始上升	开始左转	左
图 17-6（e）	2	右脚经左脚横步	掌	背斜中央线	继续上升		左
图 17-6（f）	3	左脚并于右脚	掌、跟	背斜中央线	结尾下降	1/4	

（三）叉形步

叉形步动作如图 17-7 所示。动作要领如表 17-5 和表 17-6 所示。

（a）　　　　　　（b）　　　　　　（c）

图 17-7　叉形步

表 17-5 男士动作步骤

图例	节奏	要领	脚法	方位	升降	转度	倾斜
图 17-7（a）	1	左脚前进	跟、掌	面斜壁线	结尾开始上升	不转	
图 17-7（b）	2	右脚经左脚横步	掌	面斜壁线	继续上升	不转	左
图 17-7（c）	3	左脚在右脚后交叉	掌、跟	面斜中央线	结尾下降	1/4	左

表 17-6 女士动作步骤

图例	节奏	要领	脚法	方位	升降	转度	倾斜
图 17-7（a）	1	右脚后退	掌、跟	背斜壁线	结尾开始上升	不转	
图 17-7（b）	2	左脚经右脚横步	掌	背斜壁线	继续上升	不转	右
图 17-7（c）	3	右脚在左脚后交叉，重心在后	掌、跟	面斜中央线	结尾下降	右转 1/4	右

（四）侧行追步

侧行追步动作如图 17-8 所示。动作要领如表 17-7 和表 17-8 所示。

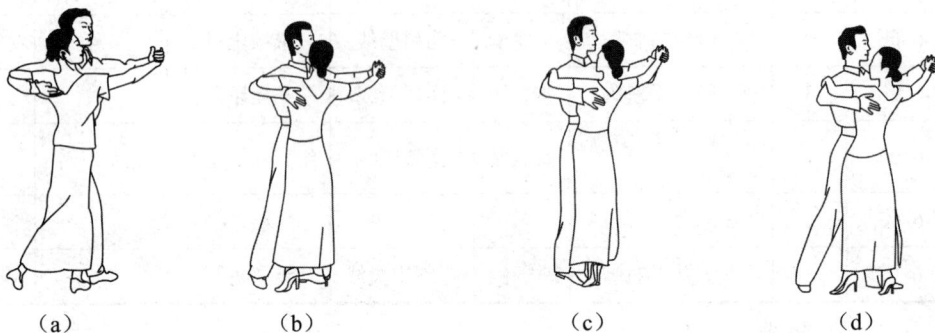

（a）　　　　　　　（b）　　　　　　　（c）　　　　　　　（d）

图 17-8 侧行追步

表 17-7 男士动作步骤

图例	节奏	要领	脚法	方位	升降	转度
图 17-8（a）	1	右脚前进并交叉于反身	跟、掌	面斜壁线，沿着舞程线走	结尾开始上升位置	开始左转
图 17-8（b）	2（前 1/2）	左脚横步稍前	掌	面斜壁线	继续上升	1/8
图 17-8（c）	2（后 1/2）	右脚并于左脚	掌、跟	面斜壁线	继续上升	1/8 身体稍转
图 17-8（d）	3	左脚横步稍前	掌、跟	面斜壁线	保持上升、结尾下降	不转

表17-8 女士动作步骤

图例	节奏	要领	脚法	方位	升降	转度
图17-8（a）	1	左脚前进并交叉于反身	跟、掌	面斜壁线,沿着舞程线走	结尾开始上升	开始右转
图17-8（b）	2（前1/2）	右脚横步稍前	掌	背斜壁线	继续上升	1/8
图17-8（c）	2（后1/2）	左脚并于右脚	掌、跟	背斜壁线	继续上升	1/8 身体稍转
图17-8（d）	3	右脚横步稍前	掌、跟	背斜壁线	保持上升、结尾下降	不转

四、拉丁舞

（一）拉丁舞的舞程向与舞程线

拉丁舞与摩登舞的风格有很大的区别。摩登舞的五个舞种都遵循同样的舞程向与舞程线，而拉丁舞的五个舞种的舞程向与舞程线都有其自身的特点，且舞蹈风格也各不相同。

伦巴舞、恰恰舞、牛仔舞在起舞时可沿逆时针方向行进，也可从场地中央开始向场地四个角的方向行进；桑巴舞和斗牛舞在表演和比赛时以面向观众或评委起舞为最佳，桑巴舞的舞程向与舞程线与摩登舞一致，因此它是拉丁舞中唯一的行进性的舞蹈。

（二）拉丁舞髋部的韵律摆动和切分

1. 韵律摆动

拉丁舞在整个舞蹈过程中突出表现了男女双方髋的韵律摆动（简称律动）。髋部动作是以腰部摆动带动髋的韵律性摆动。髋部摆动时，腰部要放松，上体保持正直，两臂在体侧自然摆动，髋的律动要平衡，没有上下起伏的动作。

伦巴舞中髋部是向侧顶送的，此时要防止上体向体侧倾斜；恰恰舞髋的律动是向前侧或后侧摆送，由于动作节奏较快，在做腰部的扭转和臀部的绕摆动作时，要注意保持髋部的律动平衡。

桑巴舞髋部的摆动与其他舞区别较大，其髋部的摆动是绕身体纵轴环形绕摆，整个身体的律动也以髋和腹的环形绕动而摆动，胸和头自然前后摆动，动作中腰部要特别放松，膝、踝关节保持弹性以增强身体的协调性；牛仔舞在顶髋时，上体与髋同时摆动；斗牛舞髋的律动比其他舞摆动幅度小，随着舞步的移动，髋与上体同时摆动。

2. 切分

动作的切分主要是指在音乐节奏的一拍中完成动作时，髋的摆动在后半拍中出现，尤其以伦巴舞和恰恰舞更为常见。如伦巴舞基本舞步中的前进并步第一拍中前半拍：左脚前进一步，重心前移；后半拍：髋向左前侧顶送。第二拍中前半拍：右脚在后原地踏一步，重心后移；后半拍：髋向右后侧顶送。

（三）拉丁舞的步伐

拉丁舞的步伐多为擦地滑行运步，运步中腿部微屈膝、踝关节的弹性表现突出，以脚尖着地运步配合快速多变的舞蹈节奏。例如，伦巴舞、恰恰舞、桑巴舞中，运步中滑行、拖步和并步运用较多，脚尖着地运步更为突出，膝部的弯曲度较大，膝、踝关节的弹性表现明显。斗牛舞动作节奏明快，步伐刚健有力，体现出了斗牛士勇敢、健壮的勇士气质。

（四）拉丁舞身体的基本姿势

（1）双脚并立，身体尽量伸直，使头、肩、胯三点成一线，两眼平视，脖子拉直，下颌稍微内收，使人可以从后看到后颈较直。

（2）挺胸使两肩胛骨向后关闭，两肩下沉同时将身体的中段（胸腰部分）向上拔起，使身体的中段和两肩有个互相顶压的力。

（3）臀部稍向内收，小腹向上拉，但不可过分使身体变形，感觉上身躯干是直的。骨盆可往旁边送，因而感觉上重量放在支撑脚的脚跟上。

（4）两条大腿要稍内收，双膝要绷直，不可弯曲，大腿和小腿的肌肉要收紧，感觉是向反方向拉紧。

（五）拉丁舞的握持姿势

拉丁舞与摩登舞相比具有活泼欢快的特点，因而它的握持姿势没有统一固定的模式，不同舞种的握持姿势各异，在起舞过程中握持姿势还会随着舞姿的变化而变换。伦巴舞的舞姿比华尔兹舞姿变化较多，男女双方相对位置与牵手状况也较复杂，大致可将其归类为下列三种：

1．闭式握持姿势

将体重完全置于重心脚上方，男女双方距离约 15 cm 左右。男性右手放在女性左肩胛骨，女性的左手放在男性右臂上，沿着肩膀轻放；男性的左手放在眼睛高度处，轻握女性右手。拉丁舞的闭式握姿中，男女身体相离稍远，双手腕彼此向对方稍延伸，如图 17-9（a）所示。

2．分式面对姿势

分式面对舞姿一定要注意背部后面要尽量延伸，臀部收紧向身体内缩，不要提升，男女双手保持在腰部附近，非重心脚的脚跟提起，如图 17-9（b）所示。

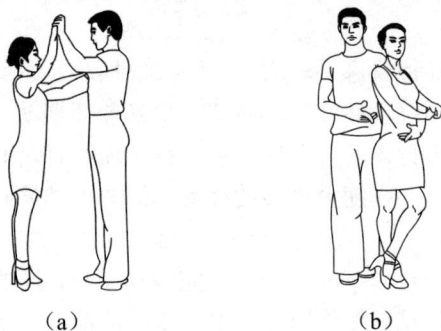

（a）　　　　　　　　　　（b）

图 17-9　拉丁舞的闭式握持及分式面对姿势

3．扇形姿势

扇形姿势是伦巴舞和恰恰舞中常用舞姿。扇形打开时，非重心脚脚跟提起，女性肚脐向男性，身体稍扭转。扇形舞姿要保持两人之间能容纳三个人为宜，圆形要大一些，双手则在男女双方中间紧握，如图 17-10 所示。

图 17-10 拉丁舞中的扇形姿势

五、伦巴的基本舞步

伦巴的音乐节奏为 4/4 拍，每分钟 27～29 小节，每小节四拍。乐曲旋律的特点是强拍落在每小节的第四拍。舞步从第 4 拍起跳，由一个慢步和两个快步组成。四拍走三步，慢步占二拍（第 4 拍和下一小节的第一拍），快步各占一拍（第二拍和第三拍）。胯部动作是由控制重心的一脚向另一脚移动而形成的向两侧作"∞"型摆动，每小节中胯部摆动三次。

下面我们主要来介绍伦巴舞的基本方步和原地左转步。

基本方步

（一）基本方步

基本方步的动作如图 17-11 所示。男士动作要领如表 17-9 所示，女士动作要领相同，方向相反。

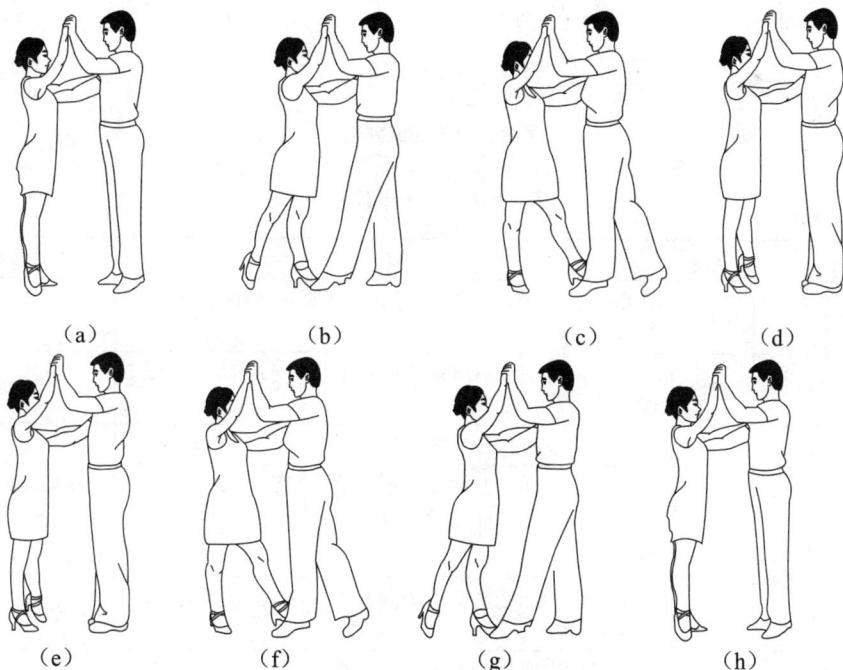

（a）   （b）   （c）   （d）

（e）   （f）   （g）   （h）

图 17-11 基本方步

表 17-9　男士动作步骤

图例	节奏	脚位
图 17-11（a）	1	重心在右脚垂直站立、膝绷直，左脚尖内侧点地
图 17-11（b）	2	左脚正前方进步，重心落到左脚
图 17-11（c）	3	重心由左脚移动到右脚
图 17-11（d）	4	左脚经右脚向侧，结束后重心在左脚、膝绷直
图 17-11（e）	1	重心在左脚垂直站立、膝绷直，右脚尖内侧点地
图 17-11（f）	2	右脚正后方退步，重心落到右脚
图 17-11（g）	3	重心由右脚移动到左脚
图 17-11（h）	4	右脚经左脚向侧，结束后重心在右脚、膝绷直

（二）原地左转步

原地左转步的动作如图 17-12 所示。动作要领如表 17-10 和表 17-11 所示。

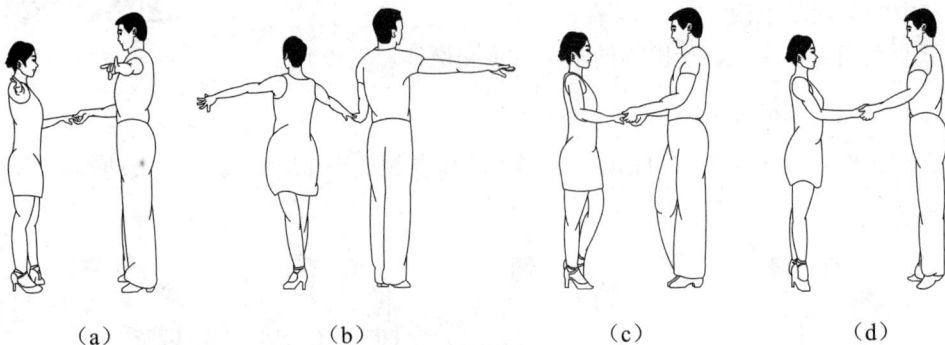

（a）　　　　　　（b）　　　　　　（c）　　　　　　（d）

图 17-12　原地左转步

表 17-10　男士动作步骤

图例	节奏	脚位	转度
图 17-12（a）	1	重心在右脚，左脚向侧打开、脚尖外侧点地、膝绷直	
图 17-12（b）	2	左脚沿地面经右脚内侧向右侧步，重心落于左脚、膝绷直	右转 1/4 成并肩位
图 17-12（c）	3	重心由左脚换到右脚、膝绷直	
图 17-12（d）	4	左脚沿地面向左侧步，重心落于左脚、膝绷直	左转 1/4 成面对
图 17-12（a）	1	重心在左脚，右脚向侧打开、脚尖外侧点地、膝绷直	
图 17-12（b）	2	右脚沿地面经左脚内侧向左侧步，重心落于右脚、膝绷直	左转 1/4 成并肩位
图 17-12（c）	3	重心由右脚换到左脚、膝绷直	
图 17-12（d）	4	右脚沿地面向右侧步，重心落于右脚、膝绷直	右转 1/4 成面对

第三节　比赛规则

一、基本规则

（一）分组

体育舞蹈比赛分为职业组和业余组两大组别。在中国，因为有很多体育舞蹈专业院校的学生参加比赛，所以在两大组别之外还分出专业院校组。职业组分为职业 A 组、职业 B 组和职业新星组；专业院校组按年龄分组；业余组包括少年组、青年组、壮年组和常青组等，其中少年组也是以年龄来划分组别的。

（二）场地

国际体育舞蹈的比赛场地为 15 m×23 m 的长方形，长线为 A 线，短线为 B 线，场地要求不反光、防滑、平整，四周有界线，如图 17-13 所示。

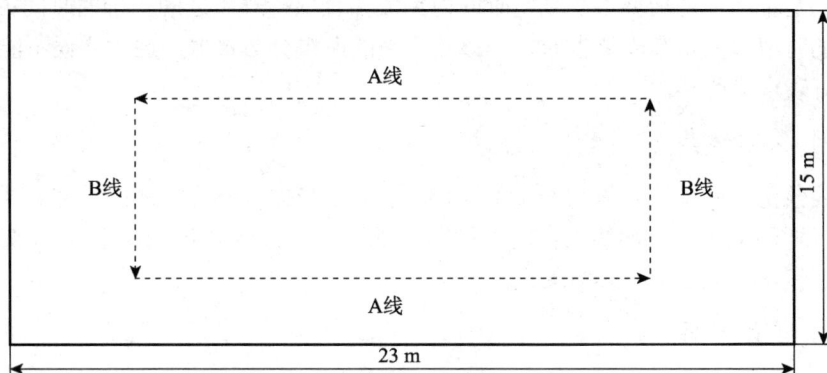

图 17-13　场地

（三）服装

摩登舞中，男士需着燕尾服，领结，白色衬衫，长裤，摩登鞋；女士需穿大摆舞裙、带流苏，摩登鞋，化妆，盘发。

拉丁舞中，男士需穿拉丁上衣，拉丁长裤，拉丁鞋；女士服装多样，共同点是必须露出 80%的皮肤，露出皮肤部分需涂抹拉丁膏，穿拉丁鞋，脸部化浓妆，短发。

（四）音乐时间

比赛中每支舞的时间通常是 1 分 1 秒至 2 分钟，每一支舞的比赛都会准备 5 首舞曲，比赛时随机进行选择，每一个组别用的都是相同的舞曲。

（五）对选手的要求

（1）选手双脚不能离地 2 秒，即不允许做托举动作。

（2）如果音乐尚未结束而选手停止表演，则其该项舞蹈的分数列最后一位。

（3）选手不得向裁判询问评分结果。

（六）赛制与评分制度

比赛分为预赛、初赛、复赛、半决赛和决赛。从预赛到半决赛采取的是淘汰法，而决赛采取的是顺位法。

淘汰法是根据竞赛编排，从参赛人数中按规定录取定量选手进入下一轮比赛，淘汰其余选手。顺位法是指评委依据评比标准对进入决赛的 N 个选手排名次，用名次作为得分，也就是说得分越少的，成绩越好。例如，在大型的比赛中一般有 9 个裁判，每个裁判都要在 6 对选手中评出 1～6 名，9 个裁判的名次打出来后，获得累积分数越少的选手名次越靠前。

二、评判标准

（一）时值和基本节奏

裁判必须确定选手是否按时值和基本节奏进行表演。时值是指每一舞步的时间正好与音乐合拍。基本节奏是指舞步在规定时间内完成并且保持舞步之间正确的时间关系。

选手的时值和基本节奏错误时，其该项舞蹈的所得分数最低。这种错误不能因其步法技巧的良好表现来弥补。

（二）身体线条

身体线条是指两位选手作为一个整体，在运动中身体各部位构成的整体效果。这包括手臂线条；背部线条；肩部线条；胯部线条（骨盆姿势）；腿部线条；颈部和头部线条；左侧和右侧线条。

（三）整体动作

裁判必须确定选手是否正确掌握该舞蹈的风格特点，并且评估选手动作起伏、倾斜和平衡是否标准。只有在控制和平衡掌握良好的情况下，动作幅度越大，则评分越高。在拉丁舞中，还需评估每种舞蹈典型的跨部动作。

（四）节奏表现力

裁判必须评估选手的舞蹈节奏表现力。这揭示出选手对舞蹈节奏的感受与适应能力和在舞蹈中对音乐的理解与肢体表现。但若表演与节奏不合，该项舞蹈的所得分数最低。

（五）步法技巧

裁判必须评估选手正确表现舞步的脚法，如每一步足着点是脚掌、脚跟或脚趾等，以及脚步移动的控制和表达力。

思考题

1. 从网上查资料，了解体育舞蹈的分类和常用术语并和同学们进行交流。
2. 体育舞蹈的基本动作有哪些？请按要求进行练习。
3. 华尔兹、拉丁舞和伦巴的基本舞步有哪些？请按要求进行练习。

第十八章 瑜 伽

【学习目标】
1. 了解瑜伽的概念、起源和呼吸方法
2. 熟悉瑜伽拜日式的基本动作

第一节 概 述

一、瑜伽的起源

瑜伽起源于印度，并伴随着古印度文明的演进而不断发展。对于瑜伽发展的历史阶段，有各种说法、各种划分。目前比较普遍的一种划分法，是根据瑜伽主要经典的出现及瑜伽体系的建立情况，将瑜伽分为个 4 个时期：以"韦达经"为标志的"吠陀瑜伽"时期；以"奥义书"出现为标志的"前经典瑜伽"时期；以《瑜伽经》产生为标志的"经典瑜伽"时期，以及近现代的"后经典瑜伽"时期。

二、瑜伽的呼吸方法

瑜伽呼吸法，是通过各种不同的呼吸方法（根据个体身心状况的不同而确定）有效地按摩内脏，刺激各生理腺体良性的分泌，激活脉、轮（相当于中医所说的经络、穴位）的潜在力量，更好地清理洁净身体，由此，为更高级的精神修养和灵性的开发奠定基础。

1. **腹式呼吸（横膈膜呼吸）**

这是一个简单而有效的呼吸练习，从这个呼吸开始，我们将慢慢找回与生俱来的一些良好而正确的生存方式。可以选择山立式，任何瑜伽坐姿或仰卧放松功开始这个练习。

方法：

（1）请将双手放在肚脐区域，不要施加压力。吸气时，感觉气沉肺底，因为横膈膜下沉，使腹内脏器下沉，小腹起涨，双手被小腹抬起。

（2）呼气时横膈膜渐渐复位，小腹回落。当气将呼尽时双手微向下施压，感觉肚脐内收并上提，彻底呼尽肺底残留气体。

（3）可保持吸气四拍，呼气四拍，早晚各练习 100 次。

优点：这是所有呼吸技巧的基础，是最安全有效的呼吸练习，可以调节压力系统，从而为身心减压，还有助于调节循环和呼吸系统的紊乱。所有的腹部器官得以按摩，促使各内脏腺体以正常的方式分泌激素。

2. **胸式呼吸（肋间肌呼吸）**

可以选择山立式，任何瑜伽坐姿或仰卧放松功开始这个练习。

方法：

（1）请将双手放在十二肋两侧，不要施加压力。保持骨盆中立位（髂前上棘及耻骨在一个平面上）。

（2）收缩腹部，吸气。在保证腹腔壁内收的前提下感觉肋骨架下部升高并向两侧推出。

（3）腹腔壁持续内收，呼气。感觉肋骨架回落。

（4）在吸与呼的过程中始终收缩腹部，感觉肋骨架像一架手风琴那样向两侧扩张和收缩。

（5）可保持吸气四拍，呼气四拍，早晚各练习 100 次。

优点：加强腹肌肌力，镇静心脏，净化血液，改善循环。

3．锁骨呼吸

可以选择山立式，任何瑜伽坐姿或仰卧放松功开始这个练习。

方法：

（1）请将双手放于锁骨两侧，不要施加压力。

（2）慢慢吸气，始终保持腹部和肋骨架收缩。感觉双手被锁骨推起。

（3）慢慢呼气，继续保持腹部和肋骨架收缩。感觉双手和锁骨回落。

（4）可保持吸气四拍，呼气四拍，早晚各练习 100 次。

优点：彻底净化和增强肺上部。有利于形成全肺呼吸。

4．完全瑜伽呼吸

可以选择山立式，任何瑜伽坐姿或仰卧放松功开始这个练习。将横膈膜、肋间肌和锁骨 3 种呼吸技巧结合起来就形成了完全瑜伽呼吸，也就是全肺呼吸。这 3 种呼吸应衔接得顺畅而自然，就像一个稳定渐进的波浪滑过胸腹。

方法：

（1）慢慢吸气，小腹起涨，在保持小腹起涨的前提下继续吸气至肋骨扩张，保持现在的体征，放松肺上部吸气，锁骨上推，肩稍耸。

（2）慢慢呼气。肩放平，锁骨下移，肋骨回缩，小腹内收上提。

（3）可保持吸气四拍，呼气四拍，早晚各练习 100 次。

注意事项：这个练习一定要在三种基础呼吸标准化之后再做，不要急于求成。在教学中常出现的状况是学员肺活量不够，无法完成练习。还有的学员做完腹式呼吸后将气屏住，推向肺中，再推向肺上，误以为这样形成身体波浪就是完全呼吸。这些问题的成因都是没能掌握好三种基础呼吸所致。

第二节　瑜伽拜日式

一、祈祷式

动作要点：挺身直立，双脚并拢，双手胸前合掌，放松全身，调匀呼吸，如图 18-1 所示。

益处：建立集中和宁静的状态，为要做的练习做准备。

二、展臂式（双臂向上举）

动作要点：上臂向上举过头，双臂分开与肩同宽，稍朝后仰头和上身，如图 18-2 所示。

呼吸：双臂上举时吸气。

益处：伸展腹部脏器，消除过多的脂肪，并改善消化，锻炼手臂和肩部肌肉，加强脊神经，开阔肺叶。

图 18-1 祈祷式

图 18-2 展臂式

三、前曲式（手触脚式）

动作要点：身体向前曲直到双手或手指触到脚的任何一侧，或脚前的地上。使用前额触到双腿，但不要拉伤，双膝保持伸直，如图 18-3 所示。

呼吸：身体前曲时呼气。在最后位置时试收缩腹部，最大量地呼气。

益处：有助于消除或预防胃部或腹部疾病，减少腹部多余脂肪，改善消化，有助于消除便秘，使脊柱柔软，加强脊神经。

四、骑马式

动作要点：尽量向后伸出右腿。同时屈左腿，但左脚要保持原位。两臂保持伸直在原位上。动作末尾时，身体重量应当由两手、左脚、右膝和右脚趾来支撑。在最后姿势时，头应向后仰起，背成弓形，向上凝视，如图 18-4 所示。

图 18-3 前曲式

图 18-4 骑马式

呼吸：右腿向后伸展时吸气。

益处：按摩腹部器官，改善其活动功能。加强两腿肌肉，得到神经平衡。

五、山岳式

动作要点：伸直双腿，双脚并拢，身体向前俯卧，臀部翘在半空，头低下，使其位于两臂之间。身体应成为三角形的两条边。在最后位置时双腿和双臂应伸直，在此姿势时试将两脚跟着地，如图 18-5 所示。

呼吸：伸直双腿和弯曲躯干时呼气。

益处：加强双臂和两腿神经和肌肉。与前一姿势相反的方向弯曲脊柱，进一步增加脊柱的柔软性。加强脊神经，并向其供应新鲜血液。

六、八体投地式

动作要点：身体放低及地，以至于在此姿势的最后位置时只有双脚脚趾、双膝、胸部、双手和下巴触地。髋部和腹部应稍微抬离地面，如图 18-6 所示。

呼吸：呼尽后再行屏气。

益处：加强大腿和手臂肌肉。发展胸部。

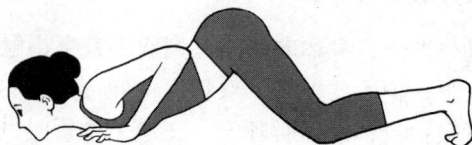

图 18-5　山岳式　　　　　　　　图 18-6　八体投地式

七、眼镜蛇式

动作要点：伸直双臂，从腰部抬起身体。头朝后仰，这个阶段与眼镜蛇式的最后位置相同，如图 18-7 所示。

呼吸：抬起身体和弓背时吸气。

益处：腹部受到压缩，有助于从腹部器官挤出瘀血。这姿势对胃病，包括消化不良和便秘非常有功效。弓背锻炼脊柱，使肌肉柔软，使最重要的脊神经重新焕发活力。

图 18-7　眼镜蛇式

接着重复一遍山岳式、骑马式、前曲式、展臂式和祈祷式，即为瑜伽拜日式的全部动作。

思考题

1. 从网上查资料，了解瑜伽的起源和呼吸方法并和同学们进行交流。
2. 瑜伽拜日式的基本动作有哪些？请按要求进行练习。

第十九章　跆拳道

【学习目标】
1. 了解跆拳道的起源、发展、特点、作用及礼仪
2. 了解跆拳道的基本技术
3. 了解跆拳道的基本战术和基本竞赛规则

第一节　概　述

一、跆拳道的起源及发展

跆拳道古称跆跟、花郎道，是起源于古代朝鲜半岛的民间武艺。

1910 年日本侵占朝鲜后，建立起殖民政府，一度下令禁止所有的文化活动，跆拳道自然在劫难逃，在朝鲜境内销声匿迹。一些不甘寂寞或被生活所迫的人远离国土，到中国或日本谋生，同时把跆拳道延续下来。更为重要的是，这些人将其与中国武术和日本武道相结合，孕育了新的技术体系。第二次世界大战后，自卫术再度兴起，从异国他乡回归故土的朝鲜人也将各国的武技带回本国，逐渐与跆拳道融为一体，形成了现在的跆拳道体系。1955 年正式称朝鲜的自卫术为"跆拳道"。

1961 年 9 月，韩国成立了唐手道协会，后更名为跆拳道协会，并成为全国运动会正式竞赛项目。1966 年，第一个国际组织——国际跆拳道联盟成立。1973 年 5 月，在汉城成立了世界跆拳道联合会。1975 年，"世界跆拳道联合会"（简称世界跆联）被国际体育联合会接纳为正式会员。1980 年，国际奥委会正式承认世界跆联。迄今为止，世界跆联已有 144 个会员国，6500 多万爱好者参加练习。

1988 年，跆拳道在韩国汉城奥运会首次亮相后，为了适应国际重大比赛，跆拳道技术在不断地变革和发展。世界跆拳道联盟的总部中有一特别技术委员会，其主要任务就是改进现今的跆拳道技术。

当然，今日的跆拳道动作似乎不像以前那样圆滑流畅，也不似以前那样重视运动中身体的平衡。然而，对当今跆拳道技术的检验并不在它的外观，而是在于实战之中。具体地说，就是在实战对抗中或在大街上遭受袭击被迫自卫的情形下，新型跆拳道技术无疑要比拘于形式的老技术更胜一筹。

二、跆拳道的特点

（一）以腿为主，以手为辅，主要关节武器化

在跆拳道技术方法中占主导地位的是腿法，腿法技术在整体运用中约占 3/4。腿的技

法有很多种形式，可高可低、可近可远、可左可右、可直可屈、可转可旋，威胁力极大，是实用制敌的有效方法。其次是手法，手臂的灵活性很好，可以自如地控制完成防守和进攻动作，同进也可变化为拳、掌、肘、肩的多种用法，进行实战。在实战中，人体的一些主要关节部位亦可以用作进攻的武器，或防守的盾，这是跆拳道技术的本质，如人体的手、肘、膝、脚等关节部位，是跆拳道实战中最常用、最有效的击打武器。

（二）方法简捷，刚直相向

跆拳道较少使用躲闪防守法。不论是在比赛时还是在实战中，跆拳道的进攻方法都是十分简捷而实效的。

对抗时双方都是直接接触，以刚制刚，用简练硬朗的方法直接击打对方，变化多；防守的动作也是以直接的格挡为主，随即是连续的反击动作。

（三）内外兼修，方法独特，以功力验水平

跆拳道理论认为，经过专门训练，人的关节部位能产生不可思议的威力，特别是拳、肘、膝和脚四个部位，尤以脚和手为甚。长期练习跆拳道，可以达到内外合一的程度，即内功和外力达到统一的巅峰。

三、跆拳道的作用

（一）修身养性，培养人优秀的意志品质

跆拳道练习推崇"以礼始，以礼终"的尚武精神，练习中要以"礼义廉耻，百折不屈"为宗旨，因此，可以培养人顽强果断、吃苦耐劳的精神，磨炼人坚韧不拔、积极向上的品质，养成礼让谦逊、宽厚待人的美德。

（二）强体防身，练就人健全的体魄

跆拳道运动紧张激烈，对抗性极强，可使人强壮筋骨，提高各关节的灵活性及肌肉的伸展性和收缩能力，提高人的速度、反应、灵敏、力量和耐力素质，提高人体内脏器官的机能和人体神经系统的灵活性，增强人体的击打和抗击打能力。

（三）观赏竞技，享受击打艺术的美感

跆拳道比赛或实战时，双方腿法技术在对抗中高来低往，表现得淋漓尽致，不仅给人以美的享受，还能激发人的斗志，鼓舞人奋发向上的精神，陶冶人的道德情操，是使人在欣赏的同时潜移默化地受到良好的意志品质教育。

四、跆拳道的礼仪

跆拳道中的"礼仪"是跆拳道基本精神的具体体现，跆拳道运动始终倡导"以礼始，以礼终"的尚武精神。

"礼仪"是跆拳道运动必不可少而且十分重要的组成部分。由于跆拳道是练习者精神和身体的综合修炼，使练习者在艰苦磨炼中培养出理想的人格和体魄，并能够真正掌握防身自卫的本领，而且对练习者精神锻炼一环中就必须包括"礼仪"的教育和熏陶。

礼节是跆拳道练习过程中必须具备的行为规范，练习跆拳道要持正确的练习和认识态度，对跆拳道的历史、内容、特点、作用及教育意义有全面的了解和认识。练习者衣着端正、头发整洁，对教练、同伴时刻都要表现出恭敬、服从、谦虚、互助互学的心态。谦逊和正确的言语、忍让和友好的态度、虚心和好学的作风也是跆拳道练习者应遵循的重要礼仪。

所以，无论是在跆拳道练习还是实战中，尽管是以双方格斗的形式进行，但是不管它怎样激烈，由于双方都是以提高技艺和磨炼意志品质为目的，所以在双方各自内心深处都必须持有向对方表示尊敬和学习的心理。因此，在练习或在比赛前后都一定要向对方敬礼。

相关知识

"以礼始，以礼终"——一节跆拳道课的礼仪

1. 开始时的礼仪程序

开始时，练习者应排列好队形，立正姿势站好。由队长或教练喊"立正、敬礼！"的口令，全体向国旗敬礼，口号"跆拳！"；教练先向后转，队长喊"敬礼"口号，相互敬礼。

2. 结束时的礼仪程序

结束时，站好队列。由队长或教练喊"向后转，整理服装！"的口令，全体立即向后转，不对着国旗整理服装，整理好后，迅速向后转。队长喊"敬礼"的口令，全体面向国旗立正、敬礼。随后全体面向教练，互相敬礼。口号"跆拳"！

3. 训练课过程中的礼仪

在训练课的过程中，队员之间互相服务，拿脚靶进行练习。在互换脚靶时，首先要面向对方并步直体站立，上体前屈30°、头部前屈45°鞠躬致礼（见图19-1），礼毕上体还原成立正姿势。其次，递接物品时，立正姿势，双手掌心向上，向前伸出递接，同时上体向前鞠躬敬礼，礼毕还原成立正姿势。

图 19-1　鞠躬致礼

五、跆拳道练习者级别的简要介绍

为了正确评价跆拳道的技术、人格、耐性、勇气、诚实性和精神，跆拳道分为十级九段。初级练习者从最低级10级开始，依次往上到1级；高级练习者从最低段开始依次往

上到九段。一段到三段为学习阶段，四段到六段为步入行家阶段，从七段开始为精通阶段。

区别跆拳道选手的级别主要从腰带上来看：

10级为白带、9级为黄带、8级为黄绿带、7级为绿带、6级为绿蓝带、5级为蓝带、4级为蓝红带、3级为褐带（或橙色）、2级为红带、1级为红黑带。从1段起均为黑带。

第二节　基本技术

跆拳道技术经过近几十年来的发展，改进速度非常快，衍生的技术动作也十分纷繁。本节只介绍初学者必须掌握的基础技术。

一、跆拳道的基本步型和步法

（一）基本步型

1. 基本准备姿势（见图19-2）

动作要领：在立正姿势中左脚侧跨一步并排站立；两手掌朝上，上提到胸口部位；两手在胸口前握拳的同时向内转动缓慢放下，左脚完全落地，重心放在两脚中间的同时两拳放于丹田处，站稳，两手距离和身体与拳的距离均为一拳。

使用：基本准备姿势，顾名思义是用于基本的准备，主要运用于品势的开始和结束部分。

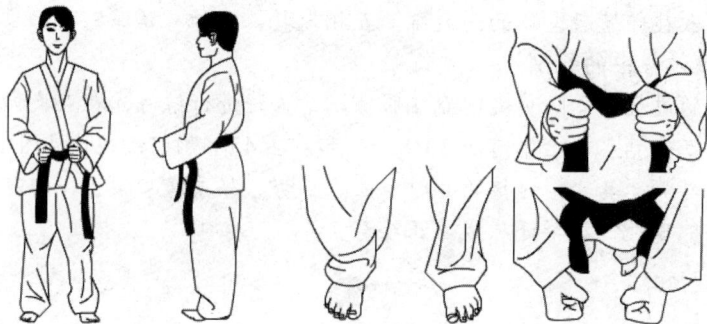

图19-2　基本准备姿势

2. 并排步（见图19-3）

动作要领：两脚开立，宽度为一步之距，两脚内侧平行；两膝挺直；体重平均落在两腿，重心放于两腿之间。

使用：站姿适用于静止状态和准备姿势。

3. 马步（见图19-4）

动作要领：两脚间距离为两脚；两脚内侧平行；上身挺直，屈膝，往下看时膝关节与脚尖要成为一条直线，小腿挺直；膝关节稍向内扣。

使用：因重心低，站姿稳，用于防守和攻击。

4. 走步（见图19-5）

动作要领：如同走路突然停下来时的姿势，两脚间距离为一脚；伸直两腿，重心放于两腿之间；要挺直躯干，胸部自然朝正前方。

使用：主要用于防守和攻击。

图 19-3　并排步

图 19-4　马步

图 19-5　走步

5．弓步（见图 19-6）

动作要领：前后脚之间的距离为一步半的距离，两脚脚尖之间的距离为一脚；前脚脚尖朝前；上身挺直，前腿屈膝站立，往下看时膝关节与脚尖要成一条直线；后脚的内角为30°，后腿蹬直，身体重心的三分之二在前；上身斜30°左右。

使用：重心在前腿，方便移动，有利于攻击和防御。

6．三七步（以右腿后屈时为例，见图 19-7）

动作要领：在并步姿势的基础上以后脚跟为轴往右转动90°；在这基础上左脚迈出一步，上身挺直两腿膝关节弯曲降低重心；右膝关节向右脚尖方向弯曲为60°～70°，左膝关节内角度为100°～110°，两腿膝关节不能像马步一样向内扣；三分之二的重心在右腿。

图 19-6　弓步

图 19-7　三七步

（二）基本步法

1．实战准备姿势（见图 19-8）

实战姿势也叫做预备姿势，是跆拳道比赛中双方开始时的基本站立姿势。准备姿势应便于进攻和防守反击以及步法的移动。左脚在前为左势，右脚在前为右势。

图 19-8　实战准备姿势

动作要领（以左势为例）：两脚平行开立与肩同宽，两臂垂于体侧；身体左转，左脚以脚掌为轴向左侧转体，前脚掌内扣 45°，后脚掌与前脚掌成斜向的平行线；抬起脚跟，上下颤动。双脚跟离地，上下抖动身体，体会双腿的弹性，膝关节应有一定的弯曲度；双手握拳，拳心相对，左与肩高，右与胸口平，两臂屈置于胸前。

注意事项：全身感觉自然、放松；膝关节富有弹性；重心处于游离状态，能够迅速地变化移动。

易犯错误：脚跟没有完全离开地面，膝关节没有弯曲，全身紧张；上体前倾或后仰，肩部一高一低，重心偏前或偏后，对移动不利。

2. 跳换步

动作要领（以左势为例）：以左势起，双脚同时轻轻蹬地，身体微腾空，双脚沿直线前后交换，落地成右势。

注意事项：换脚动作迅速，重心起伏小；直线交换双脚。

易犯错误：换脚时跳的太高；换脚时走弧线。

3. 上步

动作要领（以左势为例）：以左势起，以左脚掌为轴，右脚沿直线离地 2～3 cm，向左脚前方迈上一步，左脚掌自然转动 90° 左右，成为右势。

注意事项：左脚跟要抬起，以左脚掌为转动轴；上步时右膝关节内侧贴近左大腿内侧，走直线，不拖地；上右脚的距离与肩同宽。

易犯错误：左脚全脚掌转动；上步时走弧线；上右脚时距离过宽或过窄。

4. 撤步

动作要领（以左势为例）：以左势起，以右脚掌为轴，右脚跟向外拧转 90°，左脚沿直线后撤一步，与肩同宽，成右势。

注意事项：借助左脚蹬地的反弹力迅速转体，后撤左脚；脚落地后距离与肩同宽。

易犯错误：撤左脚的力度控制不好，落地后失去平衡，不利于迅速启动。

5. 前滑步

动作要领（以左势为例）：以左势起，右脚掌用力蹬地，左脚掌轻擦地面向前滑行 10～20 cm，右脚随即跟上相同的距离。

注意事项：双脚前滑有加速度、突发性，滑步后保持平衡，处于弹性状态；左脚前滑，右脚跟进。动作先左脚、后右脚；双脚位移距离一致。

易犯错误：双脚同时离地跳动；滑步动作僵硬，没有弹性；滑步没有突发性；滑步后双脚距离变化。

6. 后滑步

动作要领（以左势为例）：以左势起，左脚掌用力蹬地，右脚掌向后滑动 10～20 cm，左脚后滑同等距离。

注意事项：后滑有加速度、突发性，滑步后保持平衡；动作先右脚后左脚；滑动前后双脚距离一致，双脚滑动位移一致。

易犯错误：先左后右或双脚同时离地；滑步时全身僵硬，没有弹性。

7. 前跳步

动作要领（以左势为例）：以左势起，利用左脚快速、隐蔽的点地反弹力，猛收左侧腹直肌，迅速提起左膝关节，上体直立，右脚掌向前跳滑一步。

注意事项：出腿后也可落回左脚成右势；提左膝关节与右脚掌的跳滑同时进行。

二、跆拳道基本的进攻和防御技术

跆拳道攻击人体的要害部位有 280 处之多，主要分为上段的人中、中段的胸口、下段的丹田处。跆拳道进攻和防御时使用的部位主要有拳、手、肘、脚、小腿、膝盖等。

（一）基本进攻技术

1. 前踢（见图 19-9）

前踢是跆拳道中最基本的踢法，对膝关节快速屈伸能力和膝关节四周的肌肉都有很好的锻炼作用。根据跆拳道的技术原理，跆拳道的几个基本踢法都是由前踢演化而来的，所以，学好前踢是学好跆拳道踢法的基础。

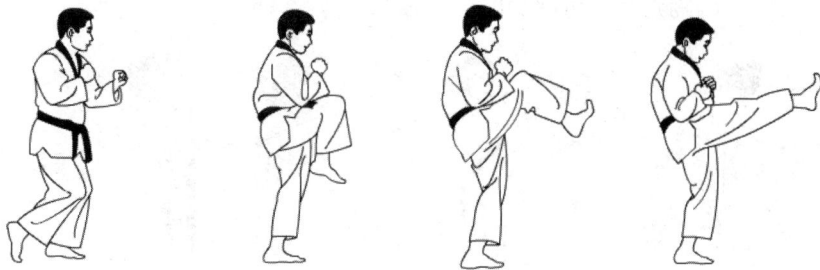

图 19-9　前踢

动作要领（以左势为例）：以左势起，右脚蹬地屈膝提起，送髋、顶髋，小腿快速向前踢出，高于腰平，迅速放松弹回，成折叠状，右脚落回，恢复成左势。

注意事项：大小腿折叠充分，上提右膝时右膝内侧贴近左大腿内侧，小腿、踝关节放松，有弹性；髋往前送，上体后仰，踢心窝、下颌部位时髋关节上送，送髋时右膝以往前撞为意念；小腿收回时仍以膝关节为支点自然弹回。

易犯错误：直腿踢、直腿落，小腿与大腿没有折叠；提膝没有贴近左大腿内侧正上提，造成髋关节未能正对前方；不送髋。

2. 横踢（见图 19-10）

横踢是跆拳道比赛中使用率、得分率最高的踢法，其外形酷似散打中的边腿，其实两者却是大相径庭。跆拳道的横踢幅度小、隐蔽性好、速度更快。

图 19-10　横踢

动作要领（以左势为例）：以左势起，右脚蹬地，重心移到左脚，右脚屈膝上提，两拳置之于胸前；左脚前脚掌辗地内旋，髋关节左转，左膝内扣；随即左脚掌继续内旋转180°，右脚膝关节向前抬置水平状态；小腿快速向左前横踢出；击打目标后迅速放松收回小腿。右脚落回成实战姿势。

注意事项：膝关节夹紧，向前提膝，尽量走直线；支撑脚外旋180°；髋关节往前送，身体与大小腿成直线，严格注意击打的力点（正脚背）；踝关节放松，击打的感觉是"鞭梢"。横踢攻击的主要部位有头部、胸部、腹部和肋部。

易犯错误：膝关节不夹紧，大小腿折叠不够；外摆的弧形太大；上身太直、太往前、重心往下落；踝关节不放松，脚内侧击打（应为正脚背）。

3．侧踢（见图 19-11）

侧踢类似于散打中的侧踹，跆拳道比赛中很少使用侧踢，因为侧踢的速度较慢。但是在跆拳道品势中，侧踢则是不可缺少的一种踢法。

图 19-11　侧踢

动作要领：（以左势为例）以左势起。右脚蹬地起腿，屈膝上提，左脚以脚掌为轴外旋180°，脚跟正对前方，右腿快速向右前方直线踢出，力点在脚跟，收腿、放松，重心向前落下，恢复成基本准备姿势。

注意事项：起腿后大小腿折叠，膝关节夹紧；转动左脚与右腿由屈到伸，发力协调、顺畅；头、肩部、髋关节、膝、踝、脚成一条直线；大小腿直线踢出、直线收回。

易犯错误：大小腿折叠不充分；左脚未及时向前转动对准攻击目标，收髋、撅臀；小腿没有完全伸展；踢出时，上提重心靠后；踢完不收腿。

4．下劈（见图 19-12）

下劈动作类似于武术中的下砸腿，也有人称之为下压，以脚掌、脚跟攻击对方的脸部。在跆拳道比赛中，女运动员的下劈的得分率往往高于男运动员。

图 19-12　下劈

动作要领（以左势为例）：以左势起。右脚蹬地，重心前移至左脚。同时，右腿以髋关节为轴屈膝上提，两手握拳置于胸前；随即充分送髋，上提膝关节至胸部，右小腿以膝关节为轴向上伸直，将右腿直举于体前，右脚过头。然后放松向下以右脚后跟（或脚掌）为力点劈击，一直到前面，成实战姿势。

注意事项：腿尽量往高、往头后举，要向上送髋，重心往高起；脚放松往前落，落地要有控制；起腿要快速、果断；踝关节要放松。劈腿的主要攻击部位有头项、脸部和锁骨。

易犯错误：起腿不够高，不够充分，重心不往高起；踝关节紧张，往下压太用力；重心控制、腿控制不好，落地太重；上身后仰太多。

5．推踢（见图 19-13）

推踢一般用于截、封对方的起腿，使之失去平衡，当推踢力道很大使对方重心摇晃或失去平衡摔倒时，也能得分。

图 19-13　推踢

动作要领（以左势为例）：以左势起，右脚蹬地屈膝提起，左脚以脚掌为轴外旋 90°，重心往前压，右脚向右前方直线踢出，力点在脚掌，重心往前落下，迅速恢复成基本姿势。

注意事项：提膝后使大小腿折叠、收紧；重心往前移；推的路线水平往前，送髋，力量延伸；接近目标时突然发力。

易犯错误：收腿不紧，直腿起，容易被阻截；上身太直，重心往下落，腿不能水平地向前推；上身过分后仰，重心没能前移，不利于衔接下一个技术动作，易被反击。

6. 后踢（见图 19-14）

后踢是跆拳道比赛中常用的踢法，其渗透力量极大，一般攻击对方的上腹部，常用于反击对手的横踢。

图 19-14　后踢

动作要领（以左势为例）：以左势起，左脚以脚掌为轴内旋成脚跟正对对手，上身旋转，右膝向腹部靠近，大小腿折叠，右腿用力向攻击目标直线蹬出，重心前移落下，成右势站立。

注意事项：起腿后，上身与大小腿折叠成一团；击打目标在正前方稍偏右；收回小腿时不能旋转，暴露出空当。

易犯错误：支撑脚没有起到瞄准的作用；上身与大小腿折叠不紧，直腿上撩或斜下踩踏；转身出腿不连贯；边旋转边出腿，击打路线走弧线；肩部、上身跟着旋转，易被反击。

（二）基本防御动作

所谓防御是指受到对方攻击时保护身体要害的技术，虽有躲闪式的防御，但在无法躲闪、不得已对抗时，为保护身体要害必须使用防御技术。初学者基本的防御动作主要在品势的学习中涉及。

（三）品势

1. 品势的由来及定义

跆拳道的品势原来是由单一的攻击和防御手段构成的原始武术，后因为人类智慧发达、社会组织化、格斗层次提高发展成集体共同对敌现象，并在其中形成了现在的品势。

从技术角度上看，品势即跆拳道，跆拳道基本动作是品势动作的基础。

2. 太极品势

太极品势包含太极深奥的思想和意义，被指定为跆拳道入门初期的有级者品势。以品势线（"王"表示，如图 19-15 所示）和姿势不变化的跆拳道基本思想为背景，以太极的一元思想为基本，把八卦中的每一卦安排为一品势，加深跆拳道精神思想和技术的内涵。准备姿势为基本准备姿势，以力量源泉的下半身为重心，用左右拳发力。

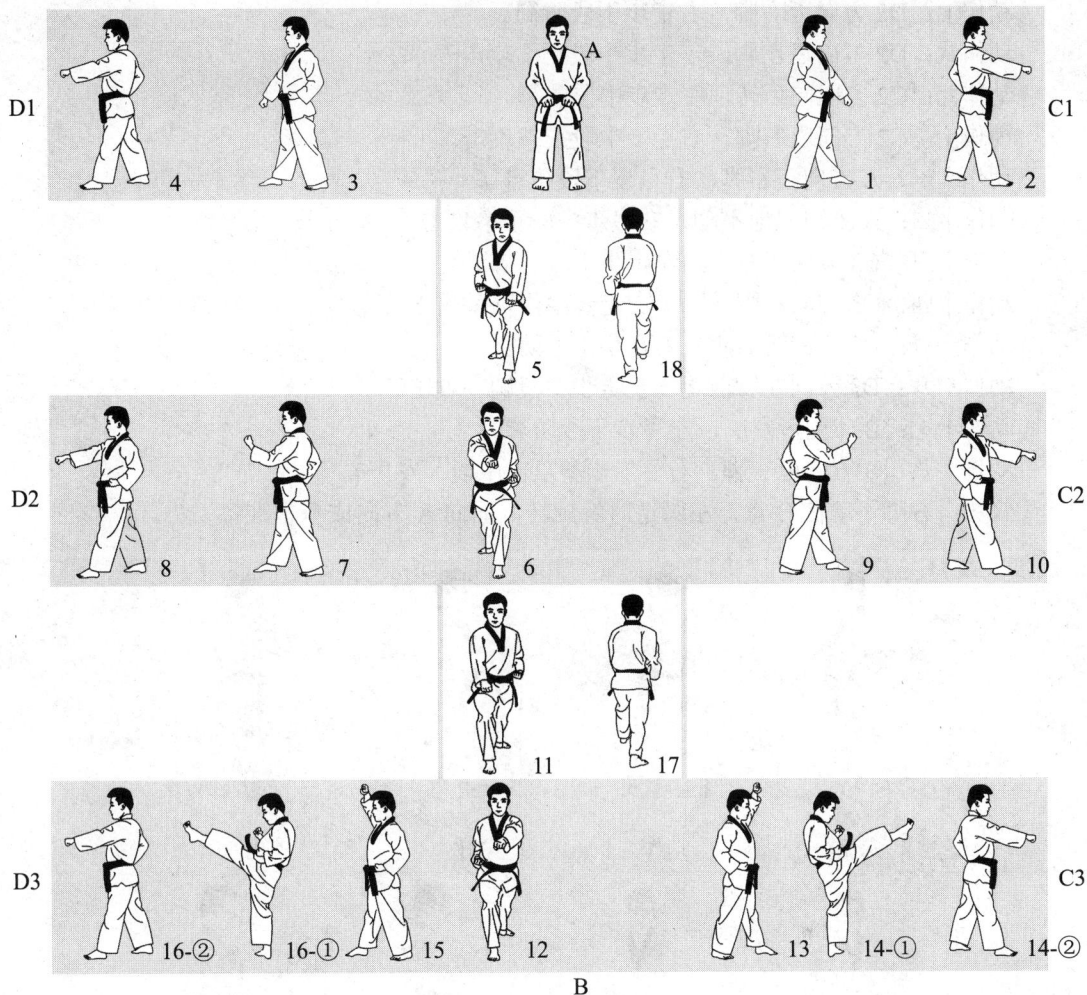

图 19-15 太极一章演武路线图

1）太极一章

太极一章指的是八卦中的乾，乾指的是天和太阳。象征着乾是万物根源的开始，这是跆拳道第一场品势。姿势由最简单的自然站立起，动作由基本的下段防御、中段防御、上段防御、中段击、前踢等组成。

动作方法：

起势：站在 B 点，面向 A 方向成基本准备姿势。各动作如图 19-16 所示。

动作一：C1 方向迈左脚，左走步下段防御。

动作二：C1 方向迈右脚，右走步中段顺拳攻击。

动作三：D1 方向迈右脚，右走步下段防御。

动作四：D1 方向迈左脚，左走步中段顺拳攻击。

动作五：A 方向迈左脚，左弓步下段防御。

动作六：A 方向原地不动，左弓步中段正拳攻击。

动作七：D2 方向迈右脚，右走步中段防御。

动作八：D2 方向迈左脚，左走步中段正拳攻击。

动作九：C2 方向向后转，左走步中段防御。

动作十：C2 方向迈右脚，右走步中段正拳攻击。

动作十一：A 方向迈右脚，右弓步下段防御。

动作十二：A 方向原地不动，右弓步中段正拳攻击。

动作十三：C3 方向迈左脚，左走步上段防御。

动作十四：C3 方向右脚前踢，右走步中段顺拳攻击。

动作十五：D3 方向迈右脚，右走步上段防御。

动作十六：D3 方向左脚前踢，左走步中段顺拳攻击。

动作十七：B 方向迈左脚，左弓步下段防御。

动作十八：B 方向迈右脚，右弓步顺拳攻击中段（发声）。

收势：右脚不动在 B 点，左脚逆时针旋转，面向 A 方向成基本准备姿势。

| 动作一 | 动作二 | 动作三 | 动作四 |

| 动作五 | 动作六 | 动作七 | 动作八 |

| 动作九 | 动作十 | 动作十一 | 动作十二 |

动作十三　　　　　　　　动作十四　　　　　　　　动作十五

动作十六　　　　　　　　　　　　　　动作十七

动作十八

图 19-16　太极一章动作

2）太极二章

太极二章对应着八卦中的"兑"，是外柔内刚的意思。在修炼太极一章后，可以做出简单的防御动作和腿法。太极二章的品势线路如图 19-17 所示，其动作如图 19-18 所示。

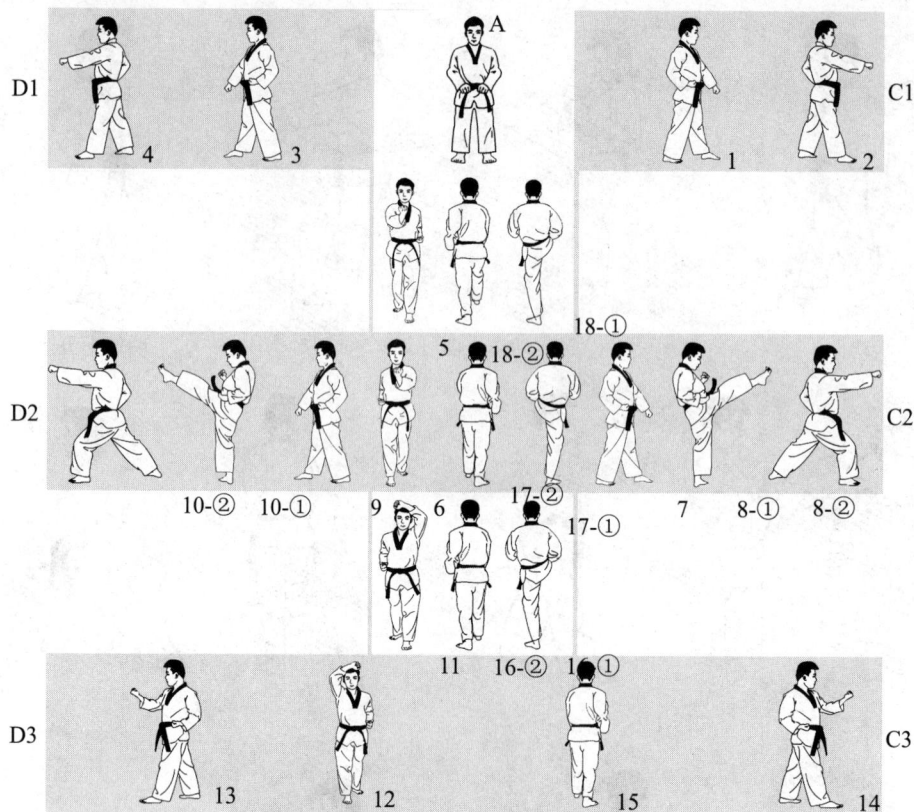

图 19-17　太极二章品势线路图

动作一　　　　　动作二　　　　　动作三　　　　　动作四

动作五　　　　　动作六　　　　　动作七　　　　　动作八

动作九 动作十 动作十一

动作十二 动作十三 动作十四 动作十五

动作十六

动作十七

动作十八

图 19-18　太极二章动作

起势：站在 B 点，面向 A 方向成基本准备姿势。

动作一：C1 方向迈左脚，左走步下段防御。

动作二：C1 方向迈右脚，右弓步中段顺拳击。

动作三：D1 方向迈右脚，右走步下段防御。

动作四：D1 方向迈左脚，左弓步中段顺拳击。

动作五：A 方向迈左脚，左走步中段防御。

动作六：A 方向迈右脚，右走步中段防御。

动作七：C2 方向迈左脚，左走步下段防御。

动作八：C2 方向右脚前踢，迈步右弓步上段顺击拳。

动作九：D2 方向迈右脚，右走步下段防御。

动作十：D2 方向左脚前踢，迈步左弓步上段顺击拳。

动作十一：A 方向迈左脚，左走步上段防御。

动作十二：A 方向迈右脚，右走步上段防御。

动作十三：D3 方向迈左脚，左走步中段防御。

动作十四：C3 方向迈右脚，右走步中段防御。

动作十五：B 方向迈左脚，左走步下段防御。

动作十六：B 方向右脚前踢，迈步右走步中段顺拳击。

动作十七：B 方向左脚前踢，迈步左走步中段顺拳击。

动作十八：B 方向右脚前踢，落地右走步中段顺拳击（发声）。

收势：右脚不动在 B 点，左脚逆时针旋转，面向 A 方向成基本准备姿势。

第三节　基本战术

运动员在比赛中，根据自己和对手的情况，充分发挥自己的身体及技术特长，限制对手的特长，为战胜对手而采取的计策和方法，叫做战术。

跆拳道比赛中的战术实质就是，依据比赛中所发生的各种情况，运用自己平时的技术水平，最有效地发挥优势去战胜对手。在比赛中，能够针对不同对手灵活运用战术，是战术运用的最高水平。

跆拳道比赛中的战术十分纷繁，每次比赛，对手的身体和技术水平情况都有所不同，所以，每次比赛所运用的战术就不一样，但是，良好的战术水平是以优秀的技术水平为基础的。对于初学者来说，由于技术水平有限，战术的运用也同样受到了限制，下面仅介绍几个初学者能够运用的战术。

一、心理战术与体力战术

心理战术是指：比赛开始前，利用情绪、动作、表情等威慑对手，比赛中用气势压倒对手，利用规则允许的各种手段干扰对方情绪，给对方造成心理压力，使对手的技术水平发挥失常，从而发挥自己的优势，战胜对手。

体力战术是指：平时增强体力耐力的练习，运用良好的体力消耗对手体力，从而伺机战胜对手。

二、技术战术与防守反击战术

技术战术是指：利用技术全面，变化运用各种技术，发挥自己的特长技术，掌握比赛的主动权，达到取胜的目的。

防守反击战术是指：利用防守好的特点，在防守的基础上伺机达到取胜的目的。

三、假动作或假象战术

当初学者对于一些基本的技术到达熟练水平，能够较流畅、自然地完成技术动作时就可以初步学习此项战术。用逼真的假动作或假象欺骗对手，引其上当，分散其注意力，使其露出破绽，利用这个机会猛烈攻击，取得胜利。

第四节　基本竞赛规则

一、比赛场地及时间

（一）比赛场地

跆拳道比赛的场地是 12×12 m 的正方形，水平，无任何障碍物，下铺具有一定弹性的垫子。根据实际情况，比赛场地可高出地面 $40 \sim 60$ cm。为了安全起见，可以装置平衡比赛台的支撑装置，支撑装置与地面所成的夹角应在 $30°$ 以内。

比赛区域的划分：12 m $\times 12$ m 的比赛场地，中央 8 m $\times 8$ m 的区域为比赛区，其余部分为警戒区；比赛区与警戒区的表面用不同颜色划分。如同色，应用 5 cm 宽的白线区分，划分比赛区与警戒区的线叫做警戒线，比赛场地最外面的线叫做边界线。

（二）比赛时间

跆拳道比赛的时间无论男女均采用每场比赛 3 回合、每回合 3 min 回合制，中间休息 1 min。根据年龄等实际情况，比赛的时间和回合也可以进行调整。例如：青年锦标赛每场比赛 3 回合，每回合 2 min，中间休息 1 min。

二、比赛护具

比赛时，选手应戴好护身、头盔、护裆、护臂、护腿后方可进入比赛区域，护裆、护臂、护腿应戴在道服里面。

三、体重级别

（1）跆拳道比赛和散打、拳击等项目一样是通过体重来分竞赛级别的。

（2）比赛体重称重：参加比赛的选手应于当日首场比赛前 1 小时称重完毕；称重时，男运动员身着内裤，女运动员身着内裤、胸罩，如运动员要求，也可称裸重；第一次称重不合格的选手，在规定时间内可进行第二次称重。

四、主要规则

（一）允许使用的技术

（1）拳的技术：必须握紧拳，用拳的正面击打。

（2）脚的技术：必须用踝关节以下、脚的前部击打。

（二）允许攻击的部位

（1）躯干部位：髋骨以上，锁骨以下及两肋部，背部没有被护具保护的部位禁止攻击。

（2）面部：从两耳向前的头颈的前部，只允许用脚的技术攻击。

（三）得分判定

1. 有效得分

运用正确的技术、击打正确的得分部位、打击力量强是得分有效判定的依据；如打击的力量强且技术运用正确，但击中的是非得分部位，如使对手陷入被动，也可计得分；击倒对方，可计分。电子感应器计分时，打击的力量要达到感应标准以上，才能够计分。得分一次计"＋1"分，最后得分为 3 回合的总计。

下列情况不计分：攻击后故意倒地；攻击后有犯规行为；使用犯规动作攻击。

2. 犯规行为

在比赛中，犯规行为的判罚分为警告和扣分两种。

（1）判罚警告的犯规行为

❖ **接触行为**：抓住对手；搂抱对手；推对手；用躯干贴靠对手。

❖ **消极行为**：故意越出警戒线；转身背对对手逃避进攻；故意倒地；伪装受伤。

❖ **攻击行为**：用膝部顶撞对手；故意攻击对手裆部；故意蹬踏对手的腿部和脚；用掌或拳击打对手的面部。

❖ **不当行为**：教练员或运动员示意得分或扣分；教练员或运动员有不文明语言或不得体行为；比赛中，教练员离开规定位置。

（2）判罚扣分的犯规行为

❖ **接触行为**：攻击倒地对手；抓对手进攻的脚故意将其绊倒。

❖ **消极行为**：越出边界线；故意拖延比赛时间。

❖ **攻击行为**：攻击倒地对手；故意击打对手后脑或后背；用手重击面部。

❖ **不当行为**：教练员或运动员有严重的过激表示或行为。

3．犯规行为的判定

（1）任何犯规由主裁判判罚。

（2）如属多重犯规，选择最严重的一条进行判罚。

（3）警告两次扣1分，警告次为奇数时，最后一次不扣分。

（4）扣分一次扣1分。

（5）运动员违背竞赛规则和故意不服从裁判员时，主裁判有权直接判其"犯规败"。

（6）犯规累计扣3分，判其"犯规败"。

（7）警告和扣分按3回合累计。

（四）优势判定

（1）因扣分造成同分时，3回合中得分多的为胜。

（2）其他情况出现同分时，主裁判根据比赛的情况判定胜负。比赛中积极主动的行为是判定的依据。

（五）获胜方式

（1）击倒胜。

（2）主裁判终止比赛胜。

（3）比分或优势胜。

（4）对手弃权胜。

（5）对手失去资格胜。

（6）犯规胜。

思考题

1．从网上查资料，了解跆拳道的礼仪并和同学们进行交流。

2．跆拳道的基本技术有哪些？请按要求进行练习。

第二十章　轮滑与冰雪运动

【学习目标】
1. 了解轮滑的概况、基本技术和比赛规则
2. 了解滑冰的概况、基本技术和比赛规则
3. 了解滑雪的概况、准备工作和基本技术

第一节　轮　滑

一、概述

轮滑又称为滑旱冰和滚轴运动等，是人们穿着带滚轮的特制鞋在坚实平整而光滑的场地上滑行的一种运动项目。

轮滑起源于欧洲。18 世纪，一名荷兰人为了能够在夏天进行滑冰，发明了滑轮溜冰。后来欧美人多次对轮滑鞋进行改造，使得这项运动在欧洲各国得到发展和普及，并逐渐发展成为竞赛项目。1952 年国际轮滑联合会成立，每年举办一次世界锦标赛，使轮滑在全世界范围内发展起来。

轮滑于 19 世纪传入中国，当时仅在沿海个别城市作为一种娱乐项目开展。直到 80 年代初期才有正式比赛出现。1980 年 9 月，中国加入国际轮滑联合会，轮滑得到了迅速发展。

轮滑比赛包括速度轮滑、花样轮滑、自由式轮滑、轮滑球和极限轮滑等。轮滑的项目及分类如表 20-1 所示。

表 20-1　轮滑的项目分类表

项目类别		男子项目	女子项目
轮滑	速度轮滑 公路比赛	200 m、300 m、500 m、1000 m、1500 m、2000 m、3000 m、5000 m、10000 m、20000 m、30000 m、50000 m、42 km 马拉松	200 m、300 m、500 m、1000 m、1500 m、2000 m、3000 m、5000 m、10000 m、20000 m、30000 m、50000 m、42 km 马拉松
	场地跑道比赛	200 m、300 m、500 m、1000 m、1500 m、2000 m、3000 m、5000 m、10000 m、20000 m、30000 m、50000 m	200 m、300 m、500 m、1000 m、1500 m、2000 m、3000 m、5000 m、10000 m、20000 m、30000 m、50000 m
	花样轮滑	规定图形滑、自由滑、双人滑、双人舞	
	自由式轮滑	花式过桩、花式刹停、Free skating	
	轮滑球	单排轮滑球、双排轮滑球	
	极限轮滑	街区轮滑、U 池轮滑	

轮滑具有竞技、娱乐、锻炼、艺术表演和交通代步等特点，花样轮滑还具有体操、杂

技、舞蹈和造型综合艺术的特性。轮滑不受场地大小的限制，器械简单，只需要轮滑鞋和一块平坦场地就可以开展。

二、基本技术

轮滑的基本技术包括站立、平衡、移动、滑行、滑行停止和弯道滑行等。

（一）站立、平衡和移动

1．站立姿势练习

站立的姿势主要包括丁字形、八字形和平行站立等。

（1）丁字形站立

动作说明：左脚跟紧靠右脚内侧（或右脚跟紧靠左脚内侧），使双脚成丁字形。双膝微曲，重心稍偏于位置居后的脚，上体略前倾，抬头目视前方，两臂自然垂于体侧。

（2）八字形站立

动作说明：双脚脚跟靠近，脚尖自然分开，成八字形。双膝弯曲，重心落于两脚间，目视前方，两臂自然垂于体侧。

（3）平行站立

动作说明：双脚左右开立，与肩同宽。两脚间稍内扣，上体微前倾，双膝微曲，重心落于两脚间，两臂自然垂于体侧。

2．平衡练习

平衡练习主要包括原地移动重心、原地踏步和原地蹲起等。

（1）原地移动重心

动作说明：在双脚平行站立的基础上，上体左移，并逐渐将身体重心完全移至左脚支撑站立。待平稳后上体右移，再向右脚移动重心。练习时左右交替移动。

（2）原地踏步

动作说明：在八字形站立的基础上，重心移到一只脚上，另一只腿屈膝上提，使脚离地面 5～10 cm 再落下。然后重心移至另一只脚上，两脚交替踏步练习。

（3）原地蹲起

动作说明：在双脚平行站立或八字形站立的基础上，做下蹲、起立动作，重心保持在两脚间。两臂自然打开，协助身体平衡。

3．移动练习

移动练习包括双脚原地前后滑动、向前八字走和横向迈步移动等。

（1）两脚原地前后滑动

动作说明：在平行站立的基础上，两腿伸直，大腿发力做一脚向前，同时另一脚向后的前后滑动，两臂前后摆动，协助身体平衡。

（2）向前八字走

动作说明：在丁字形或八字形站立的基础上，一脚向前迈出一小步，脚尖外展，同时身体重心迅速移至前脚。当重心落至前脚时，后脚再抬起向前迈步。两脚交替进行，移动身体重心。

（3）横向迈步移动

动作说明：在平行站立的基础上，向右横向迈步移动时，左脚用力蹬地，重心左移，右脚向右迈出一步，随之重心迅速移至右脚，左脚靠拢右脚内侧着地。重心移至左脚，右脚继续横向迈步移动。向左横向迈步移动时，动作要领相仿。

（二）滑行

初学者在掌握了走步移动身体重心后，就可以开始学习向前滑行动作。常用的滑行方法包括走步双滑行、高姿势交替蹬地交替滑行、低姿势交替蹬地交替滑行和交替蹬地接双脚滑行等。

1．走步双滑行

动作说明：在向前八字走的基础上，每次连续走几步就可产生一定的惯性，然后两脚迅速并拢，由八字形变为两脚平行站立，借助惯性向前滑行，保持重心在两脚间，体会身体向前滑的感觉。两臂自然前后摆动，协助身体平衡。然后再走几步再并拢双脚滑行，连续练习。

2．高姿势交替蹬地交替滑行

动作说明：两脚八字形站立，膝、踝微曲，上体直立。两脚同时向两侧蹬地，使双脚同时开始前滑。重心移至左（右）腿，右（左）脚侧蹬地，左（右）腿支撑滑行，右（左）脚蹬地后迅速收回，向左（右）腿靠拢，落地两脚自然成八字形，同时重心移至右（左）腿，左（右）腿侧蹬地，如此两脚交替进行。两臂自然前后摆动，协助身体平衡。

3．低姿势交替蹬地交替滑行

低姿势交替蹬地交替滑行比高姿势交替蹬地交替滑行动作幅度大，用力时间长，所以滑行起来较快，可应用于速滑。

动作说明：在高姿势交替蹬地交替滑行的基础上，成深蹲姿势，上体前倾，重心移至左（右）脚，右（左）脚侧蹬地，左（右）腿支撑滑行，右（左）脚蹬地后迅速收回，向左（右）脚并拢，落地两脚成八字形。重心移至右（左）脚，左（右）脚侧蹬地，如此两脚交替进行滑行。两臂自然前后摆动，协助身体平衡。

低姿势交替蹬地交替滑行

4．交替蹬地接双脚滑行

动作说明：两脚交替蹬地交替滑行3～4步或5～6步后，双脚并拢成平行站立，借助惯性向前滑行，两臂自然前后摆动，协助身体平衡，然后再交替蹬地几步，再惯性滑行。

（三）滑行停止

常用的滑行急停包括八字停止法和丁字停止法等。

1．八字停止法

动作说明：在两脚交替蹬地交替向前滑行的过程中，两脚平行分开站立，随后两脚尖内转成内八字形，两腿弯曲，上体稍前倾，臀部下蹲，两臂前伸维持身体平衡，两脚以鞋轮内侧摩擦地面，直至滑行停止。

2．丁字停止法

动作说明：在前滑的过程中，将身体重心移至前脚，前腿屈膝，后脚横放在前脚内侧成丁字步，后脚鞋轮内侧摩擦地面，加大阻力，直至滑行停止。

（四）弯道滑行

初学者在进行简单的直线滑行时，也可进行一些简单的转弯练习。常用的弯道滑行有走步转弯、惯性转弯和短步转弯等。

1. 走步转弯

动作说明：向前做八字走左转弯时，在每一次落脚时脚尖都向左转动一点，身体也随之向左转动一点，逐渐成弧形的走滑路线。右转弯时，动作相仿。

2. 惯性转弯

动作说明：当向前滑行有一定的速度后，两脚平行稍靠近，如向左转时则左脚略靠前，右脚靠后，重心落于两脚之间前 1/3 处，最好是前腿略弓，后腿直。身体重量压在左脚和右脚的内侧，利用惯性向左滑一较大的弧线。右转弯时，动作相仿。

3. 短步转弯

动作说明：左转弯时，在学会慢转弯动作的基础上，屈膝下蹲，重心完全落在左腿上，甚至超过左腿的支点，右脚向右侧蹬地后迅速收回，靠近左脚落地做短暂支撑。同时左脚迅速向左稍转脚尖，右脚再迅速向侧蹬地，连续做此动作可以加速转弯。如向右转，动作相仿。

三、比赛规则

（一）比赛场地

速度轮滑比赛场地的规格由比赛项目决定。

1. 场地跑道比赛

场地赛的跑道长度不得短于 125 m，不得长于 400 m，宽度不得小于 5 m。弯道跑道周长不得短于 125 m，不得长于 250 m，直道不应少于跑道总长度的 33%。终点线要用白色线标出，线宽为 5 cm。

2. 公路比赛

公路跑道的宽度全程均不得少于 6 m。起、终点要用宽 5 cm 的白色线标出。公路赛包括"开放式"和"封闭式"公路赛两种，"开放式"公路赛的起点和终点不衔接，且有坡度的赛段不得超过跑道总长的 25%；"封闭式"公路的起点和终点衔接，且跑道的长度不得短于 400 m，不得长于 1000 m。

（二）装备

速度轮滑的装备包括服装、护具和轮滑鞋等。

1. 比赛服装

参加比赛的同一个单位的所有运动员都必须身着统一长袖或者短袖服装，颜色和图案要一致。

2. 护具

护具包括头盔、护腕、护肘和护膝。头盔要完整、坚固、没有尾翼。

3. 轮滑鞋

轮滑鞋分双排轮滑鞋和直排轮滑鞋两种。双排轮滑鞋主要应用在花式轮滑表演和轮滑球运动，如图 20-1 左图所示；直排轮滑鞋主要应用在速滑比赛、轮滑球运动和室内外休闲运动等，如图 20-1 右图所示。

速滑比赛允许穿双排轮轮滑鞋或者直排式轮滑鞋参赛。轮子的直径最大不得超过 100 mm，轮滑鞋全长不得超过 50 cm。轮架必须与鞋靴固定，轮轴不能突出到轮子以外。轮滑鞋禁止装有制动装置，允许使用没有传动装置的克莱普（即脱跟）轮滑鞋。

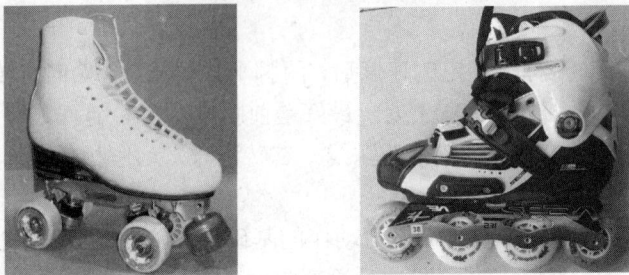

图 20-1　轮滑鞋

（三）竞赛通则

（1）所有比赛的起跑均为站立式，用发令枪或哨子发出起跑信号。

（2）发令员在起点召集运动员时，如运动员未到，1 min 后重新召集，仍不到者立即取消比赛资格。

（3）发令员在发出起动信号前运动员起动均为抢跑。第一次抢跑给予警告，三次抢跑取消比赛资格。

（4）任何情况下，运动员不允许推其他运动员或者在他们前面横切，禁止拉、推、阻碍或者援助他人滑行。

（5）在弯道滑跑时，除非沿内侧有足够的空间可以通过，否则只能从外侧超越其他运动员。

（6）禁止运动员的轮滑鞋触及或踏出跑道线。

（7）在"封闭式"公路跑道或场地跑道上，运动员应按逆时针方向滑行。

第二节　滑　冰

一、概述

滑冰是人们借助冰刀或其他器材在冰上滑行的一种运动项目。滑冰在中国尤其是在北方地区是一项人们喜闻乐见的运动。滑冰包括速度滑冰、短道速滑、花样滑冰、冰球和冰壶。滑冰项目及分类如表 20-2 所示。

表 20-2　滑冰的项目分类表

项目类别		男子项目	女子项目
滑冰	速度滑冰	500 m、1000 m、1500 m、5000 m、10000 m、全能（500 m、1500 m、5000 m、10000 m）	500 m、1000 m、1500 m、3000 m、5000 m、全能（500 m、1500 m、3000 m、5000 m）
	短道速滑	4 圈追逐、500 m、1000 m、1500 m、3000 m、5000 m 接力、全能（500 m、1000 m、1500 m、3000 m）	4 圈追逐、500 m、1000 m、1500 m、3000 m、3000 m 接力、全能（500 m、1000 m、1500 m、3000 m）
	花样滑冰	单人滑、双人滑、冰上舞蹈、队列比赛	
	冰球	6 人制男、女冰球	
	冰壶	4 人制男、女冰壶	

　　滑冰具有很强的娱乐性、健身性和技巧性，不受性别、年龄和体质的限制，老少皆宜。滑冰不仅能够使人们从紧张而繁重的学习和工作中解脱出来，还可以增强人们的心肺功能和身体的柔韧性，使其掌握支撑和平衡的动作技巧。

二、基本技术

　　滑冰的基本技术主要包括直线滑行、转弯滑行和冰上停止等。

（一）直线滑行

　　直线滑行的练习分为八步，前四步练习属于原地练习，可以使初学者学会使用冰刀和掌握平衡；后四步练习是移动练习，可以使初学者逐渐掌握直线滑行的基本技术。

　　1.陆地上模拟练习的基本姿势

　　动作说明：两腿、两脚并拢，两腿屈膝下蹲，膝关节尽量前弓，缩小地面与小腿的夹角，成深蹲的姿势。上体前倾，重心落于两脚间，肩稍高于臀部，头稍抬起，目视前方地面。两手互握置于背后，如图 20-2 所示。

图 20-2　基本姿势

　　2.冰上站立和蹲起练习

　　动作说明：在冰上两刀刃支撑身体自然站立，两脚左右开立与肩同宽，两脚尖外展，两刀刃成外八字形。然后两腿弯曲，膝前弓，重心落于两脚间，上体稍前倾，肩稍高于臀部成半蹲姿势；蹲起练习时，两脚平行站立，身体由下蹲到深蹲，重心保持在两脚间。两臂向侧前方伸展，协助身体平衡。

3. 冰上原地踏步练习

动作说明：踏步前，两刀刃平行支撑身体自然站立，两脚左右开立与肩同宽，重心落于两脚间。重心移至右（左）脚，左（右）脚抬起，踝关节放松，刀尖自然下垂。左（右）脚落下，重心移至左（右）脚，右（左）脚抬起。两脚交替练习。随着熟练程度的提高，逐渐提高腿抬起的高度。

4. 原地移动重心练习

动作说明：身体成半蹲姿势，双手互握置于背后，重心移至左（右）脚，正刃支撑身体，右（左）脚侧伸，内刃着冰。接着右（左）脚正刃着冰支撑身体，同时重心移至右脚，左（右）脚侧伸，内刃着冰。两脚交替练习。

5. 冰上外八字走练习

动作说明：行走前，两刀刃平行支撑身体自然站立，两脚左右开立与肩同宽，成外八字分开，重心落于两脚间。一只脚向前迈步，落地时脚尖外展，另一只脚用冰刀内刃向后蹬冰重心移至前脚。待重心完全落于前脚，再抬起后脚向前迈出，迅速向迈出脚移动重心。两脚交替进行，向前移动。

6. 单脚蹬冰双脚滑行练习

动作说明：滑行前，上体挺直，目视正前方，两脚左右开立与肩同宽，两只冰刀平行站立。滑行时，双膝微曲，一只脚内刃向外侧蹬冰同时将重心移至支撑脚上，蹬冰后迅速向支撑脚靠拢，重心落回两脚间，形成双脚向前滑行动作。两臂随滑行前后交替摆动，协助身体平衡，如图 20-3 所示。当速度下降时，再用另一只脚蹬冰滑行。两脚交替蹬地，向前滑行。

图 20-3　单脚蹬冰双脚滑行

7. 单脚蹬冰单脚滑行练习

动作说明：滑行前的姿势与单脚蹬冰双脚滑行的姿势相同。滑行时，一只脚内刃向侧蹬冰，另一脚正刃向前滑行，同时身体前倾重心移至支撑脚。蹬冰脚蹬冰后迅速向支撑脚靠拢成半蹲姿势，双脚向前滑行。接着支撑脚蹬冰后迅速向另一只脚靠拢成半蹲姿势，双脚向前滑行。两臂随滑行前后交替摆动，协助身体平衡，如图 20-4 所示。两脚交替蹬地，向前滑行。

图 20-4　单脚蹬冰单脚滑行

8．冰上直线滑行练习

动作说明：滑行前，身体成深蹲姿势，小腿与地面成 50°～70°角，大腿与小腿成 90°～110°角，上体与冰面成 15°～20°角，肩稍高于臀部，双手随滑行前后交替摆动或互握置于背后。滑行时，单脚蹬冰单脚滑行，反复练习。

（二）转弯滑行

1．原地向左移动练习

动作说明：两脚左右开立与肩同宽，两只冰刀平行支撑身体，成半蹲姿势，重心移至右脚成开始移动姿势。移动时，左脚向左跨出半步，同时重心移至左脚，右脚迅速向左脚靠拢成开始移动姿势。左脚继续向左跨步左移。

2．原地向左交叉步练习

动作说明：两脚左右开立与肩同宽，两只冰刀平行支撑身体，成半蹲姿势，重心落于左脚，右腿向侧挺直伸出成开始移动姿势。移动时，右脚向左脚左前方迈一大步。当右脚冰刀着冰时，身体重心由左脚移至右脚，同时左脚向身体右后方蹬直。左腿收回并向左侧迈出大半步，右脚迅速跟上成开始移动姿势。右脚继续迈步向左交叉步移动。

3．左脚支撑右脚连续蹬冰转弯滑行练习

动作说明：滑行过程中，身体成半蹲姿势，重心落于左脚。左脚冰刀稍向左转，外刃着冰，同时身体左倾肩内转，右脚冰刀内刃向外侧连续蹬冰，在任意半径的圆弧上转弯滑行，双手随滑行前后交替摆动或互握置于背后，如图 20-5 所示。

图 20-5　左脚支撑右脚连续蹬冰

（三）冰上停止

冰上停止技术主要包括犁状停止法、转体内外刃停止法和转体右刀外刃停止法等。

1. 犁状停止法（又称为八字停止法）

动作说明：滑行中上体前倾，两膝微曲内扣，重心下降，同时两刀跟外展成内八字形，用刀内刃切压冰面，直到滑行停止。

2. 转体内外刃停止法

动作说明：滑行中两腿并拢，两刀平行，身体向左（右）转体 90°，同时身体重心下降，身体向左（右）倾斜，用右刀内刃、左刀外刃（左刀内刃、右刀外刃）逐渐用力压切冰面，直到滑行停止。

3. 转体右刀外刃停止法

动作说明：滑行中身体迅速向右转体 90°，左脚稍扣离地面。随着转体，右脚冰刀的刀尖迅速外转，同时左腿屈膝降重心，身体向后倾倒，重心移至冰刀的后部，用右刀外刃压切冰面，直到滑行停止。

三、比赛规则

（一）比赛场地

速滑跑道是由两条直线跑道连接两条弧度为 180° 半圆式曲线组成的两条封闭跑道，最大周长为 400 m，最小为 333.33 m。内弯道半径不得小于 25 m，不得大于 26 m，每条跑道的宽度不得小于 4 m，不得大于 5 m。

跑道分界线（又称雪线）宽 10 cm，高 5 cm，用雪堆砌而成（冰刀稍触及即能清楚地看出痕迹）。除换道区无雪线外，其余地方均堆砌雪线，雪线不能冻结在冰面上。如无雪，可用宽 5 cm，长 10 cm，高度不超过 5 cm 的橡皮、木块或其他合适的物质涂上协调颜色代替雪线，如图 20-6 所示。

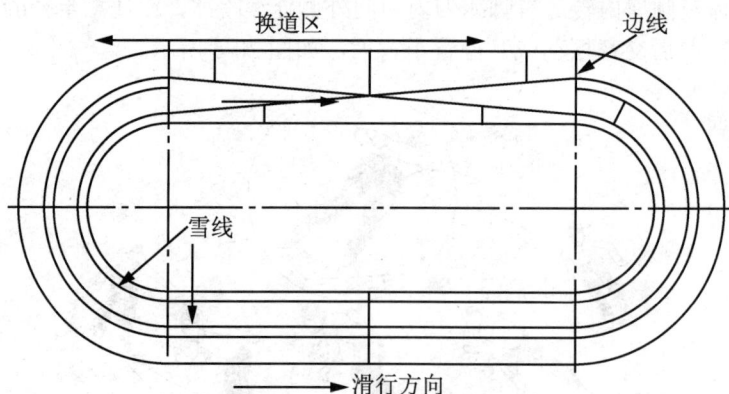

图 20-6　速度滑冰的比赛场地

距起点线、边线、起跑预备线和终点线前 5 m 的范围内每隔 1 m 画一条标线，标线为蓝色，终点线为红色，线宽均为 5 cm。

（二）装备

速度滑冰装备包括服装、冰刀和冰鞋等。

1．服装

速滑运动员穿尼龙紧身全连服（衣、裤、帽、袜和手套连在一起）。由于尼龙服保温不好，在温度较低的气候条件下，运动员可穿贴身的棉毛内衣；天气极其寒冷时，可在膝和胸等部位垫上防风纸或其他物品。

2．冰刀和冰鞋

冰刀刀刃多由优质高碳钢制成，其他部分由轻合金制成。

冰鞋由优质厚牛皮缝成，为半高腰瘦长形。鞋跟部坚硬，以包围和固定脚跟。鞋底为硬皮，以螺钉或铆钉将冰刀固定在鞋底。

刀尖比鞋尖要长 8～9 cm，刀跟比鞋跟长 5～6 cm。一般右脚冰刀尖装于右脚大脚趾正下面，冰刀后跟位于鞋跟正中间；左脚冰刀尖装于左脚大脚趾与二脚趾中间，冰刀跟位于鞋跟正中间。

（三）竞赛通则

（1）比赛中，运动员必须按逆时针方向滑跑。

（2）内、外道起跑的运动员，滑行到换道区时要互换跑道继续滑行。

（3）在换道区争道时，内道运动员要主动让道。

（4）运动员在弯道滑跑中，冰刀不准切入雪线。

（5）2 名以上运动员在同一条跑道滑跑时，后面运动员与前面运动员相距至少 5 m。在不影响前面运动员正常滑跑情况下，后面运动员可以超越前面运动员。

（6）运动员的冰刀触及终点线，才算到达终点。

（7）比赛中每组运动员只允许抢跑犯规一次，两次抢跑将被取消比赛资格。

第三节　滑　雪

滑雪是一项动感强烈、非常刺激的体育运动。在滑雪比赛中，运动员把滑雪板装在靴底，在雪地上进行速度、跳跃和滑降。随着生活水平的提高，出于娱乐、健身的目的，越来越多的人选择去滑雪场饱享滑雪运动的无穷乐趣。

滑雪分高山滑雪、越野滑雪两大类。派生的变种还有花样滑雪、跳台、登山滑雪等。从比赛角度又分大回转、小回转和超级大回转。现在又开始风行单板滑雪。在本项目中，我们重点介绍高山滑雪。

一、概述

高山滑雪又称高山速降或阿尔卑斯滑雪，其特点是速度快、坡度陡。高山滑雪和滑冰、越野滑雪不同，它不靠蹬冰、蹬雪来产生推力。恰恰相反，它是从雪道的高处沿雪道下滑，它本身不需使用动力，而是靠你自己的重力下滑。从这个意义上讲，它与滑冰正相反，这时的本事不是加速，而是如何减速，如何控制下滑的速度。因此，可以说，滑雪就是减速技术。在相同长度、相同坡度的雪道上，谁先滑完这段路程谁的技术就好。不减速当然肯定会快，但这是不可能的，因此，既要尽快滑到头，又要保持不跌倒，高山滑雪寻找的就是这个结合点。如图 20-7 所示。

图 20-7　高山滑雪

滑行时通过身体重心的移动，靠腰肢和膝关节的摆动完成动作，因此必须用滑雪靴箍住脚踝，即不让脚踝活动，因为如果雪靴扣不紧，在高速滑行中就会站不住，脚踝会累得像断了一样，也不可能持久，还容易受伤。

二、滑雪前的准备工作

（一）滑雪时的着装

滑雪时与着装相关的装备主要包括滑雪服、滑雪手套和滑雪镜等，如图 20-8 所示。

图 20-8　滑雪服、滑雪手套和滑雪镜

1. 滑雪服

滑雪服一般分为竞技服和旅游服。竞技服是根据比赛项目的特点而设计的，专注于运动成绩的提高，旅游服主要注重保暖、美观、舒适和实用。

滑雪服的颜色一般十分鲜艳，这不仅是从美观上考虑，更主要的是从安全方面着想（便于发现滑雪者），如图 20-8 所示。

此外，由于滑雪活动是一项在寒冷环境中进行的体育运动，因此在选择贴身内衣时最好不用棉制品，而用专门的丝普纶材料制成的贴身、透气并能让汗水分子透出的内衣。它的内层有一层单向芯吸效应的化纤材料，本身不吸水，外层是棉制品，可将汗液吸收在棉制品上。

2. 滑雪手套

除了防寒、保暖、防水，滑雪手套最主要的作用是用来保护手指不受伤。由于滑雪时手指不怎么活动，因此，滑雪手套应尽量选材料硬一点、厚一点的，能握住雪杖就行。

3. 滑雪镜

由于雪地上阳光反射很厉害，加上滑行中冷风对眼睛的刺激很大，所以需要滑雪镜来保护滑雪者的眼睛。此外，平时戴眼镜的滑雪者应选择镜框厚一点的滑雪镜，以便能将眼镜全部罩住。

一般来说，滑雪镜应具备以下几个功能：

第一，能防止冷风对眼睛的刺激；

第二，能防止紫外线对眼睛的灼伤；

第三，镜面不能起雾气；

第四，跌倒后滑雪镜不能对脸部造成伤害。

4. 其他滑雪用品

滑雪时，除了会用到前面提到的滑雪服、滑雪手套、滑雪镜外，大家还可能会用到其他一些滑雪用品，如滑雪帽、面护、防晒霜等。其中，滑雪帽应以保护耳部、轻便、不影响视野为宜，一般用弹性较好的细绒线织成。

如果滑行中感觉冷风对脸部的刺激太大，可选择一个只露出双眼的头套或者面护，再加一个全封闭型滑雪镜，则可将面部完全罩住，有效阻止冷风对面部的侵入。

此外，由于我国北方冬季寒冷干燥，皮肤在这种气候条件下水分散失很多，加上滑雪时形成的相对速度很大的冷风对皮肤的刺激和雪面上强烈紫外线对皮肤的灼伤，因此可选用一些抗紫外线效果较好的、防水的防晒霜。

（二）滑雪装备

如图 20-9 所示，高山滑雪装备主要包括滑雪板、固定器、滑雪鞋、雪杖等。

图 20-9　高山滑雪装备

1. 滑雪板

滑雪板底板的材料主要由塑料或高分子尼龙材料制成，高分子材料的底板摩擦系数小，比塑料底板要好。滑雪板的边刃要随时保持锋利，这样在对它施加重力时，不会产生侧滑。

在选择滑雪板的长度时，可将滑雪板直立放置，其长度最长应以不超过本人手臂上举手腕部高度为限，最短不应短于胯部。选择长的滑雪板，使用起来速度快，稳定性好，短的滑雪板速度慢，易颤动，稳定性差。

对于初学者来说，不适合选择较长的滑雪板，因为太长的滑雪板不容易控制，转弯困难，不利于提高自己的技术水平。此外，初学者还应选用弹性较大的滑雪板，这种滑雪板遇到不平的雪面时不易颠簸，制动效果也较好，操作起来比较容易。

技术好的滑雪者可以选择长一点，弹性小一点，稍微重一些的滑雪板，它可以增加滑行中的稳定性，使滑雪板的金属带边刃紧紧地卡在雪面上，有利于滑雪者充分地操纵滑雪板，滑出漂亮的弧形。

2. 固定器

固定器也叫上脱离器，是连接滑雪板和滑雪鞋的一个重要部件，它对滑雪者的人身安全起着重要的保护作用。现在的固定器都具有当运动员摔倒时能自动使雪鞋与滑雪板脱落的功能，从而达到保护运动员不受伤害的目的。

固定器一般分为高山板固定器、跳台板固定器、越野板固定器、单板固定器等。除了越野板固定器外，其他固定器都分前后两部分，前部固定器不可移动，后部固定器可沿滑雪板前后移动，以适应大小不同的滑雪鞋。

前部固定器主要固定滑雪鞋的前部，使滑雪鞋不会左右移动，其弹性大小可通过固定器上的旋钮来调节，一旦来自侧面的冲击力超过设定的数值时，弹性挡板向一侧偏出，滑雪板与滑雪鞋自动分离，可以保护滑雪者的双腿不受伤害。

后部固定器除可前后移动外，还可以上下扳动，扳动力的大小可通过后部固定器上旋钮来调节。当来自上下的冲击力超过设定的数值时，后部固定器向上抬起，滑雪板与滑雪鞋自动分离，以保证滑雪者的安全。前后固定器的数值应保持一致。

对于初学者来说，由于控制能力较差，应将固定器设置较小的数值，以保证自己的人身安全。对于技术较高的滑雪者，由于他们在高速度和大冲击力的情况下也能灵活控制滑雪板，所以可将数值设置得大一些，以避免不必要的滑雪板脱落情况发生。

3. 滑雪鞋

滑雪鞋一般分为高山鞋、越野鞋、跳台鞋和单板鞋等，其中高山鞋最常见。高山鞋一般由内外两部分构成，外壳由塑料或 ABS 注塑而成，较硬不易变形，内层由化纤织物和保温材料组成，鞋的踝关节角度和鞋的肥瘦等可根据需要进行调节，具有保护功能。

初学者应选择轻便、灵活、富有弹性的滑雪鞋，它的可操纵余地较大；而技术好的滑雪者可选择能将脚与滑雪鞋紧紧连为一体的滑雪鞋，滑雪者任何一点微小的重力变化都能通过滑雪鞋传递到滑雪板上，提高滑雪者对滑行姿态的控制能力。

滑雪鞋的选择要使人感到既舒适又很合脚，脚趾在鞋中能活动自如，但脚掌、脚背、脚弓、脚跟应能紧紧被裹住。另外，外壳上的卡子要卡得恰到好处，使踝关节可以向前屈膝，只有这样才能控制滑雪板和滑雪速度。

4. 雪杖

雪杖是滑雪时用来支撑前进、控制平衡、引导变向、支撑身体的。除跳台滑雪、空中技巧滑雪、单板滑雪外，其他项目都使用雪杖。它是滑雪者控制重心必不可少的一件工具，一般分为高山杖、越野杖和自由滑雪芭蕾杖。

在选择时，一般以本人手臂下垂后肘部距地面的高度作为选择滑雪杖的长度。初学者可选择长一点的雪杖，待技术提高后，再选择短一些的雪杖。雪杖上有配带，它可套在手腕上，防止脱落。另外，雪仗底部有雪轮，它可防止雪杖在雪里插得过深，在高速滑行的瞬间给滑行者一个稳定的支点。

（三）穿好雪鞋

穿雪鞋的正确方法是：只把衬裤或毛裤随脚放在鞋内，然后扣紧雪鞋扣，再把外裤罩在雪鞋的外部。

请记住，雪鞋一定要扣紧。高山滑雪就是要把脚脖子勒得动不了，否则将没有力量应付高速滑行中产生的巨大力量。有些人站不住或卡不住雪板刃，多数情况是雪鞋没扣紧。

三、基本技术

在广袤无垠、白雪皑皑的冰天雪地里，凭借两支滑雪板和两支滑雪杖，你就能成为"雪上飞人"。

（一）身体的基本姿势

滑雪时，身体姿势保持平衡很重要。滑雪板分开，保持与肩同宽，两膝微曲，重心落在两脚弓中间或稍向前。

（二）两步交替滑行

初学者应选择比较平坦的雪面，像走路一样练习两步交替滑行。熟练后可加大步幅和手臂摆动，并逐步过渡到滑行。借助雪杖增加推力并保持身体平衡。在后撑时，应尽量运用手臂和肩部的力量。

（三）两板同时推进滑行

分为加速与滑行两个阶段。两支雪杖同时向前提起，身体前倾，将雪杖插入脚侧前方 20 cm 左右处，向后下方撑推使身体滑行。重复此动作，以保持滑行过程。

（四）犁式滑雪法

先在坡度较小的雪道，双脚呈内"八"字形，从高处滑下到停止，保持同一姿势降速滑行。身体重心向哪侧转移，则方向也随即向该侧转移，从而完成转弯动作。掌握转弯技术后，两板可平行向下滑行，加快下滑速度，或到坡度较陡的雪道进行练习。

思考题

1. 轮滑的基本动作有哪些？请按要求进行练习。
2. 滑冰的基本动作有哪些？请按要求进行练习。
3. 滑雪的基本动作有哪些？请按要求进行练习。

第二十一章 户外运动

【学习目标】

1. 了解极限飞盘的概况、基本技术和比赛规则
2. 了解定向越野的概念、基本知识和装备
3. 了解攀岩运动的概念、基本知识、基本技术及装备
4. 熟悉游泳的基本技术、蛙泳、仰泳及游泳安全与救护知识
5. 熟悉拓展运动的起源、特点、作用及相关实践项目

第一节 极限飞盘

飞盘是一种起源于美国的游戏，有多种玩法，包括掷远、掷准、花式飞盘、极限飞盘等。极限飞盘又称飞盘争夺赛，是一项紧张激烈的团队竞技运动，融合了足球式的折返跑、篮球式的跑位、橄榄球式的得分等多项运动的特点。玩者通过各种战术方式的跑动、传递飞盘，让自己的队友在得分区接盘，从而得分。为了赢得比赛，参与的选手必须要具备良好的体能、移动的速度、敏锐的判断以及高超的控盘技巧。

图 21-1 极限飞盘

一、基本技术

（一）握盘

握盘会影响到掷盘的质量。握盘的姿势取决于掷盘的方法。最常使用的握盘姿势是反手掷盘握法和正手掷盘握法。

反手掷盘握法（见图 21-2（a）），将食指放在飞盘外缘，将其他手指握于盘缘内侧，同时中指伸直指向飞盘中心。正手掷盘握法（见图 21-2（b）），中指和食指的位置将发生变化，中指要抵住飞盘内侧。这两种握法都很好地掌控出盘方向和稳定性。

（a）　　　　　　　　　　（b）

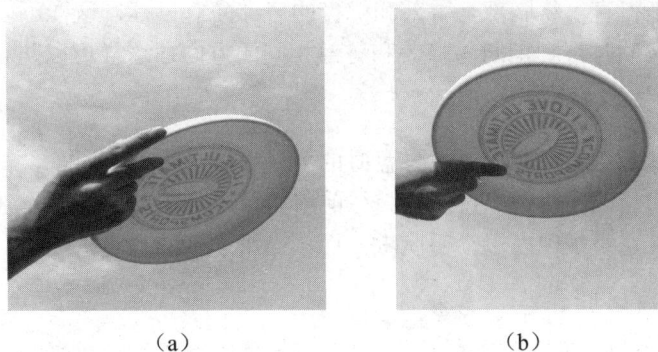

图 21-2　反手掷盘握法和正手掷盘握法

（二）接盘

接盘是非常重要的技能，再好的传盘也需要接住才行。接盘方法主要有三明治接盘法、双手接盘法和单手抢盘法。

1. 三明治接盘法

三明治接盘法是指两手五指微张，一手在盘面，另一手在盘底，合住飞盘，这是最保险的接盘方法，如图 21-3 所示。

2. 双手接盘法

双手接盘法是指双手伸出，四指并拢与大拇指一起握成"U"型，握取飞过来的飞盘，这是较稳定、快速的接盘方法，如图 21-4 所示。

图 21-3　三明治接盘法

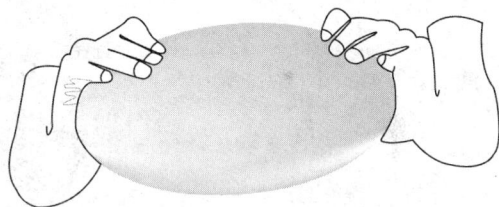

图 21-4　双手接盘法

3. 单手抢盘法

单手抢盘法是指在拼抢中跳起来或蹲下去单手抢盘，分为高位抢盘法（见图 21-5（a））和低位抢盘法（见图 21-5（b））。

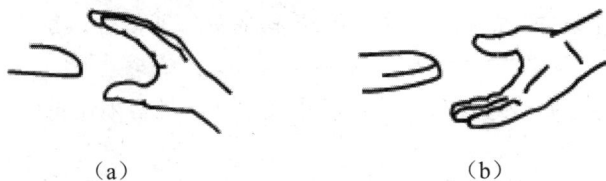

（a）　　　　　　　　　　（b）

图 21-5　高位抢盘法和低位抢盘法

（三）身体姿势

身体姿势和脚的站位对身体平衡和掷盘形态有很大的影响。掷盘时，双脚应与肩同宽，同时屈膝保持躯干挺直,将胸部、臀部和掷盘的肩部面对目标,这样可以通过保持重心在臀部来维持平衡。同时将脚指向与膝盖和臀部相同的方向,这样可以防止受伤。

(四)步伐与出手

非轴心脚向前迈出将飞盘出手,掷盘时的力量应该从肩部到肘部,再到手腕,最终到达手指部位。换句话说,就是掷盘是手腕往前用力像用鞭子抽打的动作,而不是弧线般地向前转动。要将注意力集中在甩动手腕上,而不是用手臂的力量掷飞盘。

(五)旋转和曲线

加强手腕甩动可以使飞盘在飞行中旋转,旋转使得飞盘滑行更平稳、更远、更直。掷盘时将飞盘微微往后倾斜可以达到同样效果。从左到右、从右到左或以一定角度出盘则可以使飞盘产生有弧度的路线。注意手的角度和飞盘的角度要匹配,任何的不一致都会导致飞盘产生不稳定的飞行轨迹。此外,要求飞盘飞行速度较慢时,掷盘就要注重手腕的动作;要求飞盘飞行速度较快时,掷盘则要注意从臂膀动作中获取力量。

二、比赛规则

极限飞盘比赛场地是一块长 100 m,宽 37 m 的长方形草地,一般是每队 7 人的男女混合比赛,平时比赛人数弹性较大,也可以是每队 5 人或 6 人,男女比例也可按两队情况决定。

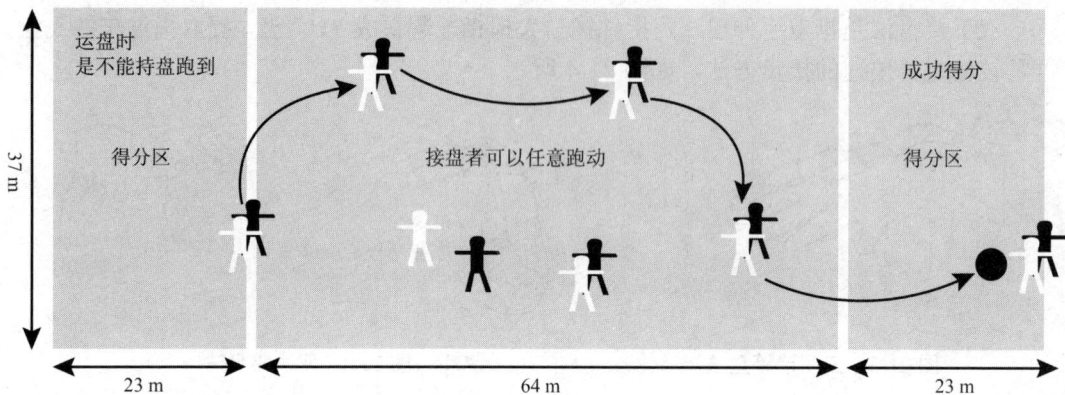

图 21-6 极限飞盘规则

比赛规则如下:

(1)开始比赛时,双方队员站在自己防守的得分线上,防守方向进攻方发盘。

(2)进攻方在防守方的得分区接到队员传的盘,即得分。每次得分后双方交换场地进行下一回合比赛。

(3)可向任意方向传递飞盘,持盘者不能跑动,且必须在 10 s 内将飞盘传出,防守者为持盘者延时计数。

(4)当传接飞盘失误时(飞盘出界、掉落或被防守队员阻挡、拦截),防守方马上持盘,转换为进攻方。

(5)队员间发生身体接触即为犯规。如果犯规造成对方失误,则由被犯规方持盘,比赛继续。

第二节　定向越野

一、定向运动的分类

定向运动就是利用地图和指北针到访地图上所指示的各个点标，以最短时间到达所有点标者为胜者。常见的定向运动有以下几种形式。

（一）定向越野

定向越野组织方法比较简便，是开展最为广泛的一种定向运动。运动员在到达的每一个点标处使用打卡器打卡，打卡系统不仅能证实是否按顺序正确到访，还能记录到访时间。

（二）接力定向

在接力比赛中，比赛的路线分成若干段（国际比赛通常为四段），每名选手完成其中的一段，各段参赛选手的成绩相加为该队团体总成绩。

为便于观众欣赏各选手之间的激烈竞争，接力定向的场地必须设置一个中心站，各段选手的交接（即换段）在中心站以触手方式进行（不使用接力棒）。

（三）记分定向

记分定向通常以个人方式进行。在比赛区域内预先设置许多检查点，并根据地形的难易程度、距离远近、点的位置的相互关系不同而赋予每个检查点以不同分值。选手在规定时间内寻找若干或全部检查点，积分最高者为胜者。

（四）专线定向

专线定向与其他定向活动的最大区别是在地图上明确地标出了比赛的路线。运动员必须按这些规定的路线行进，并将途中遇到的检查点位置标绘到图上，成绩以所用时间的长短和检查点位置标绘的准确程度来确定。

（五）五日定向

这是瑞典独有的一项特别吸引人的比赛项目。比赛共进行五日，比赛路线由若干段组成，每段都单独记录个人的成绩，最后再算出总成绩。

在百余公里的多条比赛路线中，除设置了许多检查点之外，还设有若干营地，供运动员和观众休息及参加丰富多彩的文化娱乐活动。

（六）夜间定向

这是定向运动的一种高难度的比赛形式，在视觉不良的夜间进行，增加了比赛的难度，但同时对观众和选手自己增加了刺激和吸引力。

（七）滑雪定向

滑雪定向可以按个人、团体或接力比赛等形式进行。滑雪定向活动中，选手需要使用滑雪装具（非机动的）来进行。供比赛用的滑道，需要使用摩托雪橇来开辟，同一比赛路线上的滑道通常不止一条，以便于选手自行选择。

（八）山地自行车定向

山地自行车定向运动中的交通工具为山地自行车，一般在半山区进行，其与定向越野的规则基本相同。

二、定向越野知识

（一）地图和指北针的知识

1．地图

大多数森林定向图的比例尺为 1∶10000（即地图上的 1 cm 相当于实际地形中的 100 m），公园定向地图一般为 1∶5000/4000（1 cm 相当于实际地形中的 50 m/40 m）。定向地图中颜色和符号的含义如下：

（1）黑色：表示人造景现，如建筑物、道路、小径和岩石等。

（2）棕色：等高线和路径颜色，表示山丘、小坑、高速公路和主干道等。

（3）蓝色：表示任何有水的地方，如湖泊、溪流和泥沼等。

（4）绿色：表示被植被覆盖，浓密而难通过的地区，绿色越深，越难通过。

（5）白色：表示普通的林区，容易通过。

（6）黄色：表示空旷地，易于奔跑。

（7）紫色：表示线路。

2．指北针

（1）标定地图

标定地图是为了使越野地图的方位与现行的方向一致，先使指北针的定向箭头"↑"朝向地图上方，并使箭头两侧的平行线与地图上的磁北线重合（或平行），然后转动地图，使指针北端正对磁北方向，此时地图即已标定。

（2）确定行进方向

使用指北针还可以确定行进的正确方向，步骤如图 21-7 所示。

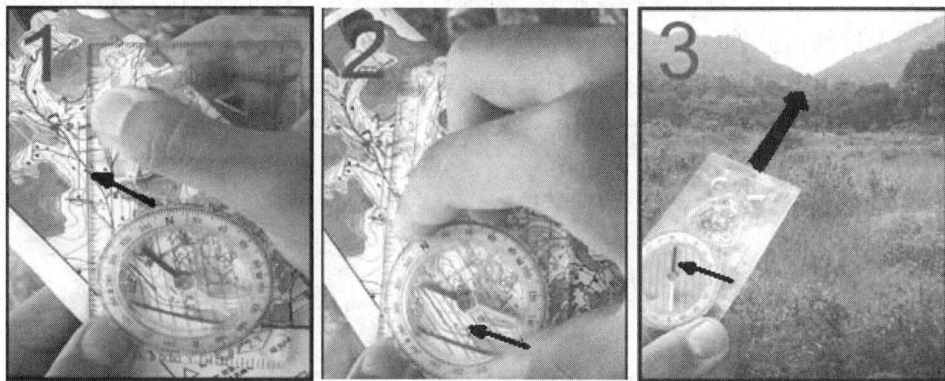

图 21-7　使用指北针确定行进方向

指北针直尺边切目标方向线（目标点在前，站立点在后）。转动分度盘，使磁北标定线与图上的磁北线重合（或平行）。移开地图，并将指北针平持于胸前适当位置，转动身体，使磁针与定向箭头重合，目标点即在前进箭头所指的方向。

（二）路线选择

选择最佳路线，不仅安全，而且省体力、省时间，一般遵循如下规则：

（1）有路不越野：尽量选择沿道路行进。在道路上容易确定站立点，使人更具信心；地面相对平坦，有利于提高奔跑速度。

（2）走高不走低：如果不得不越野，要尽量站在高处（如山脊、山背等）行进，避免在低处（如山谷、凹地等）行进。地势高，展望好，便于确定站立点和保持行进方向；高处通风、干燥，荆棘、杂草、虫害及其他危险少。在山脊这样的地方，常常会有放牧、砍柴的人踏出的小路，利用它，便于提高运动速度。

三、定向越野装备

地图和指北针是定向越野的必备装备，如图 21-8 所示。

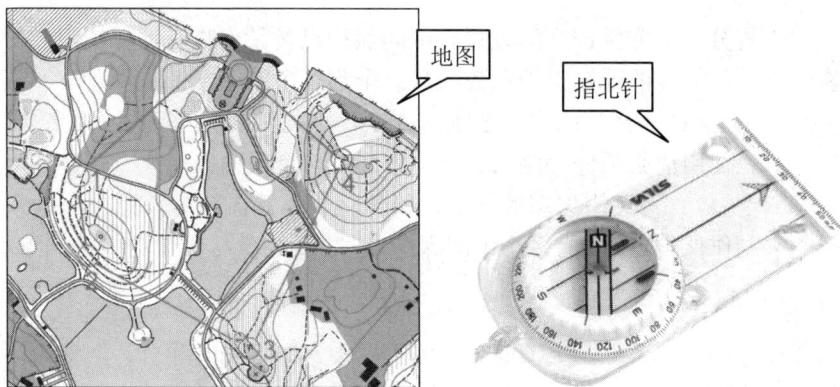

图 21-8　地图和指北针

定向越野服装以轻便舒适为宜，过紧或太厚的衣物会感觉举步维艰；鞋的选择以轻便结实为主，另外，鞋底的材料和造型应能牢固地"抓住"所有类型的地面，包括湿滑的泥泞地面和坚硬的岩石地面。

第三节　攀岩运动

一、攀岩运动的概念

攀岩运动是指运用熟练的攀登技术和各种技术装备，专门攀登悬崖峭壁或冰壁的登山活动。如图 21-9 所示。

（a）攀岩

（b）攀岩墙

图21-9　攀岩和攀岩墙

二、攀岩知识与基本技术

（一）保护点的设置

保护点的设置分为上方保护点的设置和中间保护点（又称临时性保护点）的设置。根据不同的岩壁条件，所需的固定保护点数量从一个到多个不等。

（1）上方保护点：选择的固定点要绝对安全，如人工岩壁上设置好的横栏、自然岩壁上的大树等。在使用前必须仔细测试其牢固程度和可承受力。

（2）中间保护点：可利用岩壁的树木、犄角状岩体等，或者使用机械锥和岩石锤等利用岩壁裂缝来制作保护点。具有多个中间保护点时，要注意尽量让这些保护点均匀受力。

（二）攀爬技术

攀岩需要良好的身体条件，更需要全面的攀登技术。手脚的配合、全身的协调用力会使攀岩动作更加流畅。

1. 手法

岩壁上的支点形状很多，攀登者要根据这些支点的形状，采取不同的抓握方式，常用的有开握、扣握、反抠、曲握和捏等方法。

（1）开握：如果支点的边缘或某些点的小洞可以支撑住手指的第二关节，此时可以手指开拢，让手指与支点充分接触，整个手掌不用紧握支点。

（2）扣握：遇到相对较小的支点时，四指并拢后能套住支点。用大拇指压住食指，这样支点就完全被套在手中。

（3）反抠：是指手掌向上抠握支点的方法，反抠动作可以用来维持身体平衡。用手反抠时，手要尽可能伸到支点的背后。

（4）曲握：手掌弯曲，四手指开拢，大拇指压在食指上，用手掌的外边缘抠握支点。曲握主要用于抠握小球状的突出支点及圆点。

（5）捏：当一个支点的形状没有可把住的边时，只能通过捏来增加握点的可靠性。有些点可以让大拇指压在支点的边，与四指的方向成90°。但当支点很小时，只能用拇指和食指的第二关节外侧去捏握。

2. **脚法**

腿的负重能力和爆发力都很大，而且耐力强，攀登中要充分利用腿脚力量。常用的脚法有正蹬、侧蹬和换脚。

（1）正蹬：用鞋正前尖和鞋尖内侧边（拇趾），即运用脚的前部、大拇指处。正蹬动作时，后脚跟要立起来。岩壁上不规则、粗糙的地方以及缺口和凹处都可以使用正蹬。

（2）侧蹬：侧蹬就是用鞋的外侧去踩光滑的支点。侧蹬能让攀爬者的身体更加贴紧岩壁，也有利于把身体的重量放在脚上，同时减少手的拉力。

（3）换脚：以从右脚换到左脚为例，先把左脚提到右脚上方，右脚以脚在支点上最右侧为轴逆时针方向转动，把支点左侧空出来，此时体重还在右脚上，左脚从上方切入，踩点，右脚顺势抽出，体重过渡到左脚。

（三）下降技术

下降过程中，沿主绳依次向下倒手，在倒手时一手先将抓结捋下，两脚随着双手的下移，也同时向下倒步。倒手和移步要协调配合，前脚掌尽量踩住突起的岩石或棱角，以便减轻手臂的负担，两腿稍分开，以便身体保持平衡。由于臂力不足倒手有困难时，也可双手沿绳下滑，注意速度不能过快，防止擦伤。

三、攀岩运动装备

攀岩的装备器材不仅是攀岩者向上攀登的工具，更能为攀岩者提供可靠的安全保证，常用的攀岩设备如图 21-10 所示。

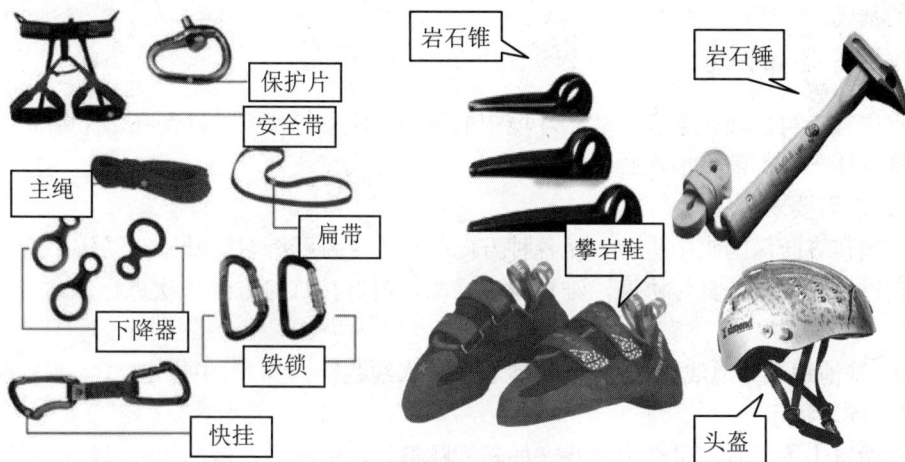

图 21-10　攀岩运动设备

（1）安全带：为攀登者提供一种舒适、安全的固定，并且方便与绳子连接，可以把坠落的冲击力分散到腰部和腿部。

（2）主绳：由高强度的尼龙按特殊的方法编织而成，具有较大的延展性，可以吸收脱落时所产生的大部分冲击力，从而降低对攀登者的伤害。

（3）扁带：在保护系统中作软性连接。

（4）保护片和下降器：在保护和下降过程中，通过它们与绳子产生的摩擦力来保障安全。

（5）铁锁和快挂：用来连接绳子、保护点、安全带与保护片、下降器和携带器材等，在保护系统中作钢性连接。

（6）岩石锥：固定于岩壁上的保护器械，根据岩缝的不同使用不同的岩石锥。

（7）岩石锤：钉岩石锥时使用的工具。

（8）攀岩鞋：一种摩擦力很大的专用鞋，穿起来可以节省很多体力。

（9）头盔：在攀登过程中避免头部受落石或上方抛下的装备引起的伤害，起到保护头部的作用。

（10）镁粉：吸收手上的汗液和支点表面的水分，以增大摩擦力。粉袋一般要挂于腰后，双手可随时蘸取。

第四节　游泳运动

一、游泳入门

（一）熟悉水性

熟悉水性是学习各种游泳姿势的一项重要基础练习，其目的是使初学者通过身体的感官感知水的浮力、压力和阻力等，以逐步适应水的特性和环境，消除对水的恐惧，并掌握水中行走、呼吸、漂浮、滑行等最基本的游泳动作，为今后学习和掌握各种游泳技术打下坚实的基础。

（二）水中行走

水中行走可以使初学者了解水环境中的浮力、阻力等特性，以便在水中站立或行走时能维持身体平衡，消除怕水心理。

1. 练习要求

一般在齐腰深的水中进行，做各种方向的行走、跳跃练习。开始时动作不宜过大，速度不宜过快，要保持身体协调，维持身体平衡，最好按练习方法依次进行。

2. 练习方法

① 扶池边或分道线行走；② 扶池边或分水线跳跃；③ 水中行走；④ 水中跳跃走。

3. 练习提示

在做以上练习时，可结合游戏（如转圈跳舞、水中接力、撒网等），以提高学习兴趣，并且应先动作小、速度慢，再过渡到动作大、速度快，要始终维持身体的平衡。

（三）学习呼吸

呼吸练习是游泳教学的难点，也是熟悉水性阶段的关键内容，应贯穿于整个练习的始终。该练习可使初学者基本掌握游泳的呼吸方法、呼吸过程和呼吸节奏，以适应头入水的刺激，消除怕水心理。

1．练习要求

练习前深吸一口气，然后憋气，低头或慢慢下蹲，把头部浸入水中。停留片刻后抬头，同时用嘴和鼻子呼气后再吸气，这样就不易呛水。

2．练习方法

（1）水中憋气：在水中两手扶住池边、分水线或抓住同伴的手，先深吸一口气，然后把头埋入水中憋气，憋不住时迅速站立抬头。憋气的时间应由短到长，直至能尽量憋较长的时间。

（2）水中呼吸：在水中两手扶住池边、分水线或抓住同伴的手，把头埋入水中憋尽量长的时间后，用口、鼻慢慢呼气，直至将体内的废气呼尽，迅速抬头用嘴吸气。

（3）韵律呼吸：在水中扶住固定物（池边、分水线或同伴的手等），先自然吸气，接着将头没入水中，憋气后呼气，抬头出水用嘴吸气；再入水、憋气、呼气，如此反复并带有韵律感。

3．练习提示

呼吸是初学者练习的重点，应贯穿于教学的始终；正确的游泳呼吸是用嘴吸气、用嘴或鼻呼气。

（四）水中漂浮

学习水中漂浮技术，主要是让身体漂浮起来，体会水对人体的浮力，初步掌握人体在水中的平衡能力，消除对水的恐惧心理。

1．练习要求

练习时要尽量深呼吸，在水中憋气的时间应尽量长些，并且身体要放松。

2．练习方法

（1）扶固定物团身漂浮练习：在水中两手扶住池边、分水线或抓住同伴的手，先深吸一口气，然后把头埋入水中憋气，同时团身，使身体尽量放松，自然地漂浮于水中；呼气后，站立用嘴吸气。在此基础上，两人或多人手拉手可同时做团身飘浮练习。

（2）扶固定物展体漂浮练习：在水中两手扶住固定物（池边、分水线或同伴的手等），先吸气后把头没入水中憋气，同时团身，全身放松，使身体自然漂浮于水上（同伴可扶其腹部帮助漂浮起来），然后展开身体，呼气后，站立用嘴吸气。在此基础上，两人或多人手拉手可同时做团身再展开漂浮练习。

（3）抱膝漂浮练习：站立水中，深吸气后，下蹲憋气低头抱膝，大腿尽量靠近胸部，成低头抱膝团身姿势。身体要尽量放松，自然地漂浮于水中。呼气后，两臂前伸向下按水并抬头，同时两腿伸直向下踩成站立。

（4）展体漂浮练习：站立水中，深吸气后，下蹲憋气低头抱膝，放松漂浮于水中后，展开身体；或两臂放松向前伸直，深吸气后身体前倒并低头，两脚轻轻蹬离水底，成俯卧姿势漂浮于水面，臂、腿自然分开，全身放松，身体充分展开。呼气后，两臂前伸向下按水并抬头，同时两腿伸直向下踩成站立。

3．练习提示

漂浮练习尽量把头浸入水中，以便学习后面的动作；站立时，迅速收腹、收腿，两臂快速向下按压水，同时两腿向下踩，成站立。练习时，只要憋住气，四肢放松，身体自然会漂浮起来。

（五）滑行

滑行是进一步体会水的浮力，掌握在运动过程中如何维持身体平衡的姿势。

1. 练习要求

滑行时，臂和腿自然伸直，身体放松成流线型，要尽量延长闭气时间和滑行距离。

2. 练习方法

（1）同伴扶手滑行练习：手臂放松扶住同伴的手，没入水中憋气，身体展开漂浮在水面，全身放松，同伴拉练习者的手倒退走，使其体会滑行动作。在此练习基础上，可放开练习者的手，使之自己滑行漂浮，但要注意安全。

（2）蹬池壁滑行练习：背向池壁，双臂伸直并贴近双耳，或一手扶住池边缘，一臂前伸；一脚站立，另一脚触抵池壁。深吸气后低头，上体前倾成俯卧，支撑腿迅速屈膝上提将脚贴在池壁上，臀部尽量提高并靠近池壁。双脚用力蹬壁，身体充分伸展、放松，成流线型向前滑行。在此基础上也可做蹬池底滑行练习，体会在滑行中如何保持身体平衡。

3. 练习提示

滑行练习是熟悉水性的重要内容，应反复练习。在做蹬池壁练习时，尽量增大腿力量，以增加滑行距离；两腿和手臂尽量合拢，以保持身体的流线型。

二、蛙泳

蛙泳是古老的游泳姿势之一，因其动作结构模仿青蛙而得名。蛙泳有很多优点，例如，呼吸节奏容易掌握，游动声音小，容易观察和判断游动方向，每个动作周期结束后都有短暂的滑行放松时间。

但是，蛙泳的臂、腿变化方向较多，其内部技术结构是 4 种泳姿中最为复杂的。由于运动员在水下移臂和收腿都会给前进带来很大的阻力，使行进速度下降，所以它是 4 种泳姿中速度最慢的一种。

蛙泳技术

（一）蛙泳技术

1. 身体姿势

身体俯卧，保持自然伸直，收腹塌腰呈流线型。手臂向前伸直，掌心向下，头置于两臂之间，两腿并拢，如图 21-11（a）所示。身体纵轴与水平面的夹角变化区间为 5°～15°。

当吸气时，下颚露出水面，肩部升起，身体与水平面的角度增大到 15°。在吸气后，头没入水中，提臀蹬夹腿，此时臀部高于肩膀。蛙泳动作的分解如图 21-11 所示。

（a）

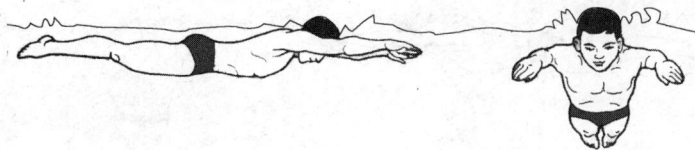

（b）

（c）

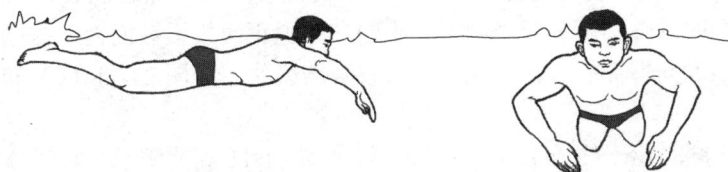

（d）

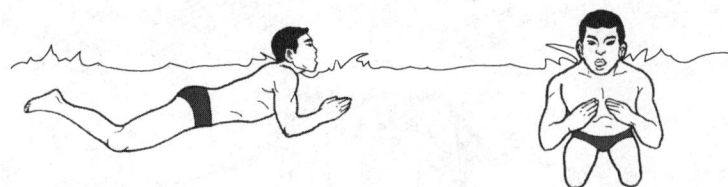

（e）

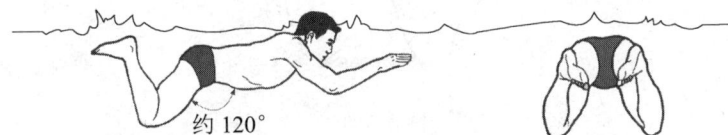

约120°

（f）

（g）

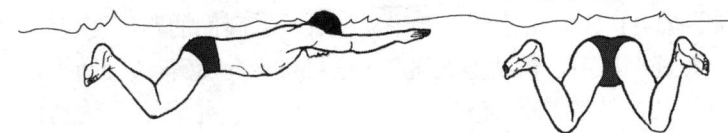

（h）

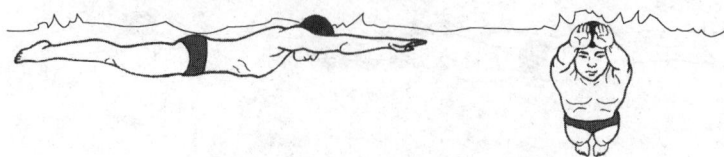

(i)

图 21-11　蛙泳动作的分解

2. 腿部动作

蹬腿是蛙泳推进力的主要来源之一，可分为收腿、翻脚、蹬夹腿和滑行 4 个阶段，且这几个阶段应连贯进行。两腿动作对称进行，收腿为蹬腿作准备，翻脚是收腿的结束和蹬夹腿的开始。

（1）收腿：收腿是把腿收到最有利于蹬水的位置。首先屈膝屈髋，由大腿带动小腿前收，前收的同时两膝逐渐分开。两脚和小腿在大腿正面投影截面内，如图 21-11（f）所示，两脚后跟尽量向臀部靠近。收腿开始与收腿结束状态如图 21-11（e）和图 21-11（f）所示。

收腿后，大腿与躯干约成 120°～130°，如图 21-11（f）所示，两膝分开最大时与肩同宽，如图 21-12 所示。

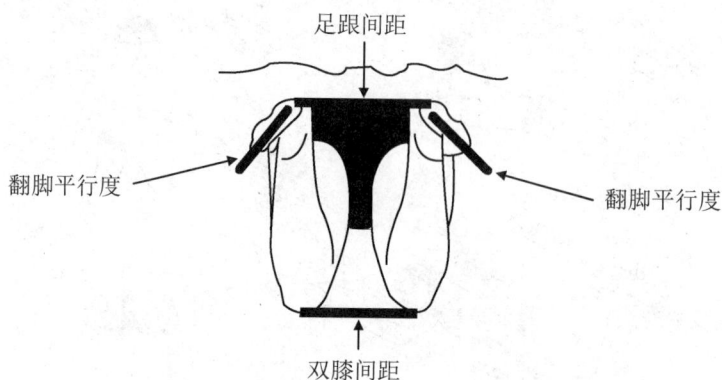

图 21-12　收腿时膝盖间距、足跟间距及翻掌平行度

（2）翻脚：当收腿动作将近完成时，脚仍向臀部靠近，两膝内扣，两脚外转，脚尖向外，使脚和小腿内侧对好蹬水方向，小腿离开大腿的投影截面，翻脚时的状态如图 21-11（g）所示。翻脚结束时，两脚之间的距离大于两膝之间的距离。

（3）蹬夹腿：翻脚后，大腿发力向后蹬出，通过伸髋、伸膝、伸踝，以大腿、小腿的内侧面和脚掌快速地做弧形蹬夹动作。蹬腿结束后，两腿并拢伸直。蹬夹腿动作如图 21-11（g）和图 21-11（h）所示。注意蹬夹腿时，双膝间的距离要保持不变。

（4）滑行：蹬腿结束后，借助蹬夹腿产生的推进力向前滑行，此时双腿并拢，收腹塌腰，身体呈流线型且保持较高位置，以减少迎面阻力，并为下一轮动作做好准备，如图 21-11（i）所示。

3．臂部动作

臂部动作与腿部动作协调运动，可以使游动更加省力，而且能提高游动速度。臂部动作可以分解为抓水、划水、收手和伸臂4个阶段，如图21-11所示。

（1）抓水：由两臂前伸滑行开始，两肩关节略内旋，掌心转向斜下方对准划水方向，如图21-11（b）所示，稍勾腕，成准备划水姿势（俗称抱水动作）。

（2）划水：划水开始，两臂慢慢分开，当两臂夹角为40°～45°时，手臂向外旋转屈肘，形成屈臂高肘划水，之后向两侧、后下方划水，直至两臂之间角度为120°时，划水结束准备收手。肘关节弯曲的角度随着划水的进行不断减小，到划水即将结束时，肘关节弯曲的角度约为90°。划水过程如图21-11（c）和图21-11（d）所示。

（3）收手：当两臂之间角度为120°时，靠肘伸肩。手臂开始向里向上运动，掌心由向后转向内，收到头部下方。整个收手过程要快速、圆滑地完成。收手结束时，肘关节低于手，上臂与前臂成锐角。收手过程如图21-11（e）所示。

（4）伸臂：两臂从头下同时向前伸出、伸直，掌心由向内转为向下。

4．臂、腿和呼吸配合技术

蛙泳的臂、腿和呼吸配合一般是蹬腿一次，划臂一次，呼吸一次。由于腿、臂和呼吸配合时间的不同，形成不同的技术特征。

一般的配合技术是：两臂做抓水和划水动作时，抬头吸气，腿自然伸直。收手的同时收腿，手开始向前伸。收腿结束翻好脚掌，当伸臂动作进行到2/3时，做蹬夹腿动作，然后滑行吐气。

（二）练习方法

蛙泳练习的顺序是先练腿部动作，后练手臂动作和呼吸方法，再练臂腿配合和完整动作配合。

1．腿部动作练习

俯卧长凳上，前臂支撑上体，按照收、翻、蹬夹和停四拍分解练习，如图21-13所示。熟练后将四拍合为一拍，一次完成腿部的整套动作。之后俯卧池边感觉腿在水中所受阻力，做腿部动作的练习时注意收腿角度及翻脚和蹬腿的路线。

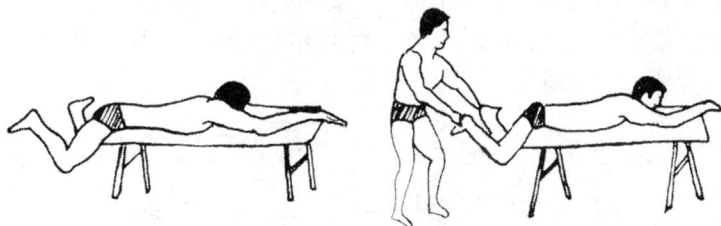

图21-13 岸上的腿部练习

在水中双手抓池槽，由同伴帮助做腿部练习，如图21-14所示，着重感觉大腿、小腿、膝盖和脚的运动轨迹。熟练之后，用脚蹬池壁滑行，做腿部练习，如图21-15所示。

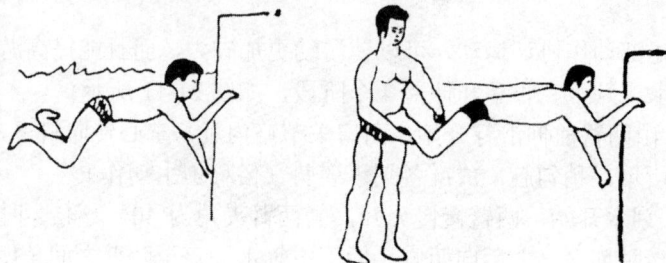

图 21-14　由同伴帮助做腿部练习

图 21-15　蹬壁滑行，做腿部练习

2. 臂部和呼吸动作练习

在岸上呈站立姿势，上体前倾。两臂前伸并拢，掌心朝下，按照抓水、划水、收手和伸臂四拍分解练习，如图 21-16 所示，熟练后将四拍合为一拍，一次完成臂部的整套动作。手臂动作熟练后，配合呼吸，再做练习。

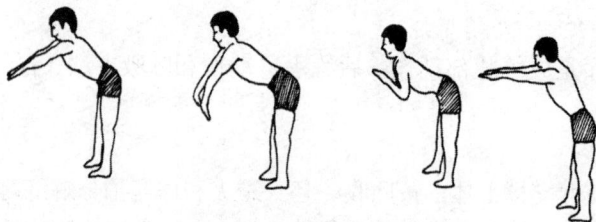

图 21-16　在岸上做臂部练习

站在齐腰深的水中做臂部动作练习时，弯腰将上体没入水中，做手臂与呼吸配合练习，如图 21-17 所示，划水不要用力，重点体会划水路线。熟练后由同伴抱住大腿或用大腿夹住浮板，做臂与呼吸的配合练习。

图 21-17　在水中做臂部练习

（三）常见的错误动作及纠正方法

（1）收腿之后没翻脚。在陆上进行练习时，收腿之后着重体会翻脚的感觉，在水中练习时，强制性地做翻脚动作。

（2）蹬腿时两膝距离变大，蹬得过宽。在做水中的腿部练习时，由同伴帮助保持两膝间距离，矫正不良姿势。

（3）做蹬夹腿动作时只蹬不夹。在脚蹬出去，两膝未伸直之前，就应积极向内夹水。

（4）划水时手摸水，拖肘。注意划水时的动作要领，开始划水时臂内旋并勾手腕；划水时肘应高于手，形成屈臂高肘。

（5）吸不到气或吸气时喝水。由于在水中未吐气或气未吐尽，在抬头出水后有吐气动作，吸气时间不够，造成吸不到气或喝到水。练习者可加强水中原地的臂与呼吸配合练习，要在出水瞬间将气吐尽。

三、仰泳

仰泳是人体呈仰卧姿势在水中进行游泳的一种姿势。仰泳的实用性强，适宜在水中拖运物体，救护溺水者。

仰泳包括反蛙泳和爬式仰泳（简称反爬泳）。反蛙泳是最早出现的一种仰泳，动作近似蛙泳，而身体姿势与蛙泳相反。爬式仰泳的动作与自由泳的动作大致相同，即面朝上两臂轮流划水，两腿上下交替打水。

反蛙泳与爬式仰泳相比，游动时相对费力，而且游动速度较慢，因此在游泳比赛中，仰泳项目均采用爬式仰泳泳姿。

（一）爬式仰泳技术

1.　身体姿势

身体自然伸展，仰卧呈流线型，头和肩部稍高，腰腹和腿部保持水平，身体纵轴与水平面成 $5°\sim7°$ 。

由于头部在游泳过程中起到掌握方向的作用，所以要求头部稳定，始终保持正直姿势，躯干以身体纵轴为基准，随着两臂的轮流划水动作而自然转动。仰泳动作的分解如图 21-18 所示。

2.　腿部动作

腿部动作是保持身体高平仰姿、控制身体摇摆和产生推力的决定因素。仰泳腿部动作的重点可概括为"上踢下压"，即"屈腿上

仰泳身体姿势

踢、直腿下压"的鞭打动作。腿部动作分解如图 21-18（a）、图 21-18（b）、图 21-18（c）和图 21-18（d）所示。

（a）

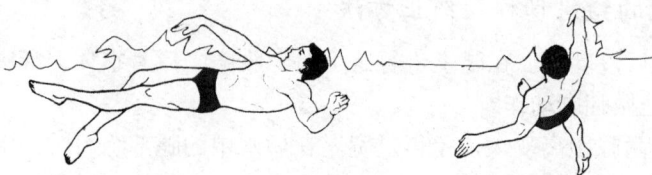

(b)

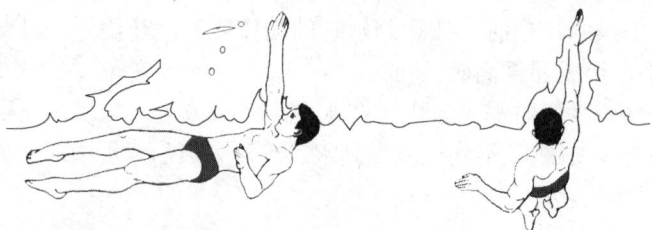

(c)

(d)

(e)

(f)

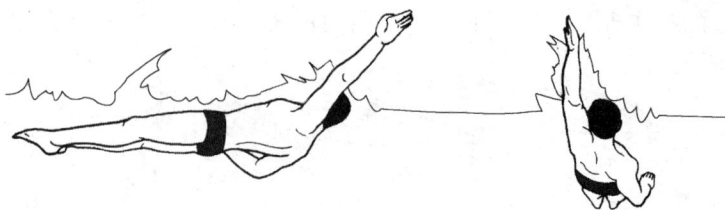

(g)

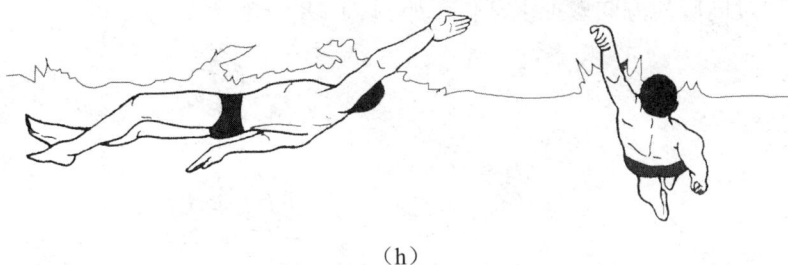

（h）

图 21-18　仰泳动作的分解

（1）上踢

以髋关节为支点，其中一条腿（以右腿为例）由大腿发力带动小腿及脚，稍向下移动后用力上踢，此时膝关节微屈，成 130°～140° 角，踝关节伸展，脚向内转，动作要有力。注意上踢高度要适中，膝关节不要露出水面，两脚跟的上下最大距离 40～50 cm，如图 21-19 所示。上踢过程如图 21-18（a）、图 21-18（b）和图 21-18（c）所示。此时左腿稍向下移动，准备上踢。

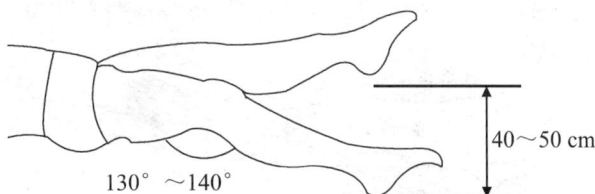

图 21-19　上踢时膝关节角度及两脚跟之间的距离

（2）下压

向下打水时，右腿膝关节自然伸直，用力下压，此时脚尖稍向内旋，以加大踢水面积。右腿下压的同时，左腿上踢。下压过程如图 21-18（d）所示。

3．臂部动作

臂部动作要双手配合运动，可分为入水、抱水、划水、推水、出水和空中移臂 6 个阶段，这几个阶段是连贯进行的。

（1）入水

左臂入水时保持伸直状态，肩关节外旋，手的小指朝下，拇指朝上，掌心向外，手与前臂之间的角度为 150°～160°，入水点在肩延长线与身体纵轴之间。同时右臂向后下方做推水动作，如图 21-18（a）所示。

（2）抱水

当左臂切入水中后，利用移臂的惯性使手臂向外侧下滑并向上向身后转腕，肩臂内旋，使手和小臂对好划水方向，同时开始屈臂至 150°～160°，使手掌和前臂增大划水面，配合上体转动成抱水姿势。同时，右臂提出水面，如图 21-18（b）所示。

（3）划水

当左臂下滑至与身体纵轴成 40°～50° 角时开始屈臂划水，如图 21-20 所示，手后划的速度要快于肘。划水至肩侧时，手距水面约 15 cm，屈臂角度大约为 90°。这时手、前臂、上臂同时向脚的方向做推水动作，如图 21-18（c）所示。

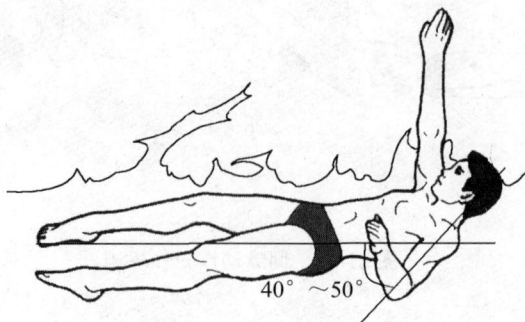

图 21-20　左臂下滑至与身体纵轴成 40°～50° 角

（4）推水

肘关节将靠近体侧时，向后下方自然下压，肩关节向上提，同时内旋，以肩为轴按由下至上再向下的 S 形划水路线划动，如图 21-21 所示。左臂靠近大腿旁时结束划水。同时，右臂在空中沿肩线上方做圆周运动，当左臂结束划水时，右臂正好入水。

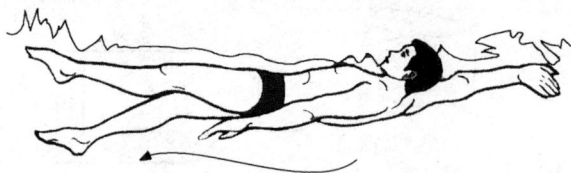

图 21-21　S 形划水路线

（5）出水

划水结束后，借助手掌下压的反作用力，手背朝上，以肩带动上臂和前臂，将左臂立即提出水面。同时，右臂入水后，做抱水动作，如图 21-18（e）所示。

（6）空中移臂

左臂出水后沿肩线上方做圆周运动，移动过程中保持手臂伸直。右臂做划水运动，左臂入水时，右臂出水，如图 21-18（f）、图 21-18（g）和图 21-18（h）所示。

4．双臂配合

一般情况下，当一臂出水时，另一臂刚好入水；当一臂处于划水中段时，另一臂在空中移臂至一半。在整套臂部动作中，两臂几乎都处在完全相反的位置上，这样配合能保证动作的连贯性和速度的均匀性。

5．臂、腿和呼吸的配合

（1）臂与呼吸的配合

一般情况下是两次划水一次呼吸，即以一只手臂为标准，开始出水移臂时吸气，其他阶段再慢慢呼气。高速游进时也有一次划水一次呼吸的技术。需要注意的是呼吸过于频繁会导致动作紊乱。

（2）腿、臂配合技术

在划水过程中，腿的上踢和下压动作要保持身体的平衡与协调，避免身体的过分转动和臂部下沉。

现代仰泳技术采用 6 次打腿、2 次划臂的配合，也有少数人采用 4 次打腿、2 次划臂的配合。仰泳 6 次打腿、2 次划臂的动作配合如表 21-1 所示。

表 21-1 仰泳 6 次打腿 2 次划臂的动作配合表

臂部动作		腿部动作	
右臂	左臂	右腿	左腿
抱水	出水移臂开始	上踢	下压
划水	移臂中间	下压	上踢
推水	移臂结束入水	上踢	下压
出水移臂开始	抱水	下压	上踢
移臂中间	划水	上踢	下压
移臂结束入水	推水	下压	上踢

（二）练习方法

仰泳练习的顺序是先练腿部动作，后练手臂动作和呼吸方法，再练臂腿配合和完整动作配合。

1. 腿部动作练习

在岸上单脚支撑站立，另一条腿向后伸并以大脚趾着地。以大腿带动小腿屈腿踢出，注意膝盖弯曲角度。然后大腿带动小腿直腿后压。双腿交替练习。然后坐在池边做腿部的模仿练习。熟悉打水的感觉并掌握动作要领，逐渐加快打水频率，如图 21-22 所示。

在水中做腿部练习时，可以双手反抓池槽，身体仰浮于水中，按照动作要领，做腿部打水动作。也可以保持身体纵轴与分道线成平行状态，一只手抱住分道线，还可以抱住浮板仰卧滑行，平稳之后，练习腿部动作，如图 21-23 所示。

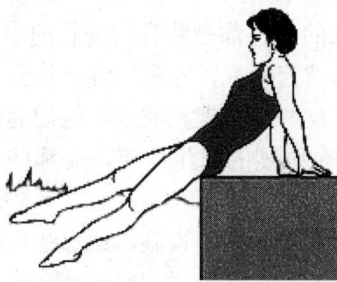

图 21-22 坐在池边做腿部练习   图 21-23 在水中仰卧做腿部练习

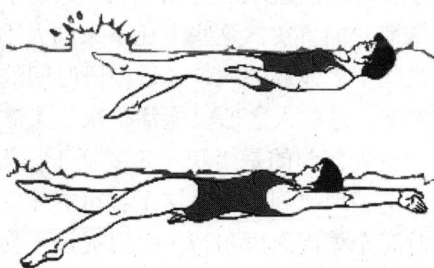

2. 臂部动作练习

仰卧在长凳上，先做单臂的要领练习，熟练之后做双臂配合呼吸的练习，如图 21-24 所示。之后在水中由同伴抱住大腿或大腿夹住浮板做臂部与呼吸的配合练习，如图 21-25 所示。

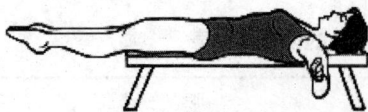

图 21-24　仰卧长凳练习手臂动作　　　　图 21-25　由同伴帮助在水中练习手臂动作

3. 完整动作配合练习

在岸上保持站立姿势，将腿部和臂部的动作协调起来，熟悉其运动规律。熟练后再配合呼吸进行练习。之后在水中仰浮滑行，一臂放体侧，另一臂做臂部练习。熟练后做双臂的配合练习，最后配合呼吸，做完整动作练习。注意做臂部练习的同时，两腿要不停地打水。

（三）常见的错误动作及纠正方法

（1）害怕呛水抬高头，导致身体没有展平。身体自然平直地仰卧水中，将下颌抬高，两耳没入水中。

（2）大腿动作过大，膝关节露出水面，将踢水动作做成挑水动作。在做腿部练习时，控制大腿运动的幅度。

（3）打腿频率较慢，导致划水时身体下沉。练习者应在划水时积极打腿。

（4）移臂时肘关节弯曲。当划水结束时将手紧靠大腿。

第五节　拓展训练

一、拓展运动的起源与发展

拓展的概念来源于一个故事：二战时大西洋上有很多船只由于受到攻击而沉没，大批船员落水，由于海水冰冷，又远离大陆，绝大多数的船员不幸死去了，但仍有极少数的人在经历了长时间的磨难后得以生还。人们了解了这些生还下来的人的情况后，发现了一个令人非常惊奇的事实：这些生还下来的人不是人们想象的那样都是些身体强壮的小伙子，而多数是些年老体弱的人。经过一段时间的了解情况和调查研究，专家们终于找到了这个问题的答案：这些人之所以能活下来，关键在于他们有良好的心理素质。当他们遇到灾难的时候，首先想到的是"我一定要活下去"，他们有一种强烈的求生欲望，而那些年轻的海员可能更多地想到的是"这下我可能就完了，我不能活着回去了"。

当时有个德国人库尔特·汉恩提议，利用一些自然条件和人工设施，让那些年轻的海员做一些具有心理挑战的活动和项目，以训练和提高他们的心理素质。后来其好友劳伦斯在 1942 年成立了一所阿德伯威海上训练学校，以年轻海员为训练对象，这是拓展训练最早的一个雏形。

二战以后，在英国出现了一种叫作 OUTWARD-BOUND（拓展训练）的管理培训，这种训练利用户外活动的形式，模拟真实管理情境，对管理者和企业家进行心理和管理两方面的培训。由于拓展训练的培训形式新颖、培训效果良好，很快就由马来西亚开始在亚洲传播，由德国扩大到整个欧洲，通过肯尼亚传播到非洲和澳大利亚。1960 年后拓展训练在美国、加拿大及新加坡等地许多学校的影响继续扩大。1970 年英国信托基金开始为拓展训练发展提供支持，后来拓展训练学校开始在世界范围内发展。如今，这些拓展训练学校已经成为一个国际训练组织——国际拓展，组织有一个共同的使命宣言：激发自尊、帮助他人、服务社会、放眼未来。

拓展训练在发达国家已经介入高校的管理专业课程，成为 MBA 团队管理课程的重要组成部分。1995 年，拓展训练走进中国。1999 年，清华大学率先将体验式培训引入 MBA、EMBA 的教学体系中。随后北京大学光华管理学院、中欧国际工商学院、中山大学岭南学院、浙江大学、暨南大学等学校的 MBA、EMBA 教育也纷纷把拓展训练作为指定课程内容。短短几年中，拓展培训业不断发展，备受推崇，逐渐被列入国家机关、高校、外企和其他现代化企业的培训日程。

二、拓展运动的特点

（一）参与者是主角

在拓展训练中，参与者始终是活动的中心，参与者通过自己身体力行的活动来感受，并从中悟出道理。培训师的讲解都是基于所有参与者回顾的基础展开的，而不是单向地阐述，这样的学习方式充分保证了参与者的投入程度。

（二）简单游戏蕴含深刻道理

拓展训练所采用的活动看上去都非常简单，其实这些项目中绝大多数都是经过几十年心理学、管理学、团队科学等方面论证，能使个人心理素质和团队质量得到提升的项目，其科学性不言自明。

（三）参训者情感距离被迅速拉近

参加拓展训练的队员通常被分成若干个小组，每个小组通过培训师的调动充分融合，由于活动本身都面临着挑战，许多项目需要大家忘我地合作才能完成。这样形成的感情就如同在军营、在学校形成的感情，其感情距离远远低于通常情况下社会性的朋友关系。

（四）培训效果与众不同

与常规的技能培训不同，拓展培训更多意义上是针对态度的培训。对于企业而言，员工态度往往决定了其工作绩效，这就给予了拓展训练一个非常广阔的生存空间。从参训企业的普遍反馈来看，拓展训练对于改善团队质量具有非常明显的作用。

（五）不同于旅游

旅游的目的往往是放松、开阔视野、增长见识和增进感情。与之相对，拓展训练的目标是提升个人和团队的素质，其核心在于对参训者的提升。从手段上看，拓展训练通常强调远离喧嚣、投入山水，有时也会引入露营、徒步等训练手段，但这种做法的目的是为了给参训者营造一种更加投入参加培训的气氛，而不是单纯为了旅游。

三、拓展训练的作用

拓展训练是以一种体验式的学习，将大部分的课程安排在户外，精心设置了一系列新颖、刺激的情景，让参与者主动去体会、去解决问题，在参与体验的过程中，让他们的心理受到挑战，思想得到启发，在特定的环境中去思考、发现、醒悟，对个人、团队重新认识，重新定位。

这种全新的训练方式通常包括充沛体能训练、成功心理训练、挑战自我训练、团队合作训练四大类型。通过拓展训练，参与者在以下方面将有显著提高：

（1）认识自身潜能，相信自己，增强自信心，改善自身形象。

（2）克服心理惰性，启发想象力与创造力。拓展训练通过形式多样、变幻莫测的情景对参与者予以磨炼，促使参与者学会在看似杂乱中找出规律，培养其以积极开拓的姿态去战胜困难，提高解决问题的能力。

（3）认识群体的作用，信任他人、投入团队、信赖团队，增进对集体的参与意识和责任心，塑造团队活力，推动组织成长。

（4）真诚地交流、顺畅地沟通，改善人际关系，更为融洽地与群体合作。在整个培训中通过每个人的发挥与自我的全面展现，从中更全面地认识到每个人的特长、优点及潜质所在，有助于帮助参与者在实际工作中更好地与他人沟通和交流，更好地发挥各自的特长与潜质。

四、拓展运动实践项目

以下介绍的拓展运动项目必须在专业教师指导下进行。

（一）高空项目

1. 高空抓杠

项目类型：个人项目。

项目描述：高空抓杠项目是拓展项目中非常经典的一个，这是一项极具个人挑战性的项目，只有勇气、信心、毅力和智慧兼具的人才能顺利完成。它属于高空高难度项目，整个过程需独立完成。参与者在规定的时间内穿好安全装备，在有保护的情况下，由地面通过扶手爬到离地面 7～8 m 的顶端圆盘上，并在圆盘上站稳，奋力向前跃出，用手去抓或者触摸单杠，不管是否抓住单杠，只要奋力跃出都视为成功，然后利用保护绳回到地面。

训练目的：

（1）突破自我、挑战自我、超越心理障碍，全力以赴，克服畏难情绪。

（2）通过加油、鼓励、关注等认识到相互激励与关爱是一个优秀团队的必备因素。

难度系数：★★★★

2．高空断桥（见**图** 21-26）

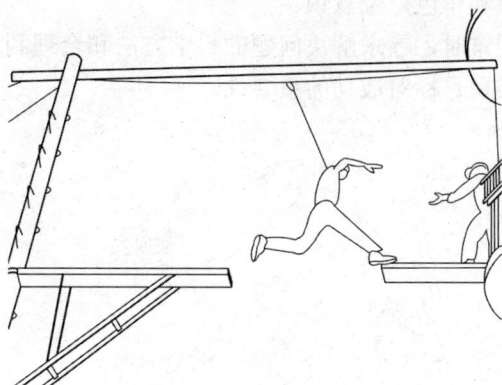

图 21-26　**高空断桥**

项目类型：个人项目。

项目描述：高空断桥是经典的拓展训练之一。在距离地面 8 m 的高空搭起了一座独木桥，而这个桥的中间却是断开的，间距 1.2～1.4 m，要求所有参与者爬上 8 m 的高空后，从一侧迈到另一侧，再从另一侧迈回来，最后原路返回。参与者要完成两次跨越高空断桥。

培训目的：

（1）自我突破，挑战自我，超越心理障碍，全力以赴，克服畏难情绪。

（2）自我说服与自我激励，并培养面对困难时的互助精神和团队意识。

（3）通过加油、鼓励、关注等认识到相互激励与关爱是一个优秀团队的必备因素。

难度系数：★★★★

3．天梯（见**图** 21-27）

图 21-27　**天梯**

项目类型：两人或多人项目。

项目描述：参与者在安全保护的情况下，相互支持和配合，从天梯的低端一直攀爬到最高端。

培训目的：

（1）培养群体决策和角色定位意识。

（2）学会在面对困难时，寻求解决问题的科学方法和合理利用人力资源。

（3）理解阶段性实现目标对成功的重要性。

难度系数：★★★★

4．空中相依（见图 21-28）

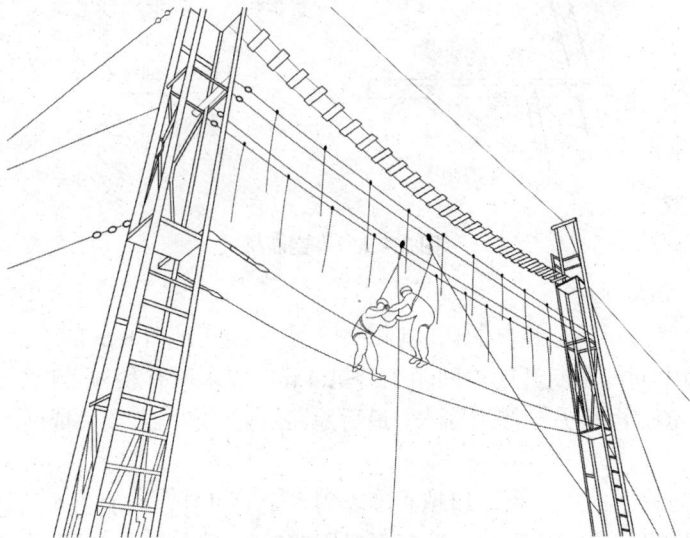

图 21-28　空中相依

项目类型：双人合作项目。

项目描述：两人面对面、手拉手，在两条钢缆上横向前进到另一端。

培训目的：

（1）培养团队合作精神，学会合理利用资源，学会在做事的过程中掌握科学的方法和手段。

（2）努力激发个人的潜能和心理极限。

（3）相互扶持、相互帮助，建立起自信和他信的意识，体会对对方的付出和责任，增强自信心和社会责任心。

难度系数：★★★★★

（二）中空项目

1．信任背摔（见图 21-29）

项目类型：个人心理挑战与团队合作项目。

项目描述：依次站到 2 m 的平台上，背向后倒在下面队员用胳膊交叉的网上。

培训目的：

（1）培养队员挑战自我的信心和勇气。

（2）增强责任感。

（3）提高团队的凝聚力。

难度系数：★★

2. 高台演讲（见图 21-30）

图 21-29 信任背摔

图 21-30 高台演讲

项目类型：个人项目。

项目描述：参与者站在高台上，面对台下的人，按照既定题目用规定时间、方式演讲。

培训目的：

（1）提高特殊情境下的逻辑和语言表达能力。

（2）培养在公众面前及时做出反应的心理调控能力、对主题任务的全面掌握和分配能力、学习和倾听能力。

（3）增强应对挫折和高压的容忍力和耐受力。

难度系数：★★

3. 求生墙（见图 21-31）

图 21-31 求生墙

项目类型：团队合作项目。

项目描述：所有参与者相互支持和配合，全部攀登到 4 m 高的墙顶。此项目又称为"感

265

动墙"，当成功完成任务时，所有的人抱在一起相互安慰和祝福，感人的场面让所有在场的人都为之动容。

培训目的：

（1）培养应对挫折的心理调控能力和防御能力，提高合作意识及合作能力，学会合理地安排人力资源，自觉为团队奉献。

（2）在活动过程中明确个人在团队中的角色定位，一切以大局为重，共同向所设定的目标进行冲刺。

难度系数：★★★★

（三）低空项目

1. 电网求生（见图21-32）

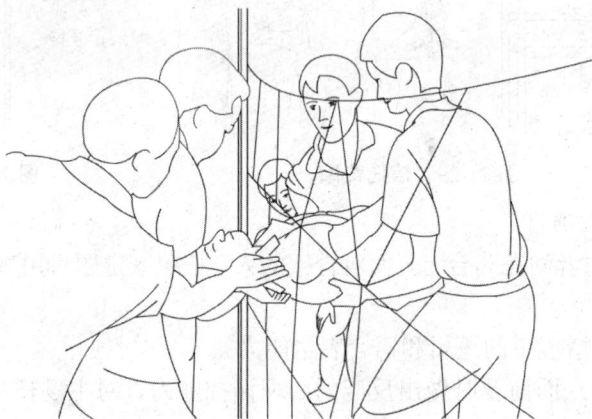

图21-32　电网求生

项目类型：团队合作项目。

项目描述：在大家的配合下，所有队员在规定时间内，从网的一边到另一边，在完成过程中，人体的所有部位不得触碰网的任何部位，且一个网眼只能使用一次。

培训目的：

（1）提高心理健康水平和应对能力，培养团队协作意识。

（2）合理利用资源，学会倾听别人的意见和建议。

（3）正确地认识到自己的位置和领导者的位置。

（4）关爱弱势群体。

难度系数：★★

2. 荆棘取水（见图21-33）

项目类型：团队合作项目。

项目描述：每个队员在规定的时间内按照团队商讨的方案到雷区去取一次水，取水队员和旁边队员在取水过程中不能触碰雷区地面，否则将视为阵亡。

培训目的：

（1）提高互助和协作能力，感受在特殊情况下完成任务的合作方式，锻炼分析、策划、操作能力。

（2）学会各尽所能，群策群力寻找解决问题的科学方法，共同努力完成任务。

（3）培养默默为团队奉献的精神。

难度系数：★★

图 21-33　荆棘取水

（四）地面项目

1. 盲人方阵（见图 21-34）

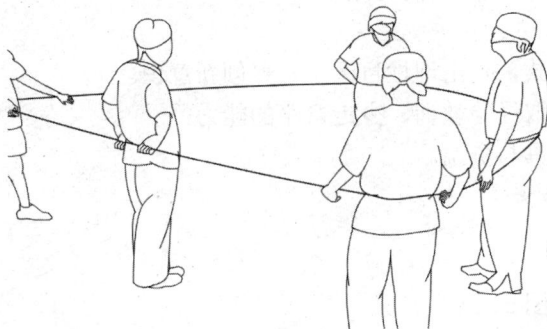

图 21-34　盲人方阵

项目类型：多人团队项目。

项目描述：每个参与者都戴上眼罩并围站成一圈，团队按要求将绳子分别摆放成各种形状。同时所有的参与者须大致均匀地分布在正多边形的边上。

培训目的：

（1）理解领导在实现团队目标中的重要性，懂得策划、组织、协调是实现目标的重要手段。

（2）培养科学的思维方式和对知识的运用能力，感受特殊情况下完成任务的合作方式。.

（3）明白有效的沟通是实现团队目标的必要条件，培养沟通意识，提高沟通技巧。

难度系数：★★

2. 雷阵（见图21-35）

图 21-35　雷阵

项目类型：多人团队项目。

项目描述：所有人尝试着穿越一片雷区。当一名队员遇到雷返回后另外的队员接着上去，直到最后探索到一条没有雷的路走出来。

培训目的：

（1）突破思维定式，走出理性盲区，培养创新意识。

（2）培养善于吸取经验教训、少走弯路的能力。

（3）善于利用工具与资源。

难度系数：★★★★

（五）户外项目

1. 趣味定向（见图21-36）

图 21-36　趣味定向

项目类型：多人团队项目。

项目描述：按照任务书的要求在指定地点完成相应的任务。

培训目的：

（1）使个人行事果断、主动、坚毅，增强个人自制力。

（2）使个人行动敏捷，动作灵巧。

（3）使个人身心健康，机能健全。

难度系数：★★

2. 野外生存（见图 21-37）

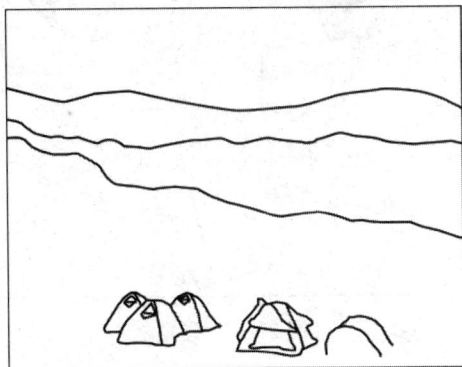

图 21-37　野外生存

项目类型：多人团队项目。

项目描述：利用广阔的各种自然环境，通过模拟探险活动进行的情景式训练。

培训目的：

（1）锻炼身体、磨炼意志、陶冶情操、完善自我。

（2）增长知识、增强生活能力，学会日常生活技能。

（3）感悟人与自然、人与社会、人与人之间的关系。

难度系数：★★★

（六）心智项目

1. 高空飞蛋（见图 21-38）

图 21-38　高空飞蛋

项目类型：多人团队项目。

项目描述：通过团队的合作和创造力，利用相同的材料保证在规定的高度扔下鸡蛋，而蛋不破。

培训目的：充分发挥团队每位成员的创造力。

难度系数：★★

2. 建塔（见图 21-39）

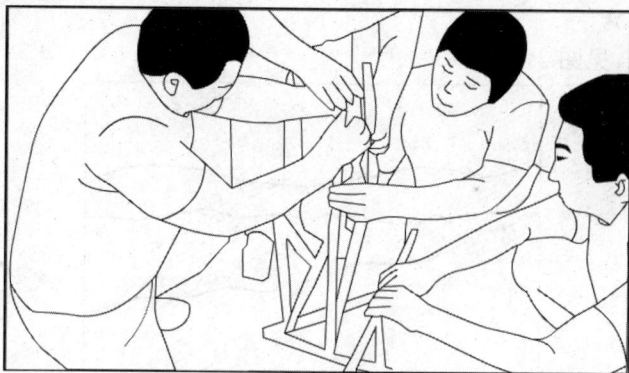

图 21-39 建塔

项目类型：多人团队项目。

项目描述：利用相同的材料，在规定时间内建成一座高 50 cm 以上、构造合理、外形美观的塔。

培训目的：充分发挥团队成员的创意和在团队中的作用，共同参与完成团队任务。

难度系数：★★

（七）理论项目

1. 人椅（见图 21-40）

图 21-40 人椅

项目类型：多人团队项目。

项目描述：又名破冰。将所有参与者分成若干组，每组围成一圈，每位参与者坐在身后参与者的大腿上，在培训师引导下按顺时针或逆时针转动，看哪组参与者能坚持最长时间。

培训目的：活跃现场气氛，打破肢体接触障碍，提高参与者的合作能力，培养人与人之间的相互信任和团队合作的精神。

难度系数：★

2．卧式传递（见图21-41）

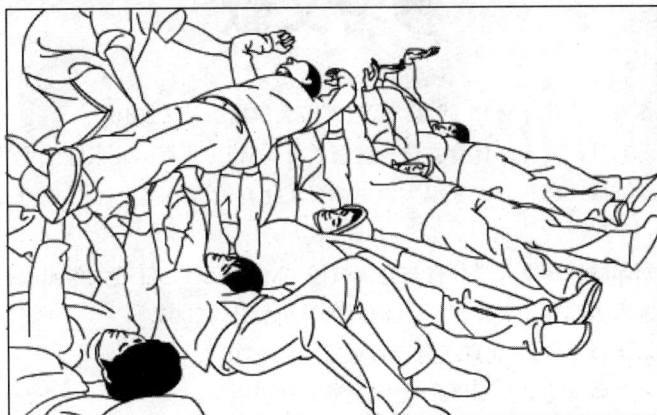

图21-41　卧式传递

项目类型：多人团队项目。

项目描述：让参与者分组平躺在垫子上，通过托举移动同组所有队员。

培训目的：通过身体接触打破陌生同伴之间的隔阂，增强彼此信任、合作的感情，提高团队的凝聚力。

难度系数：★

思考题

1．极限飞盘的基本动作有哪些？请按要求进行练习。

2．定向越野的基本知识和装备有哪些？

3．攀岩的基本知识和技术有哪些？

4．蛙泳和仰泳的基本技术有哪些？请按要求进行练习。

5．从网上查资料，了解拓展训练的起源与发展并和同学们进行交流。

参考文献

[1] 刘忆湘. 体育与文化 [M]. 武汉：武汉理工大学出版社，2010.

[2] 赵学森，蒋东升，凌齐. 体育文化与健康教育 [M]. 北京：北京理工大学出版社，2015.

[3] 邹志兵，覃立成，蒋东升. 新编大学生体育文化与健康教程 [M]. 北京：北京理工大学出版社，2013.

[4] 黄伟明，郑印渝. 新编大学体育与健康教程 [M]. 江苏：江苏大学出版社，2014.

[5] 傅雪云. 艺术类体育 [M]. 南京：河海大学出版社，2003.

[6] 邹琳. 艺术体育 [M]. 北京：高等教育出版社，2017.

[7] 王小伟. 大学体育 [M]. 上海：上海交通大学出版社，2014.

[8] 李亮，许宇斌，高琪. 大学生综合体能训练与体质测试的方法 [M]. 北京：中国水利水电出版社，2016.

[9] 徐春华，单小忠. 大学体育与健康教程 [M]. 北京：中国水利水电出版社，2016.

[10] 孟献锋. 田径 [M]. 徐州：中国矿业大学出版社，2015.

[11] 阎长安，张喜梅. 体育与健康 [M]. 北京：中国劳动社会保障出版社，2010.

[12] 张振县，卿洪华. 大学生体育与健康教程 [M]. 长沙：中南大学出版社，2016.

[13] 钟利，欧国强. 体操 [M]. 北京：科学出版社，2017.

[14] 毕仲春. 篮球 [M]. 北京：北京体育大学出版社，2016.

[15] 朱明江. 高校篮球运动教学开展的理论与实践 [M]. 北京：中国水利水电出版社，2017.

[16] 何维彦，谢大伟，孙成. 排球 [M]. 北京：清华大学出版社，2015.

[17] 排球运动教程编写组. 排球运动教程 [M]. 北京：北京体育大学出版社，2016.

[18] 齐效成，高巍，张陶淘. 足球 [M]. 北京：清华大学出版社，2015.

[19] 付宏. 足球基本技术练习方法 [M]. 成都：西南交通大学出版社，2011.

[20] 郭立亚，李桂林，张陶淘. 网球 [M]. 重庆：西南师范大学出版社，2013.

[21] 陈建强，魏琳. 网球教学与练习 [M]. 上海：复旦大学出版社，2017.

[22] 唐建军. 乒乓球 [M]. 北京：北京体育大学出版社，2016.

[23] 杨桦. 乒乓球运动教程 [M]. 北京：北京体育大学出版社，2014.

[24] 司红玉. 武术 [M]. 重庆：重庆大学出版社，2017.

[25] 国家体育总局武术研究院组编. 中国武术段位制系列教程——自卫防身术 [M] 北京：高等教育出版社，2013.

[26] 张瑞林，陈邦军，乾清华. 女子防身术 [M] 北京：高等教育出版社，2005.

[27] 黄荣，张鹏，王彦旎. 健美操 [M]. 北京：清华大学出版社，2015.

[28] 陈瑞琴，周杏芬，汪康乐. 大学生健美操 [M]. 苏州：苏州大学出版社，2012.

[29] 姜桂萍. 体育舞蹈 [M]. 北京：高等教育出版社，2017.

[30] 张岩. 高校跆拳道竞技教程 [M]. 北京：旅游教育出版社，2017.

[31] 陈晨. 自由式轮滑教程 [M]. 北京：高等教育出版社，2017.